Betriebliche Einarbeitung als Instrument zur beruflichen Wiedereingliederung von Frauen

Betriebliche Einarbeitung als Instrument zur beruflichen Wiedereingliederung von Frauen

Ergebnisse der wissenschaftlichen Begleitung des Modellprogramms des Bundesministeriums für Familie, Senioren, Frauen und Jugend zur Wiedereingliederung von Frauen in das Erwerbsleben nach einer Familienphase oder nach einer Arbeitslosigkeit mit Hilfe von Einarbeitungsmaßnahmen

Wissenschaftliche Mitarbeiterinnen
Friederike Behringer
Ellen Kirner
Erika Schulz

Wissenschaftlich-technische Mitarbeit
Gert Dreiberg
Sabine Globisch
Barbara Müller-Unger
Sandra Mürau
Gerda Noack
Edwin K. Wohlgemuth

Band 162
Schriftenreihe des Bundesministeriums für Familie, Senioren, Frauen und Jugend

Verlag W. Kohlhammer
Stuttgart Berlin Köln

In der Schriftenreihe des Bundesministeriums für Familie, Senioren, Frauen und Jugend werden Forschungsergebnisse, Untersuchungen, Umfragen usw. als Diskussionsgrundlage veröffentlicht. Die Verantwortung für den Inhalt obliegt der jeweiligen Autorin bzw. dem jeweiligen Autor.

Die Deutsche Bibliothek - CIP-Einheitsaufnahme

Betriebliche Einarbeitung als Instrument zur beruflichen Wiedereingliederung von Frauen: Ergebnisse der wissenschaftlichen Begleitung des Modellprogramms des Bundesministeriums für Familie, Senioren, Frauen und Jugend zur Wiedereingliederung von Frauen in das Erwerbsleben nach einer Familienphase oder nach einer Arbeitslosigkeit mit Hilfe von Einarbeitungsmaßnahmen/ (Hrsg.: Bundesministerium für Familie, Senioren, Frauen und Jugend.) Wiss. Mitarb. Friederike Behringer ...
1. Aufl. -Stuttgart; Berlin; Köln: Kohlhammer, 1998

(Schriftenreihe des Bundesministeriums für Familie, Senioren, Frauen und Jugend; Bd. 162)
ISBN 3-17-015663-2

Herausgeber: Bundesministerium für Familie, Senioren, Frauen und Jugend
Rochusstraße 8-10, 53123 Bonn

Titelgestaltung: 4 D Design Agentur, 51427 Bergisch-Gladbach

Gesamtherstellung: Chudeck Druck, Bornheim-Sechtem

Verlag: W. Kohlhammer GmbH Stuttgart Berlin Köln
1. Auflage 1998

Verlagsort: Stuttgart
Printed in Germany

Gedruckt auf chlorfrei holzfrei weiß Offset

Vorwort

Die Wiederaufnahme der Erwerbstätigkeit ist für Frauen vor allem nach familienbedingter Unterbrechung oft mit erheblichen Schwierigkeiten verbunden.
Im Rahmen des „Modellprogramms zur Wiedereingliederung von Frauen in das Erwerbsleben mit Hilfe von Einarbeitungsmaßnahmen und unter besonderer Berücksichtigung des ländlichen Raumes“ wurde von 1990-1996 erprobt, ob Berufslehrerinnen die Wiederaufnahme der Berufstätigkeit mit Hilfe von Einarbeitungszuschüssen an private Arbeitgeber erleichtert werden kann.
Der vorliegende Bericht der wissenschaftlichen Begleitforschung zeigt, daß dies für die Gruppe der über 40jährigen Frauen eine wirkungsvolle Unterstützung sein kann. Dies gilt vornehmlich für Frauen in den alten Bundesländern, für die das Leitbild der Hausfrauen-Ehe noch prägend war und die Ihre Erwerbstätigkeit wegen Kindererziehung lange Jahre unterbrochen haben.
Der Bericht kommt aber auch zu dem Ergebnis, daß diese Form der Unterstützung für jüngere Generationen, insbesondere unter Berücksichtigung der neuen Bundesländer wenig bewirkt. Es kommt vor allem darauf an, die partnerschaftliche Arbeitsteilung zwischen Frauen und Männern verstärkt zu fördern sowie die Vereinbarkeit von Familien- und Erwerbsarbeit zu verbessern.
Gerade diesen Erfordernissen Rechnung zu tragen, ist ein zentrales Anliegen der neuen Bundesregierung, die im Rahmen des Aktionsprogrammes „Frau und Beruf“ die gesetzlichen Regelungen für die Gleichstellung sowie die Rahmenbedingungen im Bereich der Arbeitswelt wesentlich verbessern will. Insbesondere gilt es, Familie und Beruf als die zwei zentralen Lebensbereiche von Frauen und Männern durch die Weiterentwicklung des Erziehungsurlaubs mit Zeitkonto und Anspruch auf Teilzeitbeschäftigung für Mütter und Väter sowie durch familienfreundliche Flexibilisierung zur Arbeitszeit und Verbesserung der Kinderbetreuungsmöglichkeiten besser zu vereinbaren.
Auf dem Weg zur tatsächlichen Gleichstellung von Frauen und Männern ist das ein wichtiger Meilenstein.

Christine Bergmann

Dr. Christine Bergmann
Bundesministerin für Familie,
Senioren, Frauen und Jugend

Gliederung

Seite

Vorbemerkungen

Im Januar 1990 hat das Bundesministerium für Familie, Senioren, Frauen und Jugend das "Modellprogramm zur Wiedereingliederung von Frauen nach der Familienphase in das Erwerbsleben mit Hilfe von Einarbeitungsmaßnahmen und unter Berücksichtigung des ländlichen Raums" gestartet. Dieses Modellprogramm zielte darauf ab, Frauen nach einer Zeit ausschließlicher Familientätigkeit wieder einzuarbeiten, vorwiegend im erlernten Beruf. Im Jahr 1993 ist dieses Modellprogramm modifiziert worden, um sowohl der Zielgruppe der "klassischen" Berufsrückkehrerinnen in den alten Bundesländern als auch der entsprechenden Altersgruppe in den neuen Bundesländern gerecht zu werden.

Das Deutsche Institut für Wirtschaftsforschung (DIW, Berlin), hat die wissenschaftliche Begleitung sowohl für das ursprüngliche Modellprogramm (dort arbeitsteilig mit dem Institut für Sozialwissenschaftliche Analysen und Beratung in Köln) als auch (allein) für das modifizierte Folgeprogramm übernommen. Der hier vorgelegte Endbericht bilanziert den Erfolg sowohl des ursprünglichen als auch des modifizierten Modellprogramms.

Bewilligungen für eine Förderung im Rahmen des Modellprogramms wurden bis zum Jahresende 1996 ausgesprochen. Die empirischen Erhebungen zum Stichtag der Berichterstattung (Ende Februar 1997) konnten jedoch nur für rund 85 vH der geförderten Einarbeitungsmaßnahmen des modifizierten Modellprogramms beendet werden; in den übrigen Fällen lief zu diesem Zeitpunkt die Einarbeitung noch, oder die Zeit seit dem Ende der Einarbeitung reichte für die Beurteilung der Reintegration der Berufsrückkehrerinnen noch nicht aus.

Die Analysen über den Verlauf und die Beurteilung der Einarbeitungsmaßnahmen können sich daher auf eine breitere Datenbasis stützen als die Beurteilung der Integration der Frauen in das Berufsleben.

Die Frage der gesellschaftlichen Relevanz der Berufsunterbrechnung und der Berufsrückkehr von Frauen wurden im zweiten Zwischenbericht ausführlich behandelt; auf eine erneute breite Darstellung wurde verzichtet. Soweit möglich, wurden die Ergebnisse zu den geförderten Berufsrückkehrerinnen und den einbezogenen Arbeitgebern mit repräsentativen Ergebnissen für die Bundesrepublik verglichen.

1 Einführung

Die Zeit, in der das Modellprogramm zur Wiedereingliederung von Frauen in das Erwerbsleben vom Bundesministerium für Familie, Senioren, Frauen und Jugend geplant und durchgeführt wurde, war für Deutschland mit gravierenden Veränderungen und Umbrüchen verbunden. Die einschneidensten Ereignisse waren die politische Öffnung Ost- und Mitteleuropas und die dadurch ermöglichte Vereinigung Deutschlands sowie die als Folge des Zusammenbruchs der ostdeutschen Wirtschaft rasch steigende Arbeitslosigkeit in diesen Regionen, von der Frauen weit überdurchschnittlich betroffen sind. Obwohl die im alten Bundesgebiet geltenden rechtlichen und institutionellen Rahmenbedingungen auf die neuen Bundesländer ausgeweitet wurden, hatte sich die Politik in allen Ressorts auf die Besonderheiten in Ostdeutschland einzustellen. Bei aller angestrebten Kontinuität war ein Wandel unerläßlich.

In den Jahren 1988/89, in denen das Modellprogramm weitgehend geplant und auf den Weg gebracht wurde, war die Frauenpolitik auf die Situation der Frauen in den alten Bundesländern ausgerichtet. In Westdeutschland unterbricht auch heutzutage noch die weit überwiegende Zahl der Mütter zugunsten der Kindererziehung mindestens einmal die Erwerbstätigkeit für längere Zeit; auch von den jüngeren Frauen mit einem oder mehreren Kindern ist nur ein kleiner Teil kontinuierlich erwerbstätig[1]. Oft läßt sich die Betreuung und Erziehung von Kindern zumindest zeitweise nicht mit der Ausübung einer Erwerbstätigkeit vereinbaren, weil einerseits öffentliche Angebote der Kinderbetreuung nicht in ausreichendem Maße zur Verfügung stehen (ungenügende Zahl der Plätze in solchen Einrichtungen, unzureichende Betreuungszeiten) und andererseits Teilzeitarbeit nicht im gewünschten Ausmaß angeboten wird. Es ist aber nicht nur die Unvereinbarkeit von Familie und Beruf, die zumeist für die Mütter (und nur sehr selten für die Väter) zu Unterbrechungen der Erwerbstätigkeit führt. Häufig ist es auch der Wunsch der Frauen, ihre Kinder, solange sie klein sind, selbst zu betreuen. Nach wie vor unterstützt die Mehrheit der Bevölkerung in den alten Bundesländern die Auffassung, daß Mütter kleiner Kinder sich ausschließlich ihrer Familie widmen sollten[2].

---

[1] Vgl. Ellen Kirner und Erika Schulz: Unterbrochene Erwerbsverläufe von Frauen mit Kindern. In: Wochenbericht des DIW 19/1992, S. 249 ff.

[2] Vgl. Institut für praxisorientierte Sozialforschung (IPOS): Gleichberechtigung von Frauen und Männern - Wirklichkeit und Einstellungen in der Bevölkerung. Schriftenreihe des Bundesministers für Frauen und Jugend 7. Stuttgart, Berlin, Köln 1992, S. 39 ff.

Diese vorherrschende Auffassung schlägt sich zumindest in den alten Ländern in einer mit normativem Anspruch auftretenden Erwartung an Mütter nieder. Schon die Lebensplanung junger Frauen in Westdeutschland sieht auch deshalb zumeist keine kontinuierliche Erwerbstätigkeit vor[3].

Gesellschaftspolitisch wird der Ausstieg aus der Erwerbstätigkeit gefördert: Das Ehegatten-Splitting bei der Einkommensteuer und die "Mitversicherung" in der gesetzlichen Renten- und Krankenversicherung begünstigen die Nichterwerbstätigkeit verheirateter Frauen. Die materiellen Voraussetzungen für die Unterbrechung der Erwerbstätigkeit nach der Geburt eines Kindes sind in den letzten Jahren durch das Erziehungsgeld und durch die Anrechnung von Erziehungsjahren bei der Rente verbessert worden. Allerdings wollen oder müssen Mütter häufiger als früher nach einer "Familienphase" wieder eine Erwerbstätigkeit aufnehmen[4]. Dies stößt auf erhebliche Schwierigkeiten[5]. Um dem Ziel der Gleichberechtigung von Frauen auf dem Arbeitsmarkt näher zu kommen, ist es unabdingbar, nicht nur die Voraussetzungen für die Vereinbarkeit von Familie und Beruf für Mütter und Väter zu verbessern, sondern auch die Wiedereingliederung nach einer Familienphase zu fördern.

Nach Berechnungen des DIW wollten 1989 rund 2 Mill. Frauen in Westdeutschland innerhalb der nächsten fünf Jahre wieder erwerbstätig werden[6], darunter gut 1,1 Mill. Frauen, die als Grund für die letzte Unterbrechung der Erwerbstätigkeit Heirat, Kindererziehung oder Pflege von Familienangehörigen genannt haben. Diese Frauen sind zwar überwiegend gut ausgebildet, die Suche nach einer neuen Arbeitsstelle ist für sie jedoch angesichts der hohen Arbeitslosigkeit schwierig. Durch die Unterbrechung der Erwerbstätigkeit sind die Probleme von Berufsrückkehrerinnen größer als die anderer Arbeitsuchender. Sie haben insbesondere bei langen Unterbrechungszeiten zumindest teilweise früher erworbene Kenntnisse und Fertigkeiten verlernt. Ihre fachliche Qualifikation ist

---

[3] Vgl. Gudrun Braemer: Lebensplanung junger Frauen - Veränderungen der Zielgruppe für Rückkehrmodelle. In: Institut für Entwicklungsplanung und Strukturforschung (Hrsg.): Berufliche Orientierung und Qualifizierung von Frauen. Bausteine zum Beschäftigungseinstieg. Hannover 1993, S. 42 ff.

[4] Vgl. Ellen Kirner und Erika Schulz: Das "Drei-Phasen-Modell" der Erwerbsbeteiligung von Frauen - Begründung, Norm und empirische Relevanz. In: Notburga Ott und Gert Wagner (Hrsg.): Familie und Erwerbstätigkeit im Umbruch. Sonderheft 148 des DIW, Berlin 1992, S. 17 ff; Gerhard Engelbrech: Erwerbsverhalten und Berufsverlauf von Frauen. Ergebnisse neuerer Untersuchungen im Überblick. In: Mitteilungen aus der Arbeitsmarkt- und Berufsforschung 2/1987, S. 188 ff; derselbe: Immer mehr Frauen nehmen nach einer Unterbrechung wieder eine Beschäftigung auf. In: IAB-Kurzbericht 8/1993.

[5] Vgl. Gerhard Engelbrech: Erfahrungen von Frauen an der "dritten Schwelle". Schwierigkeiten bei der beruflichen Wiedereingliederung aus Sicht der Frauen. In: Mitteilungen aus der Arbeitsmarkt- und Berufsforschung 1/1989, S. 109.

[6] Auswertung des Sozio-oekonomischen Panels (SOEP). Vgl. Friederike Behringer und Erika Schulz: Ungenutzte Beschäftigungsmöglichkeiten für Berufsrückkehrerinnen. In: Wochenbericht des DIW 33/1992, S. 397 ff.

durch die technische Entwicklung, veränderte Tätigkeitsprofile und Arbeitsplatzanforderungen nur noch bedingt verwertbar.

Allerdings unterstellen Arbeitgeber mehrheitlich bereits bei über ein Jahr hinausgehenden Unterbrechungszeiten Reintegrationsprobleme, sofern es sich um qualifizierte Tätigkeiten handelt. Dabei gibt es keine nennenswert unterschiedlichen Einschätzungen zwischen Betrieben mit und ohne Erfahrungen mit Berufsrückkehrerinnen[7]. Gerade bei Betrieben ohne entsprechende Erfahrungen liegt der Verdacht nahe, daß die Vorbehalte gegenüber diesen Frauen und die unterstellten Qualifikationsdefizite vor allem Vorurteile widerspiegeln; aber auch bei Betrieben, die bereits Erfahrungen mit der Reintegration von Berufsrückkehrerinnen gemacht haben, können Vorurteile im Sinne "statistischer Diskriminierung" das Bild prägen. Allein die Unterbrechung der Erwerbstätigkeit - auch im Rahmen des dreijährigen Erziehungsurlaubs - führt aus Sicht vieler Arbeitgeber zu Dequalifizierung; Unterbrechungszeiten sind damit ein Kriterium für die Personalselektion.

Das "Modellprogramm zur Wiedereingliederung von Frauen in das Erwerbsleben nach einer Familienphase bzw. nach einer Arbeitslosigkeit mit Hilfe von Einarbeitungsmaßnahmen" wurde konzipiert, um die - aus Arbeitgebersicht - erwarteten Nachteile von Berufsrückkehrerinnen durch finanzielle Unterstützung (zumindest teilweise) auszugleichen und damit die Einarbeitung qualitativ und quantitativ zu verbessern. Das Modellprogramm und die Politik der Bundesregierung zur Förderung der beruflichen Wiedereingliederung sind Bestandteile der Frauenpolitik der Bundesregierung, für die u.a. die Wahlfreiheit der Frauen für Beruf, Familie oder für beides zentrales Ziel ist.

Wahlfreiheit setzt faktische Wahlmöglichkeiten voraus, die jedoch begrenzt sind,

- wenn die Rahmenbedingungen die gleichzeitige Beteiligung von Frauen und Männern an Erwerbstätigkeit und Familienaufgaben nicht zulassen oder stark erschweren,

- wenn der Wiedereinstieg in die Erwerbstätigkeit nach einer Familienphase nicht oder nur mit Abstrichen an Tätigkeitsinhalten, Qualifikationsanforderungen, Sicherheit des Arbeitsplatzes, Entlohnung und Aufstiegschancen möglich ist.

---

[7] Vgl. Gerhard Engelbrech: Geschlechtsspezifisches Personalrekrutierungsverhalten der Betriebe und Möglichkeiten der Wiedereingliederung von Frauen. In: Institut für Entwicklungsplanung und Strukturforschung (Hrsg.): Berufliche Orientierung und Qualifizierung von Frauen. Bausteine zum Beschäftigungseinstieg. Hannover 1993, S. 21 ff.

Der wissenschaftliche Beirat für Frauenpolitik beim Bundesministerium für Frauen und Jugend hat kritisiert, daß trotz des politischen Leitmotivs der Wahlfreiheit de facto Anreize vor allem für die "Ganztagshausfrau" bestehen[8]. Das Modellprogramm zur Wiedereingliederung von Frauen zielte zunächst darauf ab, unter der Prämisse der Freiheit der Wahl verschiedener Lebensentwürfe die Realisierungschancen eines solchen Entwurfs (des Drei-Phasen-Modells[9]) dadurch zu verbessern, daß Einarbeitungsmodelle erprobt wurden, die den Wiedereinstieg von Berufsrückkehrerinnen erleichtern sollten.

Bereits kurz nach dem Beginn des Modellprogramms veränderten sich die gesellschaftlichen Rahmenbedingungen. Und mit der Vereinigung Deutschlands wurde das bundesweit ausgelegte Modellprogramm formell auf das Gebiet der ehemaligen DDR ausgeweitet. Da die Zielgruppe des Modellprogramms in Ostdeutschland jedoch quantitativ kaum von Bedeutung war, wurde das Modellprogramm in diesen Bundesländern nicht in Anspruch genommen.

In der DDR lag die Erwerbsbeteiligung der Frauen - auch der Mütter - kaum unter derjenigen der Männer. Erwerbsunterbrechnungen gab es zumeist nur im Rahmen des sog. Babyjahres, darüber hinausgehende Unterbrechungszeiten waren bei den jüngeren Frauen selten. Nach einer Erwerbsunterbrechung hatten die Frauen das Recht, in ihren Betrieb zurückzukehren. Deshalb gab es nach der Vereinigung Deutschlands kaum ostdeutsche Frauen, die ihre Erwerbstätigkeit lange zugunsten der Kindererziehung unterbrochen hatten und nun wieder in die Erwerbstätigkeit zurückkehren wollten. Die Frauen in den neuen Bundesländern, die altersmäßig der Gruppe der klassischen Berufsrückkehrerinnen in Westdeutschland entsprechen, waren und sind aber besonders vom Umstrukturierungsprozeß betroffen, und es stellen sich für sie ähnliche Probleme bei einem beruflichen Wiedereinstieg wie für die klassischen Berufsrückkehrerinnen in Westdeutschland.

Die Frauenarbeitslosigkeit in den neuen Bundesländern war bereits kurz nach der Vereinigung weit höher als die der Männer. Dies hatte verschiedene Ursachen, beispielsweise den Abbau der in einer Planwirtschaft in jedem Bereich überdimensionierten Verwaltung, in der vorwiegend Frauen Beschäftigung fanden, den Zusammenbruch arbeitsintensiver und im internationalen Wettbewerb nicht mehr konkurrenzfähiger Wirtschaftszweige, wie etwa der Textilindustrie, und die anfänglich unterdurchschnittliche Beteiligung von Frauen an

---

[8] Vgl. Wissenschaftlicher Beirat für Frauenpolitik beim Bundesministerium für Frauen und Jugend: Frauen im mittleren Alter. Lebenslagen der Geburtskohorten von 1935 bis 1950 in den alten und neuen Bundesländern. Schriftenreihe des Bundesministeriums für Frauen und Jugend 13. Stuttgart, Berlin, Köln 1993, S. 36 ff.

[9] Erwerbsphase nach der Ausbildung - Familienphase - zweite Erwerbsphase bis zum Rentenalter. Vgl. Ellen Kirner und Erika Schulz: Das "Drei-Phasen-Modell"..., a.a.O.

Arbeitsbeschaffungsmaßnahmen, die sich in den Anfangsjahren häufig auf Abriß- und Sanierungsarbeiten, die Verbesserung der wirtschaftsnahen Infrastruktur und der Umwelt konzentrierten. In den Jahren nach der Vereinigung Deutschlands hat sich die überdurchschnittliche Arbeitslosigkeit der Frauen in Ostdeutschland verfestigt. Denn Frauen haben vergleichsweise geringere Chancen auf eine Wiederbeschäftigung. Dies liegt zum einen daran, daß bei den Arbeitsplätzen, die traditionell einen hohen Frauenanteil aufweisen und überdurchschnittlich häufig verloren gingen, auch künftig - aufgrund des internationalen Wettbewerbs und des technischen Fortschritts - oftmals kein Bedarf an Arbeitskräften sichtbar ist. Dies liegt zum anderen aber auch an der Einstellungspraxis der Unternehmen. Insbesondere Frauen im fortgeschrittenen Alter haben eine schlechte Wettbewerbsposition, zumeist wird jüngeren der Vorzug gegeben.

Ende September 1993 waren in Ostdeutschland 1,16 Mill. Personen arbeitslos gemeldet, davon 760 000 Frauen (63 vH). Die Arbeitslosenquote der Frauen war mit rund 22 vH doppelt so hoch wie die der Männer. Von den arbeitslos gemeldeten Frauen waren 320 000, also 48 vH, 40 Jahre und älter. Von den 40jährigen und älteren Frauen waren 54 000 bereits seit mindestens 2 Jahren arbeitslos, dies sind gut 17 vH. Im Gegensatz dazu waren von den jüngeren arbeitslosen Frauen (440 000 Frauen) "lediglich" 7 vH 2 Jahre und länger arbeitslos. Und von den arbeitslos gemeldeten Männern im Alter von 40 Jahren und älter (187 000) waren knapp 11 vH 2 Jahre und länger arbeitslos.

Eine längere Phase der Arbeitslosigkeit führt in den neuen Bundesländern wesentlich rascher zu Qualifikationsdefiziten als in Westdeutschland, weil der technologische und arbeitsorganisatorische Umstrukturierungsprozeß, der an diesen Frauen "vorbeigeht", viel massiver ist. Hinzu kommt, daß Frauen - auch wegen familiärer Pflichten und Bindungen - im Durchschnitt nicht die gleiche regionale Mobilität aufweisen wie die Männer. Das wird daran sichtbar, daß sowohl bei den Wanderungen zwischen den alten und den neuen Bundesländern als auch bei den Pendlern Frauen stark unterrepräsentiert sind. Für Frauen bestehen deshalb weniger Chancen, ihre Qualifikationsdefizite durch eine Arbeitsaufnahme in westdeutschen Betrieben abzubauen.

Obwohl Frauen in Ostdeutschland zunehmend aus der Beschäftigung verdrängt werden, weisen sie nach wie vor eine hohe Erwerbsorientierung auf. Nach den Ergebnissen des Mikrozensus vom April 1993 lag die Erwerbsquote der 40- bis 50jährigen Frauen bei 96 vH, die der 50- bis 60jährigen noch bei 60 vH, obwohl hier bereits die Auswirkungen des Altersübergangsgeldes sichtbar werden. Auch die Ergebnisse des Sozio-oekonomischen Panels zeigen, daß sich trotz der anhaltend hohen Arbeitslosigkeit in Ostdeutschland bislang nur wenige Frauen vom Arbeitsmarkt zurückgezogen haben[10]. Die große Differenz zwischen Erwerbswünschen einerseits und zunehmender Verschlechterung der Erwerbschancen andererseits verdeutlicht, daß eine Förderung der Einarbeitung auf qualifizierte Arbeitsplätze und die Qualifikationsanpassung der Frauen in Ostdeutschland eher noch dringlicher ist als in Westdeutschland.

Das Bundesministerium für Familie, Senioren, Frauen und Jugend hat den veränderten Rahmenbedingungen 1993 durch die Überführung des Modellprogramms in ein Folgeprogramm Rechnung getragen. Mit der Modifizierung der Richtlinien wurde die bundesweite Anwendung des Modellprogramms sichergestellt und auf die besondere Situation der Frauen in den neuen Bundesländern abgestimmt. Die Hauptpunkte der Förderrichtlinien des "alten" und des seit Jahresanfang 1994 geltenden "modifizierten" Modellprogramms sind in der folgenden Übersicht 1.1/1 gegenübergestellt.

Übersicht 1.1/1
Auszug aus den Förderrichtlinien

Modifiziertes Modellprogramm	Altes Modellprogramm
Zuwendungszweck: Das Bundesministerium für Frauen und Jugend (BMFJ) gewährt Zuwendungen als Zuschüsse an Arbeitgeber, um Frauen nach Zeiten der Berufsunterbrechung durch ausschließliche Familientätigkeit oder Arbeitslosigkeit die Wiedereingliederung in das Erwerbsleben zu ermöglichen.	Zuwendungszweck: Der Bundesminister für Frauen und Jugend (BMFJ) gewährt Zuwendungen als Zuschüsse in ausgewählten Regionen an Modellträger und Arbeitgeber, um Frauen nach der Familienphase die Wiedereingliederung in das Erwerbsleben zu ermöglichen.
Zuwendungsempfänger: Zuwendungsempfänger sind private Arbeitgeber, die bereit sind, im Rahmen des Modellprogrammes Berufsrückkehrerinnen einzuarbeiten nach Maßgabe der Ziffer 3 dieser Richtlinien. Öffentliche Arbeitgeber sind als Zuwendungsempfänger ausgeschlossen.	Zuwendungsempfänger: Zuwendungsempfänger sind Arbeitgeber, die bereit sind, im Rahmen des Modellprogramms Gruppen von Berufsrückkehrerinnen (in der Regel jährlich 8 Frauen) einzuarbeiten nach Maßgabe der Ziffer 3 dieser Richtlinien; Modellträger, die im Rahmen des Modellprogramms die Koordination von Angebot und Nachfrage und ggfs. eigene Qualifizierungsmaßnahmen für Arbeitgeber durchführen.

[10] Vgl. Elke Holst und Jürgen Schupp: Zur Erwerbsorientierung von Frauen nach der deutschen Vereinigung - Umverteilung von bezahlter und unbezahlter Arbeit zwischen den Geschlechtern notwendig. In: Vierteljahrshefte zur Wirtschaftsforschung 1/1995, S. 52 ff.

Zuwendungsvoraussetzungen: Zuwendungen können als Wiedereingliederungszuschuß gewährt werden, wenn private Arbeitgeber Frauen nach einer Familienphase/-einer Arbeitslosigkeit in ein unbefristetes, sozialversicherungspflichtiges Beschäftigungsverhältnis einstellen, das tarifvertraglichen Vereinbarungen oder, soweit solche nicht bestehen, ortsüblichen Bedingungen entspricht.	Zuwendungsvoraussetzungen: Zuwendungen können als Einarbeitungszuschüsse gewährt werden, wenn Arbeitgeber Frauen nach der Familienphase (Berufsrückkehrerinnen) in arbeitsrechtlich abgesicherte, unbefristete Arbeitsverhältnisse einstellen und ihnen in über die übliche Einweisung hinausgehenden Maßnahmen im Rahmen eines Einarbeitungsplanes qualifizierende berufliche Kenntnisse und Fertigkeiten vermitteln.
Förderungsfähige Maßnahmen: Gefördert werden Maßnahmen zur Einarbeitung am Arbeitsplatz und zur Qualifikationsanpassung. In diese doppelte Zielsetzung ist eingeschlossen a) eine betriebliche Einarbeitung am Arbeitsplatz und b) eine qualifizierende Maßnahme bei einer IHK/Handwerkskammer/einem anerkannten Berufsverband oder einem anerkannten Weiterbildungsträger der beruflichen Bildung. Der Arbeitgeber muß die Berufsrückkehrerin für die Teilnahme an der außerbetrieblichen Qualifizierungsmaßnahme freistellen bzw. Zeitausgleich gewähren. Die Kosten für die qualifizierende Maßnahme hat der Arbeitgeber zu übernehmen. Auf eine qualifizierende Maßnahme kann verzichtet werden, wenn die Berufsrückkehrerin innerhalb der letzten 12 Monate vor Beginn der Einarbeitung an einer einschlägigen beruflichen Fortbildungs- oder Umschulungsmaßnahme teilgenommen hat.	Förderungsfähige Maßnahmen: Betriebliche Einarbeitungsmaßnahmen für Berufsrückkehrerinnen, die in der Regel im erlernten Beruf eingearbeitet werden sollen, sind schwerpunktmäßig in - sozial- und gesundheitspflegerischen Berufen und in - kaufmännischen und Verwaltungsberufen mit EDV-Anwendung durchzuführen. Die Einarbeitung in andere Berufsbereiche, insbesondere gewerblich-technische Berufe, ist möglich.
Zielgruppe: Berufsrückkehrerinnen im Sinne dieser Richtlinien sind Frauen, die das 40. Lebensjahr vollendet haben und in den letzten 2 Jahren vor Beginn der Maßnahme in keinem sozialversicherungspflichtigen Beschäftigungsverhältnis gestanden haben. Vor dem Hintergrund der besonderen strukturellen Bedingungen gilt für die neuen Bundesländer, daß Zeiten der Teilnahme an einer vom Arbeitsamt geförderten Maßnahme zur Arbeitsbeschaffung (§§ 91 bis 99 AFG) oder an einer Maßnahme zur beruflichen Fortbildung oder Umschulung (§§ 41 bis 49 AFG) dem gleichgestellt sind. Die Berufsrückkehrerin darf in keiner engen verwandtschaftlichen Beziehung oder Ehe zum Arbeitgeber stehen.	Zielgruppe: Berufsrückkehrerinnen im Sinne dieser Richtlinien sind Frauen - bevorzugt mittleren Alters -, die ihre Berufstätigkeit wegen der Betreuung von Kindern oder aus anderen familiären Gründen unterbrochen haben.

Höhe der Zuwendungen: Der Wiedereingliederungszuschuß wird als Festbetrag gewährt. Er beträgt für jede Berufsrückkehrerin, die vollzeitbeschäftigt wird, 1.200,- DM monatlich. Bei Teilzeitbeschäftigung, die mindestens die Hälfte der regelmäßigen Arbeitszeit des für den Einzelfall geltenden Tarifvertrages betragen muß, wird der Zuschuß entsprechend anteilig (als Festbetrag) gewährt. Zur besonderen Förderung der Teilzeitarbeit wird bei Bereitstellung von Teilzeitarbeitsplätzen zusätzlich ein Sokelbetrag von 200,- DM für die Dauer der Einarbeitung, höchstens jedoch für 12 Monate gewährt.	Höhe der Zuwendungen: Der Einarbeitungszuschuß wird als Festbetrag gewährt. Er beträgt für jede Berufsrückkehrerin, die vollzeitbeschäftigt wird, bis zum 31.12.1991 1.500,- DM monatlich. Danach wird die Höhe entsprechend § 49 AFG aktualisiert. Bei Teilzeitbeschäftigung, die mindestens die Hälfte der regelmäßigen Arbeitszeit des für den Einzelfall geltenden Tarifvertrags betragen muß, wird der Zuschuß entsprechend anteilig (als Festbetrag) gewährt.
Umfang der Zuwendung: Der Wiedereingliederungszuschuß wird für die Dauer der Einarbeitung, die mindestens 2 Monate betragen sollte, bewilligt. Die Förderungsdauer von Qualifikationsmaßnahmen kann je nach Qualifizierungsbedarf der Frauen variieren. Bei Vollzeitbeschäftigten darf der Wiedereingliederungszuschuß nicht länger als 6 Monate gewährt werden. Bei Vorliegen besonderer Bedingungen kann bei Einarbeitung in leitende Tätigkeiten und in begründeten Ausnahmefällen die Förderungsdauer auf bis zu 12 Monate ausgedehnt werden. Die Dauer der Förderung kann sich bei Teilzeitarbeit anteilig verlängern.	Umfang der Zuwendung: Der Einarbeitungszuschuß wird für die Dauer der Einarbeitung bewilligt. Sie muß mindestens 4 Wochen betragen und soll 6 Monate nicht überschreiten; in begründeten Einzelfällen kann der Zuschuß für längstens 12 Monate gewährt werden. Der Verwaltungskostenzuschuß beträgt monatlich 20 vH des jeweiligen Einarbeitungszuschusses. Er wird für die Dauer der Einarbeitung sowie für einen Monat Vorlaufzeit gewährt, längstens jedoch für 7 Monate.

Während im alten Modellprogramm Frauen nach einer familienbedingten Erwerbsunterbrechung - bevorzugt mittleren Alters - gefördert wurden, wurden im modifizierten Modellprogramm Frauen unterstützt, die das 40. Lebensjahr vollendet und in den letzten zwei Jahren vor der Einarbeitungsmaßnahme in keinem sozialversicherungspflichtigen Beschäftigungsverhältnis gestanden haben. Es wurde also nicht mehr nach dem Grund der Erwerbsunterbrechung differenziert, dafür jedoch eine Mindestaltersgrenze der förderungsfähigen Frauen eingeführt. Der monatliche Einarbeitungszuschuß wurde von 1 500,- DM auf 1 200,- DM für eine vollzeiterwerbstätige Berufsrückkehrerin gesenkt, dafür jedoch ein zusätzlicher Sockelbetrag von 200,- DM monatlich für eine Teilzeitbeschäftigung eingeführt. Damit sollte die Einrichtung von Teilzeitarbeitsplätzen gefördert werden.

Sowohl das alte als auch das modifizierte Modellprogramm wiesen gegenüber anderen Fördermaßnahmen für Wiedereinsteigerinnen einige Besonderheiten auf:

- Die Einarbeitung und Qualifizierung der Frauen war an eine unbefristete, sozialversicherungsrechtlich voll abgesicherte Beschäftigung gekoppelt. Die Arbeitgeber erhielten Einarbeitungszuschüsse, die beteiligten Frauen bekamen von Anfang an Lohn oder Gehalt.
- Die Einarbeitungspläne wurden von den Arbeitgebern (allein oder in Zusammenarbeit mit Weiterbildungsträgern) erstellt. Dies erhöhte die Chance der Vermittlung/ Auffrischung von Qualifikationen, die am konkreten Arbeitsplatz tatsächlich benötigt werden (Effizienzkriterium).
- Die Qualifizierungsmaßnahmen hatten einen direkten Bezug zum Arbeitsplatz. Dies dürfte die - auch nach Einschätzung von Arbeitgebern - ohnehin hohe Motivation der Wiedereinsteigerinnen noch gefördert haben.
- Einarbeitungsmaßnahmen sollten so gestaltet werden, daß sie den Berufsrückkehrerinnen günstige Rahmenbedingungen für die Vereinbarkeit von Familie und Beruf bieten. Die Einarbeitung in Teilzeit ist eine Möglichkeit hierfür.
- Anders als bei der AFG-Förderung waren die Meldung der Frauen beim Arbeitsamt und vorherige sozialversicherungspflichtige Beschäftigung keine Voraussetzungen für die Förderung. Bekanntermaßen melden sich viele Frauen, die nach einer familienbedingten Unterbrechung in die Erwerbstätigkeit zurückkehren wollen, nicht beim Arbeitsamt.
- Das Modellprogramm ermöglichte die Einarbeitung von Frauen in kleinen und mittleren Betrieben, die zum einen zumeist nicht in der Lage sind, selbst eigene Förderprogramme für die "klassischen" Berufsrückkehrerinnen aufzustellen, und sich zum anderen - vornehmlich in den neuen Bundesländern - oftmals in der Aufbauphase befinden und die Kosten für die qualifizierte Einarbeitung kaum allein tragen können. Gerade in solchen Betrieben findet die Mehrzahl der Frauen in Westdeutschland Beschäftigung[11] und werden Arbeitsplätze in den neuen Bundesländern geschaffen.

[11] Nach den Ergebnissen der Arbeitsstättenzählung 1987 arbeiteten knapp zwei Drittel der erwerbstätigen Frauen in Westdeutschland in Betrieben mit höchstens 100 Beschäftigten.

2 Ziele, Inhalte und Vorgehensweise der Begleitforschung

Das DIW hat die wissenschaftliche Begleitung sowohl für das ursprüngliche Modellprogramm (dort arbeitsteilig mit dem Institut für Sozialwissenschaftliche Analysen und Beratung)[12] als auch (allein) für das Folgeprogramm übernommen. Der hier vorgelegte Bericht bilanziert die Ergebnisse des Teils des Modellprogramms, der vom DIW wissenschaftlich begleitet wurde.

2.1 Ziele und Inhalte der Begleitforschung

Zwei Themenkreise stehen im Mittelpunkt der Evaluation:

- Schwierigkeiten und Erfolge bei der Implementation und Durchführung der Maßnahmen,
- Wirkungen des Modellprogramms.

Grundlage jeder Evaluation ist die Erfassung und systematische Beschreibung der Maßnahmen, der daran beteiligten Personen und Institutionen. Die grundlegenden Fragen im vorliegenden Fall sind:

- Welche Frauen wurden bei welchen Arbeitgebern mit welchen Einarbeitungsmaßnahmen eingearbeitet? Entsprechen die Teilnehmerstrukturen der Zielgruppe; in welchem Ausmaß wurde die Zielgruppe erreicht?

- Wie war die Akzeptanz der Maßnahmen und des Programms bei den verschiedenen Beteiligten des Modellprogramms?

- Hat eine Einarbeitung im Sinne der Richtlinien stattgefunden?

- Konnten die bei der Konzeption des Modellprogramms beabsichtigten Schwerpunkte realisiert werden?

In einem zweiten Schritt sind die Wirkungen des Modellprogramms festzustellen, wobei zum einen die Schwierigkeit besteht, die (intendierten und nicht-intendierten) Wirkungen zuverlässig zu messen. Neben vergleichsweise einfach

---

[12] Die Aufteilung erfolgte nach Berufsbereichen: Das Institut für Sozialwissenschaftliche Analysen und Beratung (ISAB) begleitete Modellversuche im Bereich der sozial- und gesundheitspflegerischen Berufe, das DIW in allen anderen Berufsbereichen. Zu den Ergebnissen des ISAB vgl. Elke Kasmann und Lisa Sommer: "Ich bin stolz, daß ich wieder arbeite!", Berufsrückkehrerinnen in Pflegeberufen. ISAB-Berichte aus Forschung und Praxis 26, Köln, Leipzig o.J.

erhebbaren Tatbeständen (z.B. Erwerbsstatus der Berufsrückkehrerinnen) gibt es auch weniger leicht operationalisierbare und meßbare Effekte, z.B. Veränderungen der Aufgabenverteilung in der Familie. Zum anderen ist ein geeigneter Beobachtungszeitraum festzulegen, der lang genug ist, um die Effekte zur Wirkung kommen zu lassen, aber nicht zu lang ist, um den Einfluß weiterer, vom Modellprogramm unabhängiger Faktoren nicht zu groß werden zu lassen (Problem der Zurechnung von Wirkungen).

Ziel des Modellprogramms war es, die Wiedereingliederung von Berufsrückkehrerinnen zu verbessern. Das Hauptkriterium für den Erfolg der Einarbeitungsmaßnahmen ist daher die stabile, qualifizierte Beschäftigung von Frauen. Die verschiedenen an den einzelnen Einarbeitungsmaßnahmen beteiligten Akteure (Berufsrückkehrerinnen, Arbeitgeber[13] und teilweise Modellträger) legen unterschiedliche Erfolgskriterien an und gelangen möglicherweise zu unterschiedlichen Einschätzungen des Erfolgs. In solchen Fällen unterschiedlicher Einschätzungen kann gerade wegen der Zielsetzung des Modellprogramms eine Einarbeitungsmaßnahme nur dann als erfolgreich angesehen werden, wenn zumindest aus Sicht der Berufsrückkehrerin die Wiedereingliederung gelungen ist. Die Beurteilung des Erfolgs der Einarbeitungsmaßnahmen aus Sicht der Berufsrückkehrerinnen und der Einarbeitungsbetriebe wird sich vermutlich nicht nur dann unterscheiden, wenn die Berufsrückkehrerin aus dem Einarbeitungsbetrieb ausgeschieden ist; auch wenn die eingearbeitete Berufsrückkehrerin noch im Einarbeitungsbetrieb beschäftigt ist, ist durchaus vorstellbar, daß zwar der Arbeitgeber zufrieden ist, die Berufsrückkehrerin jedoch wegen Unzufriedenheit mit ihrer Stelle einen Arbeitgeberwechsel anstrebt. Die Erfolgskriterien im einzelnen können der Übersicht 2.1/1 entnommen werden.

[13] Arbeitgeber sind auch freiberuflich Tätige (z.B. Ärzte), Interessenvertretungen, gemeinnützige Vereine etc. Die Begriffe "Arbeitgeber" und "Betrieb" werden im folgenden synonym gebraucht.

Übersicht 2.1/1:
Kriterien für eine erfolgreiche Wiedereingliederung/Einarbeitung

Ziel des Modellprogramms war die erfolgreiche Wiedereingliederung von Frauen in qualifizierte Beschäftigung. Aus diesem Grunde hat die Beurteilung des Erfolgs der Maßnahme aus Sicht der Frauen Priorität.

Aus Sicht der Frauen:

Für eine Berufsrückkehrerin ist die Wiedereingliederung gelungen, wenn sie
- die Einarbeitung nicht abgebrochen hat (es sei denn, dies erfolgte angesichts anderweitig besserer beruflicher Perspektiven),
- am Arbeitsplatz ihrer Qualifikation und Einarbeitung entsprechend eingesetzt wird,
- (voll) mit ihrer beruflichen Situation zufrieden ist,
- Familien- und Erwerbstätigkeit gut miteinander vereinbaren kann.

Aus Sicht der Arbeitgeber:

Für Arbeitgeber ist die Einarbeitungsmaßnahme erfolgreich, wenn die Berufsrückkehrerin
- die Einarbeitungsmaßnahme nicht abgebrochen hat,
- voll am Arbeitsplatz eingesetzt werden kann,
- sich gut in den Betrieb integriert,
- dem Betrieb voraussichtlich länger erhalten bleibt.

Darüber hinaus sollen weitere Wirkungen der Einarbeitungsmaßnahmen, z.B. auf die Arbeitsteilung in der Familie, auf das Selbstbewußtsein der Frauen und auf die generellen Einstellungen von Arbeitgebern zu Berufsrückkehrerinnen untersucht werden. Zu analysieren ist weiterhin, ob es Hinweise auf nicht intendierte negative Nebenwirkungen gibt.

Schließlich ist zu untersuchen, ob die festgestellten Veränderungen tatsächlich als Wirkungen der Maßnahme anzusehen sind oder ob sie auch ohne das Modellprogramm aufgetreten wären. Wenn sich ein erheblicher Teil der beteiligten Arbeitgeber auch ohne Modellprogramm für die Einstellung einer Berufsrückkehrerin entschieden hätte, so sind für diese Gruppe Mitnahmeeffekte zu vermuten. Auswirkungen auf das Beschäftigungsniveau gehörten nicht zu den explizit intendierten Zielen des Modellprogramms, wohl aber eine Stärkung der komparativen Vorteile von Berufsrückkehrerinnen gegenüber anderen Arbeitsuchenden. Sie ist in kurzfristiger Perspektive nur dann anzunehmen, wenn durch das Modellprogramm die Entscheidung zu Gunsten der Zielgruppe beeinflußt wurde. In längerfristiger Perspektive ist von Bedeutung, ob es durch das Modellprogramm gelungen ist, Vorbehalte gegenüber Berufsrückkehrerinnen als Bewerberinnen um freie Arbeitsstellen abzubauen.

2.2 Vorgehensweise der wissenschaftlichen Begleitung

Die wissenschaftliche Begleitforschung des DIW setzt auf zwei Ebenen an:

1. Modellprogrammebene: Hier geht es vor allem darum, die verschiedenen Modellversuche im Rahmen des Modellprogramms zu vergleichen und danach zu beurteilen, wie gut sie unter den jeweiligen Bedingungen eine erfolgreiche Wiedereingliederung von Frauen ermöglicht haben. Grundlage hierfür ist die Beobachtung, Dokumentation und Analyse der einzelnen Modellversuche auf der Basis von Informationen der Arbeitgeber, der Modellträger[14] und der Frauen. Zentrale Bedeutung haben die dreimaligen schriftlichen Befragungen der am Modellprogramm beteiligten Berufsrückkehrerinnen und Arbeitgeber zu Beginn der Einarbeitungsmaßnahme, kurz nach ihrem Ende und noch einmal mit einem zeitlichen Abstand von etwa sechs Monaten (vgl. Abbildung 2.2/1). Die erhobenen Daten wurden zu Längsschnittdatensätzen verknüpft und geben Aufschluß über Erfahrungen, Erwartungen und Bewertungen der verschiedenen Beteiligten und über Veränderungen im Verlauf eines Modellversuchs. Die Themenschwerpunkte der schriftlichen Befragungen können der Übersicht 2.2/1 entnommen werden.

---

[14] Bei einem Teil der Modellmaßnahmen des ursprünglichen Modellprogramms waren Modellträger beteiligt, deren Aufgabe die Koordination von Arbeitgebern und Berufsrückkehrerinnen, in einigen Fällen auch die Qualifizierung der Berufsrückkehrerinnen war.

Abb 2.2/1

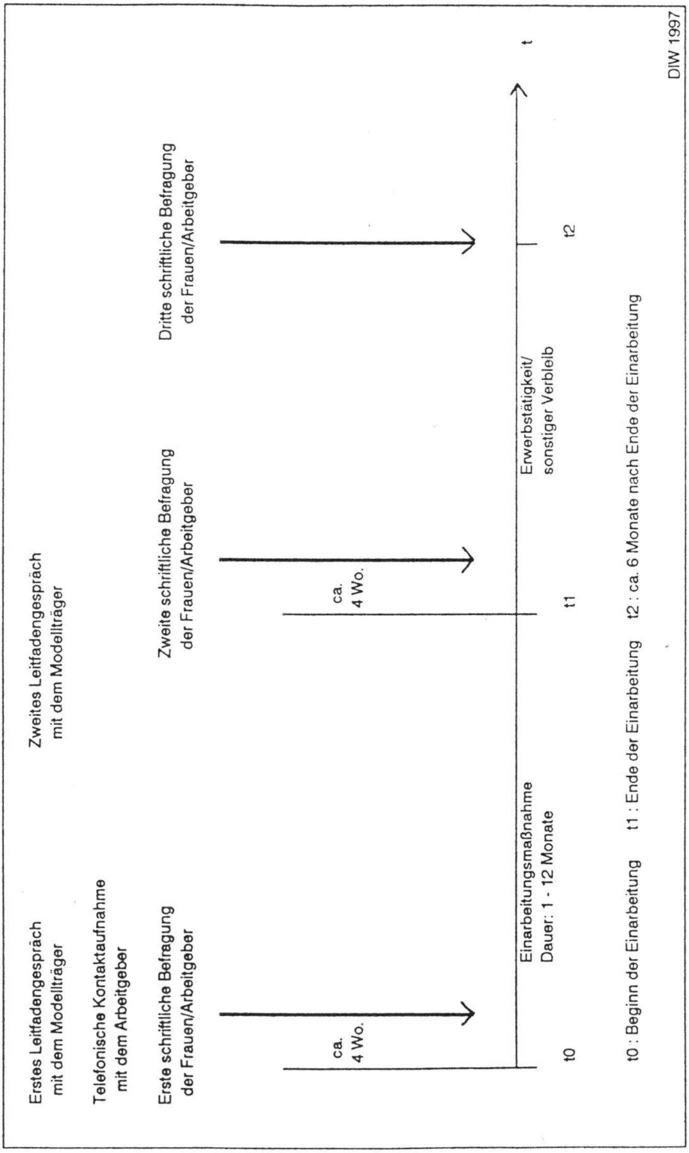

Abbildung 2.2/1

Übersicht 2.2/1:
Themenschwerpunkte der Fragebogen

I. Frauen

1. Befragung:
- Wie setzt sich der Kreis der Berufsrückkehrerinnen hinsichtlich der sozio-demographischen Struktur, des schulischen und beruflichen Werdegangs, der Dauer der Familienphase sowie der derzeitigen persönlichen Einstellungen und Meinungen zu den Einarbeitungsmaßnahmen zusammen?

2. Befragung:
- Wie zufrieden sind die Berufsrückkehrerinnen mit der Einarbeitung und dem jetzigen Arbeitsplatz?
- Gibt es Unterschiede zwischen den Vorstellungen der Berufsrückkehrerinnen und dem tatsächlichen Ablauf der Einarbeitungsmaßnahmen?
- Wie beurteilen die Berufsrückkehrerinnen ihre beruflichen Zukunftsperspektiven?

3. Befragung:
- Wie beurteilen die Berufsrückkehrerinnen ihren beruflichen Wiedereinstieg im nachhinein?
- Was hat sich in den Meinungen und Einschätzungen der Berufsrückkehrerinnen verändert?
- Hat sich die berufliche Situation der Berufsrückkehrerinnen verändert?

II. Betriebe

1. Befragung:
- Angaben zum Betrieb/Unternehmen
- Aus welchen Gründen nehmen die Betriebe/Unternehmen am Programm teil?
- Wie sind die Einarbeitungsmaßnahmen konzipiert und was beinhalten sie?
- Welche Aufgaben haben etwaige Modellträger übernommen?

2. Befragung:
- Wie zufrieden sind die Betriebe/Unternehmen mit der Einarbeitung und den Leistungen der Berufsrückkehrerinnen?
- Gibt es Unterschiede zwischen der Planung und dem tatsächlichen Ablauf der Einarbeitungsmaßnahmen?
- Wie werden die eingearbeiteten Berufsrückkehrerinnen inzwischen eingesetzt?

3. Befragung:
- Wie beurteilen die Betriebe die Integration der Berufsrückkehrerinnen in den Betrieb?
- Wie beurteilen die Betriebe das Konzept und die Ausführung der Einarbeitung der Berufsrückkehrerinnen?
- Was hat sich in den Einschätzungen hinsichtlich der Leistungen der Berufsrückkehrerinnen verändert?

Darüber hinaus wurden die Antragsunterlagen[15] der Arbeitgeber ausgewertet. Mit allen beteiligten Arbeitgebern wurden zu Beginn der Einarbeitungsmaßnahme leitfadengestützte Interviews durchgeführt. Vorrangiges Ziel war es dabei, nach der Auswertung der Antragsunterlagen verbliebene Unklarheiten auszuräumen. Bei dieser Gelegenheit wurden Ziele und Vorgehensweise der wissenschaftlichen Begleitung vorgestellt, und es wurde um Unterstützung geworben. Sofern die eingestellten Frauen vor Beginn der betrieblichen Einarbeitungsmaßnahme eine berufliche Qualifizierungsmaßnahme durchlaufen hatten oder im Betrieb (im Rahmen eines Praktikums, einer Probebeschäftigung oder geringfügig) beschäftigt waren, wurde danach gefragt, welche Bedeutung diesen Sachverhalten bei der Auswahlentscheidung zukam. In den Fällen, in denen die vom BMFSFJ bewilligte Förderdauer kürzer als die beantragte Einarbeitungsdauer war, wurde im ersten leitfadengestützten Interview auch danach gefragt, welche Konsequenzen für die betriebliche Einarbeitung diese verkürzte Förderdauer haben werde. In Fällen, in denen das Ausscheiden einer Berufsrückkehrerin aus dem Einarbeitungsbetrieb bekannt wurde, führte das DIW leitfadengestützte Abschlußinterviews mit den Arbeitgebern durch. In Einzelfällen fanden auch mit den Berufsrückkehrerinnen zusätzliche Gespräche statt; dies vor allem bei Unklarheiten und Widersprüchen. Einige Berufsrückkehrerinnen haben sich auch telefonisch oder schriftlich an das DIW gewandt, um auf Mißstände hinzuweisen[16].

Die Kombination verschiedener Erhebungsverfahren (schriftliche Befragungen mit überwiegend geschlossenen Fragen, leitfadengestützte Interviews, Auswertung der mit der Antragstellung eingereichten Unterlagen) und die Einbeziehung aller beteiligten Akteure (Arbeitgeber, Frauen, Modellträger) ist insbesondere in der Anlage als Paneluntersuchung zwar methodisch sehr aufwendig; nur so konnten aber Veränderungen im Verlauf eines Modellversuchs ebenso berücksichtigt werden wie die (teilweise unterschiedlichen) Sichtweisen der verschiedenen Akteure.

2. Modellprogrammübergreifende Untersuchung und Evaluation: Ziel ist es, das Modellprogramm aus gesamtwirtschaftlicher und gesellschaftlicher Sicht zu evaluieren. Im Rahmen des Modellprogramms konnte eine begrenzte Zahl von Frauen durch besondere Modellversuche wieder eingearbeitet werden. Zu untersuchen war, ob - und ggf. wie - sich diese Teilgruppe von den potentiellen Berufsrückkehrerinnen insgesamt unterscheidet und welche gesell-

---

[15] Im alten Modellprogramm wurden auch - soweit vorhanden - Unterlagen der Modellträger ausgewertet und leitfadengestützte Interviews mit den Modellträgern geführt.

[16] Die ursprünglich zusätzlich vorgesehenen Gruppendiskussionen mit Teilnehmerinnen einzelner Einarbeitungsmaßnahmen konnten bedauerlicherweise nur in einem Fall durchgeführt werden, weil es - anders als bei der Konzeption des Modellprogramms vorgesehen - nur sehr wenige Betriebe gegeben hat, bei denen mehrere Berufsrückkehrerinnen gleichzeitig eingearbeitet wurden.

schaftliche Relevanz die Berufsunterbrechung und Berufsrückkehr von Frauen hat. Dazu wurden gezielte Analysen mit dem Sozio-ökonomischen Panel durchgeführt[17]. Bereits zur Vorbereitung des Modellprogramms hatte das DIW ein Kurzgutachten zu Bestands- und Entwicklungsdaten zur Struktur des Arbeitsmarktes unter besonderer Berücksichtigung von Frauenarbeitsplätzen ausgearbeitet[18]. Außerdem wurden im Rahmen der wissenschaftlichen Begleitung Kurzgutachten zu Struktur und Entwicklung der Erwerbstätigkeit und Arbeitslosigkeit von Frauen und Männern sowie zu Struktur und Entwicklung der gesamtwirtschaftlichen Beschäftigung nach Wirtschaftszweigen erarbeitet[19].

---

[17] Das Sozio-oekonomische Panel ist eine Wiederholungsbefragung, mit der repräsentative Informationen über Personen und Haushalte erhoben werden. Vgl. Projektgruppe Sozio-ökonomisches Panel: Zehn Jahre Sozio-oekonomisches Panel (SOEP). In: Vierteljahrshefte zur Wirtschaftsforschung 1-2/1993, S. 27 ff. -Vgl. Friederike Behringer und Erika Schulz: Ungenutzte Beschäftigungsmöglichkeiten für Berufsrückkehrerinnen. In: Wochenbericht des DIW 33/1992, S. 397 ff. - Ellen Kirner und Erika Schulz: Unterbrochene Erwerbsverläufe von Frauen mit Kindern. In: Wochenbericht des DIW 19/1992, S. 249 ff. - Ellen Kirner und Erika Schulz: Das "Drei-Phasen-Modell" der Erwerbsbeteiligung von Frauen - Begründung, Norm und empirische Relevanz. In: Notburga Ott und Gert Wagner (Hrsg.): Familie und Erwerbstätigkeit im Umbruch. Sonderheft 148 des DIW. Berlin 1992, S. 17 ff.

[18] Vgl. Frank Stille: Bestands- und Entwicklungsdaten zur Struktur des Arbeitsmarktes unter besonderer Berücksichtigung von Frauenarbeitsplätzen. Bundesministerium für Jugend, Familie, Frauen und Gesundheit (Hrsg.): Materialien zur Frauenpolitik 4/1989. Bonn 1989.

[19] Vgl. Ellen Kirner: Zur Struktur und Entwicklung der Erwerbstätigkeit und Arbeitslosigkeit von Frauen und Männern in West- und Ostdeutschland. Kurzbericht im Rahmen der Begleitforschung im Projekt "Berufsrückkehrerinnen". Berlin 1995.- Vgl. Ellen Kirner: Tendenzen auf dem Arbeitsmarkt und Beschäftigungsstruktur in wirtschaftszweigspezifischer Gliederung 1988 bis 1996. Kurzbericht im Rahmen der Begleitforschung im Projekt "Berufsrückkehrerinnen". Berlin 1997.

3. Umfang und Struktur der Beteiligung

3.1 Rahmenbedingungen für die Beteiligung und Datenbasis

3.1.1 Ungünstige Situation auf dem Arbeitsmarkt und weitere Hindernisse

Während das Modellprogramm zu einer Zeit relativ günstiger gesamtwirtschaftlicher Entwicklung geplant wurde, war das Bild in der Folgezeit äußerst differenziert. In den Jahren 1988 und 1989 expandierte die westdeutsche Wirtschaft im Gefolge eines günstigen welt- und binnenwirtschaftlichen Umfeldes - gemessen an der Entwicklung des realen Bruttoinlandsprodukts[20] - um jeweils gut 3½ vH. In diesen Jahren nahm die Zahl der Erwerbstätigen um reichlich eine halbe Million zu, und die Arbeitslosigkeit ging im Jahresdurchschnitt 1989 um rund 200 000 Personen zurück. Im Jahr 1990 konnte sich die westdeutsche Wirtschaft nicht zuletzt aufgrund der anfänglichen vereinigungsbedingten Nachfrageimpulse von der konjunkturellen Tendenz der weltwirtschaftlichen Entwicklung abkoppeln. Während sich das Konjunkturklima in den westlichen Industriestaaten und den asiatischen Schwellenländern deutlich abkühlte, gewann die westdeutsche Wirtschaft 1990 und 1991 noch erheblich an Fahrt. Die westdeutsche Produktion stieg 1990 um 5,7 vH und 1991 um 4,5 vH. Im Zuge dieser Entwicklung nahm die Zahl der Erwerbstätigen in beiden Jahren zusammen um gut 1,3 Millionen zu.

Während in Westdeutschland die Nachfrageimpulse die Gesamtentwicklung positiv beeinflußten, brach in Ostdeutschland die Wirtschaft weitgehend zusammen. Es wurden rasch und massiv Arbeitskräfte freigesetzt. Viele von ihnen suchten in Westdeutschland einen Arbeitsplatz und erhöhten zusammen mit den aus Ost- und Mitteleuropa zugewanderten Personen das Arbeitskräfteangebot in Westdeutschland erheblich. Gleichzeitig setzte sich hier der Trend zur verstärkten Erwerbsbeteiligung der Frauen, insbesondere im mittleren und fortgeschrittenen Alter, fort[21]. Angesichts dieser starken Ausweitung des Arbeitskräfteangebots konnten auch in Westdeutschland keine entsprechend hohen Erfolge beim Abbau der Arbeitslosigkeit erzielt werden. Dennoch ging die Arbeitlosigkeit in Westdeutschland bis zum Sommer 1992 auf gut 5 vH der Erwerbspersonen zurück; zuletzt wurde ein ähnlich niedriger Wert 1981 gemes-

---

[20] Diese und die folgenden Angaben zu den globalen Kennziffern des Arbeitsmarktes sind, soweit nicht anders gekennzeichnet, Angaben aus der volkswirtschaftlichen Gesamtrechnung des Statistischen Bundesamtes, vgl. Statistisches Bundesamt (Hrsg.): Konten und Standardtabellen, Fachserie 18, Reihe 1.3, Vorbericht 1996.

[21] So betrug nach dem Mikrozensus in den alten Bundesländern der Anteil der Erwerbspersonen (Erwerbstätige und Arbeitslose) an allen Frauen im Alter von 40 bis unter 45 (45 bis unter 50) Jahren 1988 rund 64 (61) vH und 1995 74 (72) vH.

sen. Diese insgesamt für Westdeutschland günstige Arbeitsmarktentwicklung ging im Verlauf des zweiten Halbjahres 1992 zu Ende. Im Gefolge der tiefen Rezession 1992/1993 nahm die Arbeitslosigkeit erneut zu. Die Zahl der Arbeitslosen in Westdeutschland stieg bis 1994 jahresdurchschnittlich auf rund 2,6 Millionen. Auch die kurze Erholung im Sommer 1994 konnte auf dem Arbeitsmarkt keine deutliche Wende bewirken. Aufgrund der erneuten konjunkturellen Abschwächung und des schwachen Wachstums in den Jahren 1995 und 1996 ging die Erwerbstätigkeit weiter zurück, und die Zahl der Arbeitslosen nahm weiter zu; im Sommer 1997 wurde die Marke von knapp drei Millionen erreicht.

Der weitgehende Zusammenbruch von früher zentralgeleiteten Wirtschaftsunternehmen und der staatlichen Verwaltung in den neuen Bundesländern hatte zur Folge, daß hier der Bestand an Arbeitslosen seit 1990 nahezu kontinuierlich stieg und 1997 den bisherigen Rekordwert von fast 1,4 Millionen Menschen - das sind mehr als 18 vH der Erwerbspersonen - erreichte. In Westdeutschland war die Arbeitslosenquote der Frauen 1996 so hoch wie die der Männer. In Ostdeutschland sind die Frauen weit überproportional von Arbeitslosigkeit betroffen (Tabelle 3.1/1).

Die rezessive konjunkturelle Entwicklung in Westdeutschland ab 1992, die nur langsamen Fortschritte der Anpassungsprozesse in Ostdeutschland sowie der von Beginn an hohe Bestand an Arbeitslosen waren ungünstige Rahmenbedingungen für das Modellprogramm. Die Förderung der Wiedereingliederung mit Hilfe von Einarbeitungsmaßnahmen setzt voraus, daß Betriebe an der Einarbeitung der Frauen Interesse haben. Dies war jedoch in einer Zeit, in der Unternehmen im Westen ihren Personalbestand im allgemeinen kaum ausgeweitet haben und im Osten sowohl Betriebe als auch Träger der öffentlichen Verwaltung ihre Arbeit einstellen oder sehr reduzieren mußten, seltener als das bei normaler Arbeitsmarktsituation der Fall gewesen wäre.

Eine wichtige Rolle spielte vermutlich die insgesamt große Arbeitslosigkeit während der Laufzeit des Modellprogramms: 1988 gab es im früheren Bundesgebiet bereits eine Zahl von reichlich 2,2 Mill. Arbeitslosen, das entsprach einer Arbeitslosenquote von etwa 7 vH. Der Bestand an Arbeitslosen in Westdeutschland blieb auch auf seinem niedrigsten Stand im betrachteten Zeitraum (1991) hoch und war 1996 deutlich größer als 1988. Später kamen die vielen Arbeitslosen aus Ostdeutschland hinzu. Der Bestand an Arbeitslosen und die Arbeitslosenquoten in *Gesamtdeutschland* stiegen schon von Beginn der 90er Jahre an. 1997 waren über vier Millionen Menschen arbeitslos - das sind mehr als 11 vH der Erwerbspersonen.

Tabelle 3.1/1

Arbeitslosenquoten von Frauen und Männern sowie Anteile der Frauen an allen Arbeitslosen

Jahr Monat	Westdeutschland			Ostdeutschland		
	Arbeitslosenquote		Anteil der Frauen an allen Arbeitslosen	Arbeitslosenquote		Anteil der Frauen an allen Arbeitslosen
	Männer	Frauen		Männer	Frauen	
	in vH			in vH		
1988:						
April	8	10	46	-	-	-
September	7	10	49	-	-	-
1993:						
April	8	8	44	11	20	63
September	8	9	44	11	22	65
1994:						
April	9	9	42	12	23	64
September	9	9	44	9	20	67
1995:						
April	9	9	42	11	19	63
September	9	9	44	10	19	64
1996:						
April	10	10	42	15	20	56
September	10	10	44	12	19	60

Quelle: Amtliche Nachrichten der Bundesanstalt für Arbeit, Arbeitsstatistik (verschiedene Jahrgänge).

Dies alles hat sicherlich dazu beigetragen, daß sich nur relativ wenige der Frauen, die für die Fördermaßnahmen in Frage gekommen wären, im Wettbewerb um die knappen Arbeitsplätze behaupten konnten. Ein Überangebot von Arbeitskräften bringt es mit sich, daß die Arbeitsuchenden untereinander konkurrieren, was zu stärkeren Selektionsprozessen führt. Daß fortgeschrittenes Alter und eine längere Zeit der Erwerbslosigkeit zu den negativen Auswahlkriterien gehören, zeigt der bereits 1988 hohe Anteil von Älteren und Langzeitarbeitslosen am Arbeitslosenbestand. Das Ziel des Modellprogramms, nämlich die Förderung von Frauen im mittleren und höheren Alter, die aufgrund einer Familienphase oder aufgrund von Arbeitslosigkeit längere Zeit nicht erwerbstätig gewesen waren, konnte damit in dieser Phase der wirtschaftlichen Entwicklung zwangsläufig nur eingeschränkt verwirklicht werden. Für Frauen im mittleren und fortgeschrittenen Alter steht nicht das gesamte Spektrum des Angebots an Arbeitsplätzen offen, schon aufgrund unterschiedlicher Anforderungen an die Qualifikation und unterschiedlicher Präferenzen der Arbeitgeber. Die Verfestigung der Arbeitslosigkeit, die durch den überproportional zunehmenden Bestand älterer Arbeitsuchender nach längerer Erwerbsunterbrechung gekennzeichnet ist, schränkt vermutlich die Chancen für Berufsrückkehrerinnen ein, weil auf bestimmten, für diese Gruppe in Frage kommenden Arbeitsmarktsegmenten das Überangebot besonders groß ist.

Der Strukturumbruch in Ostdeutschland und die Rezession in Westdeutschland führten außerdem dazu, daß auch viele jüngere Menschen ihren Arbeitsplatz verloren. Im Laufe der Jahre wuchsen die Arbeitsmärkte der beiden Teile des Bundesgebiets mehr und mehr zusammen. Ein großer Kreis von ostdeutschen Arbeitssuchenden war in Westdeutschland erfolgreich, das zeigt der Strom von Pendlerinnen und Pendlern. Auch dadurch verschlechterte sich die Wettbewerbsposition der älteren Arbeitslosen. Der Anteil der Personen im Alter von 40 und mehr Jahren und mit mindestens zweijähriger Erwerbslosigkeit an allen Arbeitslosen betrug im September 1996 rund 13 vH in Westdeutschland (8 vH in Ostdeutschland), und war damit sehr viel höher als 1988.

Sicherlich hätte ein Großteil der Arbeitgeber auch bei günstigerer wirtschaftlicher Entwicklung in der Regel jüngere Arbeitskräfte bevorzugt, weil sie befürchteten, daß die Einarbeitungszuschüsse die Kosten der Einarbeitung und die vermutete, durch fortgeschrittenes Alter, Dequalifizierung und/oder mangelnde Berufserfahrung bedingte Minderung der Leistungsfähigkeit nicht ausgleichen. Bei den verschärften Konkurrenzbedingungen für Berufsrückkehrerinnen in der Laufzeit des Programms kam diese Überlegung jedoch sehr viel stärker zum Tragen als das bei einem knappen Angebot von Arbeitskräften der Fall gewesen wäre.

Angesichts dieser gesamtwirtschaftlichen Rahmenbedingungen ist es nicht verwunderlich, daß sich weniger Arbeitgeber mit einer geringeren Anzahl von Frauen am Modellprogramm beteiligten, als insgesamt hätten gefördert werden können. Der vorgegebene finanzielle Rahmen wurde bei weitem nicht ausgeschöpft. Die Zurückhaltung der Arbeitgeber ist zum Teil jedoch auch darauf zurückzuführen, daß das Modellprogramm in der Öffentlichkeit kaum bekannt wurde. So ist mit der Öffentlichkeitsarbeit des Ministeriums die Zielgruppe der Arbeitgeber und potentiellen Modellträger insbesondere zu Beginn des alten Modellprogramms nur unzulänglich erreicht worden. Daß der Bekanntheitsgrad eine Rolle für die Inanspruchnahme des Modellprogramms spielt, ist aus dem Beteiligungsschub erkennbar, den es nach einer medienwirksamen Vorstellung der Zwischenergebnisse des Modellprogramms auf einer Tagung des BMFJ im Herbst 1992 gab. Wegen der Einstellung des alten Modellprogramms zum 31.3.1993 und einer Bewilligungspause bis zum Inkrafttreten der Richtlinien für das Folgeprogramm (1.1.1994) war der Effekt dieser Tagung hinsichtlich einer Verstärkung der Inanspruchnahme allerdings begrenzt.

Ein weiterer Grund für die geringe Inanspruchnahme des Modellprogramms liegt vermutlich in dessen Ausgestaltung. Darauf weisen beispielsweise die Aussagen von Unternehmen hin, die sich zwar zunächst für eine Förderung im Rahmen des alten Modellprogramms interessierten, die dann jedoch von einer Beteiligung absahen.

Die häufigsten Argumente gegen eine Beteiligung waren:

- Die finanzielle Ausstattung sei zu gering, insbesondere für Berufsrückkehrerinnen mit langer Unterbrechungsdauer und hohem Qualifizierungsbedarf sei eine längere Einarbeitungsmaßnahme erforderlich; die Zuschüsse seien vor allem bei Teilzeitbeschäftigung zu gering;

- AFG-Förderung sei für das Unternehmen vorteilhafter;

- betriebliche Vereinbarungen (z.B. zum Elternurlaub) stünden einer Beteiligung entgegen;

- der Betrieb würde gern am Modellprogramm teilnehmen, es seien jedoch keine förderungsfähigen Berufsrückkehrerinnen zu finden;

- der Betrieb sei prinzipiell an einer Teilnahme interessiert, es bestehe jedoch derzeit kein Personalbedarf;

- potentielle Modellträger blieben in ihrem Bemühen, Betriebe zu finden, erfolglos; hierbei wurde insbesondere der geforderte unbefristete Arbeitsvertrag bereits zu Beginn der Maßnahme als Schwierigkeit angeführt. Übliches Verfahren vieler Betriebe sei der Abschluß befristeter Verträge, die später - bei Bewährung - in unbefristete Arbeitsverhältnisse umgewandelt würden;

- der bürokratische Aufwand sei zu groß und die Bearbeitungsdauer im Ministerium bis zur Bewilligung der Maßnahmen zu lang. Hierzu gehören auch Fälle, bei denen - nach Aussagen der Betriebe - die Einstellung der vorgesehenen Berufsrückkehrerinnen im Zeitraum zwischen Antragstellung und Bewilligung erfolgte, was die Beteiligung am Modellprogramm letztlich verhinderte.

Ein Teil dieser Argumente betrifft zentrale Elemente des Modellprogramms, wie etwa der Abschluß unbefristeter Arbeitsverträge zu Beginn der Maßnahmen oder der Ausschluß der Förderung der Wiedereingliederung von Frauen, denen bereits durch betriebliche Vereinbarungen die Rückkehr in das Unternehmen garantiert wurde. Anläßlich der Änderung der Richtlinien für das Folgeprogramm wurde auch die Möglichkeit genutzt, Teilzeitmaßnahmen noch besser zu fördern. Zwar liegen keine Informationen zur Bearbeitungsdauer vor, doch läßt sich vermuten, daß der Bearbeitungsaufwand im Ministerium wegen der unerwartet großen Zahl von Einzelmaßnahmen (anstelle der ursprünglich geplanten Gruppenmaßnahmen) wesentlich höher als geplant war; zeitliche Verzögerungen bis zur Erteilung des Bewilligungsbescheides erscheinen daher plausibel. Zu bedenken ist aber auch, daß die angesprochenen Arbeitgeber und Bildungsträger möglicherweise nach Argumenten suchten, die eigene Nichtbeteiligung zu "erklären".

3.1.2 Empirische Basis: Zahl der geförderten Frauen und Datenbasis

Im alten Modellprogramm wurden 192 Frauen, im modifizierten 308 Frauen gefördert, somit insgesamt 500 Frauen. Den zeitlichen Verlauf der Zahl der geförderten Frauen zeigt die Abbildung 3.1/1. Die erste Einarbeitungsmaßnahme hat im August 1990 begonnen. Bis zum Jahresende 1992 war die Zahl der geförderten Frauen kontinuierlich gestiegen, danach gab es einen Beteiligungsschub. Dieser war vermutlich auf die bereits erwähnte medienwirksame Vorstellung der Zwischenergebnisse des Modellprogramms auf einer Tagung des Bundesministeriums für Frauen und Jugend im Herbst 1992 zurückzuführen. Im alten Modellprogramm wurden Bewilligungen für Maßnahmen ausgesprochen, die bis zum 30.06.93 beginnen sollten. Die erste Bewilligung für das modifizierte Modellprogramm wurde zum 1.2.1994 ausgesprochen, die letzte zum 1.10.1996.

Von diesen geförderten Frauen konnten nicht alle in die wissenschaftliche Begleitung einbezogen werden. Von den insgesamt 192 Frauen des alten Modellprogramms wurden vier Wochen nach dem Beginn der Einarbeitungsmaßnahme 184 angeschrieben und um die Beantwortung des Fragebogens gebeten. Acht Frauen konnten nicht in die empirischen Erhebungen einbezogen werden: In einigen Fällen hat das DIW erst nach Abschluß der Einarbeitungsmaßnahme Kenntnis vom Modellversuch erhalten, in den anderen Fällen wurden die Maßnahmen sehr rasch nach dem Beginn abgebrochen. Von den 308 geförderten Frauen des modifizierten Modellprogramms konnten 16 nicht in die Befragungen einbezogen werden, da die Zeitspanne zwischen dem Beginn der Einarbeitung und dem Ende der empirischen Feldarbeit nicht ausreichte, um den Verlauf der Einarbeitung zu erfassen. Für diese Maßnahmen können jedoch einige Strukturen beschrieben werden, die aus den Bewilligungen bekannt sind.

Von den Arbeitgebern und Berufsrückkehrerinnen, die nicht mehr in die Befragung einbezogen werden konnten, ist folgendes bekannt (Tabelle 3.1/2):

- Die Einarbeitungsmaßnahmen wurden in Betrieben durchgeführt, die je zur Hälfte ihren Sitz in West- und in Ostdeutschland hatten;

- die Frauen wurden überwiegend in Teilzeit (unter 35 Stunden/Woche) eingearbeitet (10 Fälle), wobei in einem Fall die Arbeitszeit nachträglich auf 40 Wochenstunden erhöht wurde;

Abb 3.1/1

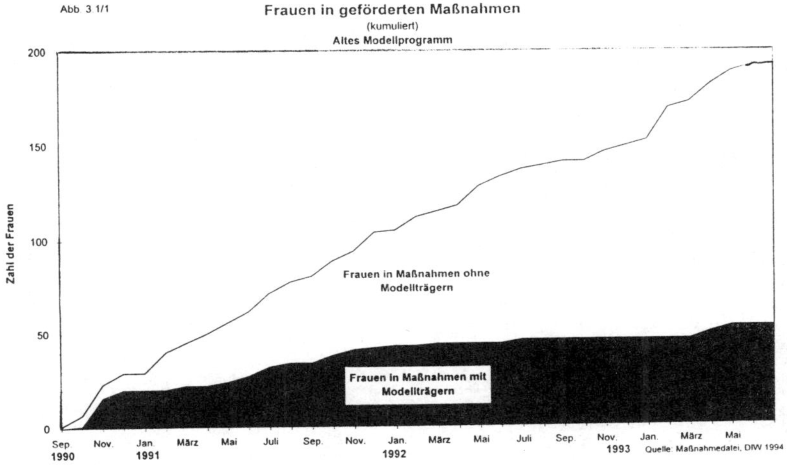

noch Abb 3.1/1

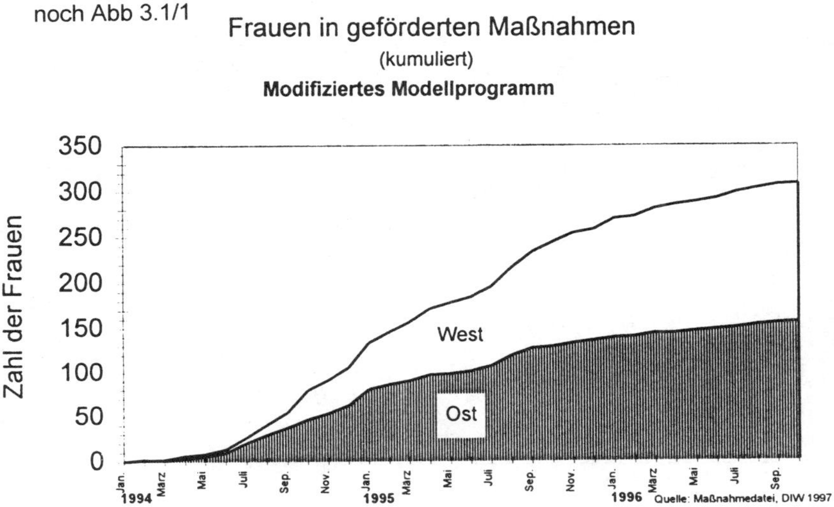

Tabelle 3.1/2

Bewilligungen nach dem 30.06.1996[1)]

Beginn	Region	Einarbeitungs-beruf	Vollzeit/ Teilzeit	beantragte Förderdauer	Bewilligungs-zeitraum	Bewilligungs-dauer	Erforderlichkt. von ext.Qualif.-maßnahme
01.07.1996	West	Kaufmännische Angestellte	Vollzeit (35h)	6 Monate	01.07.1996 - 31.12.1996	6 Monate	nein
01.07.1996	West	Buchhalterin	Teilzeit (20h)	12 Monate	01.07.1996 - 31.12.1996	6 Monate	nein
01.07.1996	West	Sachbearbeiterin	Teilzeit (20h)	12 Monate	01.07.1996 - 31.12.1996	6 Monate	nein
15.07.1996	West	Büroassistentin	Teilzeit (23h)	5,5 Monate	15.07.1996 - 14.11.1996	4 Monate	nein
01.07.1996	West	Sachbearbeiterin/ Sekretärin	Teilzeit (30h)	6 Monate	01.07.1996 - 31.12.1996	6 Monate	nein
15.08.1996	West	Dipl. Sozialpäd. (Leiterin)	Teilzeit (19,25h)	12 Monate	15.08.1996 - 31.12.1996	4,5 Monate	ja
15.07.1996	Ost	Arzthelferin	Teilzeit (30h)	5,5 Monate	15.07.1996 - 31.12.1996	5,5 Monate	ja
22.07.1996	Ost	Verwaltungskraft im amb. Pflegedienst	Teilzeit (30h) [2)]	9 Monate	22.07.1996 - 21.12.1996	5 Monate	nein
01.10.1996	Ost	Fachgehilfin im Gastgewerbe	Vollzeit (42h)	6 Monate	01.10.1996 - 31.12.1996	3 Monate	nein
01.08.1996	Ost	Dekorations- und Raumausstattung-verkäuferin	Vollzeit (40h)	6 Monate	01.08.1996 - 31.12.1996	5 Monate	ja
01.08.1996	Ost	Vereinsbetreuerin/ Koordinatorin	Vollzeit (40h)	5 Monate	01.08.1996 - 31.12.1996	5 Monate	nein
01.08.1996	Ost	Reiseverkehrs-kauffrau	Teilzeit (30h)	8 Monate	01.08.1996 - 31.12.1996	5 Monate	nein
01.09.1996	West	Haus- und Gartengehilfin	Teilzeit (19,25h)	4 Monate	01.09.1996 - 31.12.1996	4 Monate	ja
01.09.1996	Ost	Verkäuferin	Vollzeit (40h)	4 Monate	01.09.1996 - 31.12.1996	4 Monate	ja
01.09.1996	West	Kaufmännische Angestellte	Teilzeit (20h)	12 Monate	01.09.1996 - 31.12.1996	4 Monate	nein
01.09.1996	Ost	Verkäuferin	Vollzeit (40h)	4 Monate	01.09.1996 - 31.12.1996	4 Monate	ja

1) Für diese Bewilligungen konnten keine Befragungen mehr durchgeführt werden.

2) Die Teilarbeitszeit der Berufsrückkehrerin wurde ab dem 01.10.1996 auf eine Vollarbeitszeit von 40 Wochenstunden erhöht. Auf Grund dieser Änderung erfolgte eine Erhöhung der Gesamtzuwendung. Die fünfmonatige Einarbeitungszeit wurde jedoch nicht verkürzt.

Quelle: Bewilligungsunterlagen, DIW 1997

- die bewilligte Förderdauer war in 9 Fällen geringer als die beantragte; dies lag jedoch teilweise auch daran, daß die Förderung nur bis zum Jahresende 1996 möglich war;

- in 6 von 16 Fällen war eine externe Qualifizierung erforderlich, davon waren 4 Einarbeitungsmaßnahmen mit externer Qualifizierung von ostdeutschen Betrieben durchzuführen;

- die 16 Frauen werden in sehr verschiedenen Berufen eingearbeitet, von der Diplom-Sozialpädagogin, die eine Leitungsfunktion übernehmen soll bis hin zur Haus- und Gartengehilfin.

An die übrigen geförderten Frauen und Betriebe wurden sowohl im alten als auch im modifizierten Modellprogramm jeweils zu drei Zeitpunkten Fragebogen verschickt. Betrieben, die sich mehrmals beteiligt haben, wurden dementsprechend die Fragebogen ebenfalls mehrmals zugesandt. Die Beteiligung an der Befragung war sehr gut. Die Betriebe waren zur Zusammenarbeit mit der wissenschaftlichen Begleitung verpflichtet, so daß hier hohe Rücklaufquoten zu erwarten waren. Allerdings mußte nicht selten mehrfach und nachdrücklich gemahnt werden. Aber auch die Beteiligung der Wiedereinsteigerinnen an der Befragung war sehr gut. Es ergaben sich folgende Rücklaufquoten für das alte und das modifizierte Modellprogramm:

Rücklaufquote in vH

	Altes Modellprogramm			Modifiziertes Modellprogramm		
	Erst-befragung	Zweit-befragung	Dritt-befragung	Erst-befragung	Zweit-befragung	Dritt-befragung
Frauen	95	97	96	96	94	95
Betriebe	100	99	99	100	98	100

Die Analysen in diesem Bericht können sich auf folgende Datenquellen stützen:

- die **Maßnahmedatei**, die Angaben aus den Bewilligungen, aus den Erstinterviews und gegebenenfalls späteren leitfadengestützten Gesprächen mit den Arbeitgebern sowie sonstigen vom Bundesministerium zur Verfügung gestellten Informationen enthält,

- die **Betriebsdatei**, die die Angaben aus den Fragebogen der Betriebsbefragungen beinhaltet,

- die **Frauendatei**, die die Angaben aus den Fragebogen der Wiedereinsteigerinnen umfaßt.

Die Datenbasis, auf die sich die einzelnen Analysen beziehen, ist abhängig davon, welche Datenquelle zugrunde liegt. Sie ist deshalb nicht immer gleich. Vielmehr ist sie nicht nur für die jeweilige Datenquelle, sondern auch für die betrachtete Kombination von Datenquellen (beispielsweise den Vergleich von Angaben der Betriebe mit den Angaben der Frauen) und die einbezogenen Erhebungswellen (Erst-, Zweit- oder Drittbefragung) sowohl im alten als auch im modifizierten Modellprogramm unterschiedlich.

Die **Maßnahmedatei** verfügt über die breiteste Datenbasis. In ihr sind Informationen über die geförderten 192 Berufsrückkehrerinnen des alten Modellprogramms und über 292 Wiedereinsteigerinnen des modifizierten Modellprogramms enthalten.

In die Auswertung der **Befragung wurde folgende Zahl der geförderten Frauen** einbezogen:

	Altes Modellprogramm	Modifiziertes Modellprogramm
Erstbefragung	174 Frauen	292 Frauen
Zweitbefragung	173 Frauen	290 Frauen
Drittbefragung	171 Frauen	260 Frauen

Abbildung 3.1/2

Datenbasis der Analyse (Frauen)
Stand: 30.09.1993
- Altes Modellprogramm -

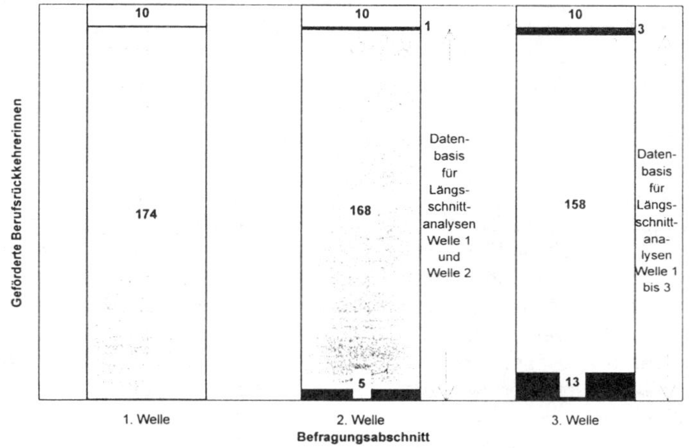

■ Verweigerungen □ Zahl der Frauen, die den Fragebogen beantwortet haben
■ Zahl der Frauen, die nicht weiter befragt wurden □ Qualitätsneutrale Ausfälle

Quelle: Maßnahmedatei, DIW 1994

noch Abbildung 3.1/2

Datenbasis der Analyse (Frauen)
Stand: 28.02.1997
- Modifiziertes Modellprogramm -

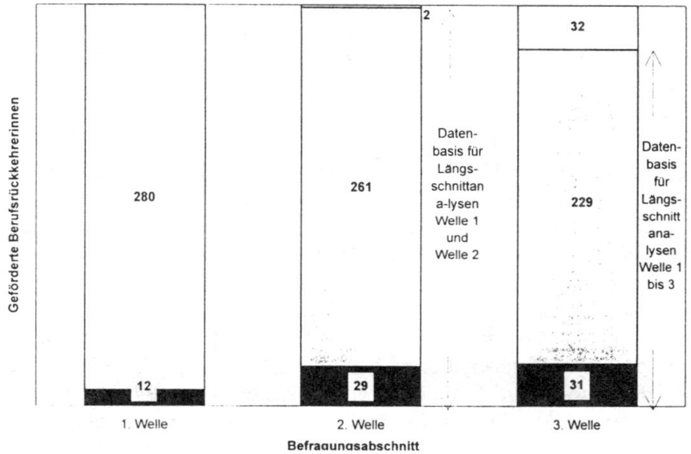

■ Verweigerungen □ Zahl der Frauen, die den Fragebogen beantwortet haben □ Zahl der Frauen, die nicht mehr befragt wurden (qualitätsneutral)

Quelle: Maßnahmedatei, DIW 1997

Im alten Modellprogramm wurden die Antwortverweigerungen der ersten Welle als "qualitätsneutrale Ausfälle" behandelt. Das bedeutet, daß für diese Frauen keine Hinweise dafür vorliegen, daß unter ihnen eine bestimmte Gruppe, z.B. Abbrecherinnen, überproportional vertreten ist. Es kann davon ausgegangen werden, daß eine Nichtberücksichtigung dieser Berufsrückkehrerinnen die Befragungsergebnisse nicht verzerrt. Deshalb wurden diese Frauen hier nicht in die Fallzahlen der Auswertung einbezogen, die die Basis für die Berechnung beispielsweise von Häufigkeitsverteilungen bildet.

Anders sieht dies bei der Struktur der Frauen aus, die zwar an der Erstbefragung teilgenommen haben, dann aber die Beantwortung des zweiten Fragebogens bzw. des dritten Fragebogens verweigerten. Hier sind Abbrecherinnen bzw. Frauen, die den Arbeitgeber gewechselt haben, überproportional vertreten. Eine Nichtbeachtung dieser Berufsrückkehrerinnen würde somit die Befragungsergebnisse verzerren. Sie sind deshalb zu der Zahl der Frauen, die den Fragebogen der zweiten bzw. dritten Welle zurückgesandt haben, hinzuzuzählen. Dies waren im alten Modellprogramm bei der Zweitbefragung fünf und bei der Drittbefragung dreizehn Frauen. Damit ergeben sich als Basis für die Analysen, die sich auf die Frauendatei des alten Modellprogramms beziehen, aus der Erstbefragung 174 Frauen, aus der Zweitbefragung 173 Frauen und aus der Drittbefragung 171 Frauen.

Im modifizierten Modellprogramm waren bereits Informationen über die Frauen vorhanden, die in der Erstbefragung die Beantwortung der Fragebogen verweigert haben. Es handelte sich hier, wie das bei der Zweit- und Drittbefragung bereits im alten Modellprogramm zu beobachten war, vorwiegend um Abbrecherinnen. Diese Antwortverweigerungen konnten somit nicht mehr - wie bei der Erstbefragung im alten Modellprogramm - als "qualitätsneutrale Ausfälle" behandelt werden und sind der Zahl der Frauen, die den Fragebogen zurückgesandt haben, hinzuzurechnen. Dies sind für die Erstbefragung 12, die Zweitbefragung 29 und die Drittbefragung 31 Frauen. Damit ergibt sich insgesamt als Datenbasis der Auswertungen der Frauendatei im modifizierten Modellprogramm 292 Frauen aus der Erstbefragung, 290 Frauen aus der Zweitbefragung und 260 Frauen aus der Drittbefragung (Abbildung 3.1/2).

Die Verringerung der Datenbasis in der zweiten und insbesondere in der dritten Befragung im modifizierten Modellprogramm ist dadurch bedingt, daß aufgrund der umfangreichen Datenaufbereitung und -prüfung lediglich diejenigen Fragebogen in die empirische Basis einbezogen werden konnten, die Ende Februar 1997 vorlagen. Angesichts dieses Stichtags für die Berichterstattung konnten in die Zweitbefragung zwei und in die Drittbefragung 32 Frauen nicht mehr einbezogen werden[22].

Die Auswertungen der **Betriebsbefragungen** können auf drei Ebenen ansetzen: Zum einen gibt es Auswertungen, die sich auf die Zahl der Betriebe beziehen, also unabhängig davon, ob sich der Betrieb ein- oder mehrmals am Modellprogramm beteiligt hat und wieviele Einarbeitungsmaßnahmen der Betrieb für wieviele Frauen durchgeführt hat. Dies ist z.B. für die Auswertung der Branchenstruktur der Betriebe der Fall. Zum zweiten gibt es Auswertungen, die sich auf die Zahl der Einarbeitungsmaßnahmen beziehen. Dabei ist die Zahl der Einarbeitungsmaßnahmen höher als die Zahl der beteiligten Betriebe, da es eine Reihe von Betrieben gibt, die mehrere Einarbeitungsmaßnahmen durchgeführt haben. Dies ist z.B. für die Auswertungen der Fragen der Fall, die sich auf die Inhalte und Organisation der Einarbeitungsmaßnahmen beziehen. Zum dritten gibt es Auswertungen, die sich auf die Zahl der Berufsrückkehrerinnen, die der Betrieb einarbeitet, beziehen. Dabei ist die Zahl der Frauen nochmals höher als die Zahl der Einarbeitungsmaßnahmen, da öfter mehrere Frauen gleichzeitig an einer Einarbeitungsmaßnahme teilnehmen. Hierzu gehören z.B. alle Auswertungen, die sich auf die Beurteilung der Arbeitsleistung der Berufsrückkehrerin und der Situation am Arbeitsplatz beziehen.

Für diese drei Ebenen ergibt sich aus der Betriebsdatei jeweils folgende Datenbasis:

Datenbasis der Betriebsdatei

	Altes Modellprogramm			Modifiziertes Modellprogramm		
	Ebene 1 Geförderte Frauen	Ebene 2 Einarbeitungsmaßnahme	Ebene 3 Betrieb	Ebene 1 Geförderte Frauen	Ebene 2 Einarbeitungsmaßnahme	Ebene 3 Betrieb
Erstbefragung	189	175	154	292	287	278
Zweitbefragung	179	166	147	276	271	265
Drittbefragung	126	143	126	210	205	202

[22] In drei weiteren Fällen konnte die Drittbefragung aus den unterschiedlichsten Gründen nicht mehr durchgeführt werden.

Aus den Betriebsfragebögen können somit beispielsweise aus der Erstbefragung des modifizierten Modellprogramms Analysen über 292 Frauen, die in 287 verschiedenen Einarbeitungsmaßnahmen bei 278 unterschiedlichen Betrieben eingearbeitet wurden, durchgeführt werden. Die Datenbasis für Analysen der Antworten aus der Zweitbefragung der Betriebe sind 276 Frauen in 271 verschiedenen Einarbeitungsmaßnahmen bei 265 unterschiedlichen Betrieben. Analog ergibt sich für Analysen der Drittbefragung als Datenbasis 210 Frauen in 205 Maßnahmen bei 202 Betrieben (Abbildung 3.1/3).

Analysen, bei denen die Antworten der Arbeitgeber den Antworten der geförderten Frauen gegenübergestellt werden, können sich lediglich auf eine geringere Datenbasis stützen als die Analysen, die sich ausschließlich auf Betriebs- **oder** Frauenangaben beziehen. Denn der Kreis der Wiedereinsteigerinnen, für die Angaben aus den Fragebogen der Frauen vorliegen, ist nicht identisch mit dem Kreis der geförderten Frauen, für die Angaben aus der Betriebsdatei vorhanden sind. So gibt es beispielsweise Angaben von Betrieben für Frauen, die selbst nicht den Fragebogen beantwortet haben. Umgekehrt werden bei einem Abbruch der Einarbeitungsmaßnahme zwar die Frauen weiterhin befragt, um den Erfolg der beruflichen Wiedereingliederung beurteilen zu können, die Betriebe erhielten aber in der Regel in diesen Fällen keine Fragebogen mehr. Die Zahl der Wiedereinsteigerinnen, die **sowohl in die Basis der Betriebs- als auch der Frauendatei einbezogen wurden**, ist in den Befragungen folgende:

Abbildung 3.1/3

Datenbasis der Analyse (Betriebe)
Stand: 30.09.1993
- Altes Modellprogramm -

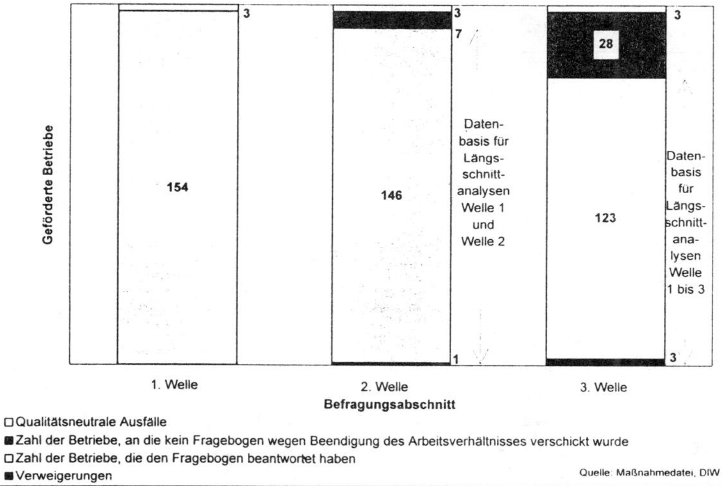

Quelle: Maßnahmedatei, DIW 1994

noch Abbildung 3.1/3

Datenbasis der Analyse (Betriebe)
Stand: 28.02.1997
- Modifiziertes Modellprogramm -

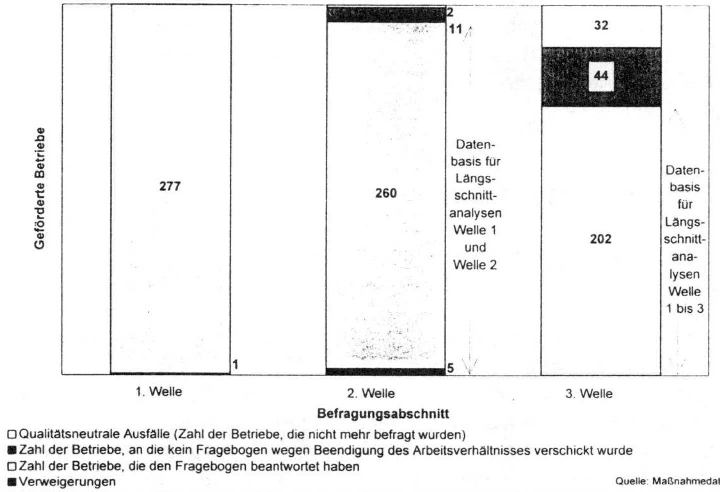

Quelle: Maßnahmedatei, DIW 1997

Datenbasis der Frauendatei

	Altes Modellprogramm	Modifiziertes Modellprogramm
Erstbefragung	173	292
Zweitbefragung	166	276
Drittbefragung	145	210

Bei der Interpretation der Auswertungen der Betriebs- und Frauenfragebögen ist eine Gruppe von Frauen besonders zu beachten. Dies sind diejenigen Frauen, die während oder nach der Einarbeitung den Betrieb verlassen haben. Nach Bekanntwerden eines solchen Falles wurde mit den Betrieben ein telefonisches Abschlußinterview durchgeführt und diese anschließend nicht mehr in die empirischen Erhebungen einbezogen. Die Frauen wurden hingegen weiter befragt und in die Auswertungen einbezogen, da für die Beurteilung des Erfolgs der Wiedereingliederung der weitere "Lebensweg" dieser Frauen wichtig ist.

In vielen Fällen waren die Frauen auch weiterhin bereit, die Fragebogen zu beantworten. Dies war zumeist bei den Frauen der Fall, die von sich aus den Arbeitgeber gewechselt haben. Bei den Frauen, die nicht mehr geantwortet haben, gibt es zumeist Anhaltspunkte für Probleme bei der Wiedereingliederung. Im alten Modellprogramm waren insgesamt 60 von den 192 Frauen nicht mehr im Einarbeitungsbetrieb beschäftigt, im modifizierten Modellprogramm hatten bis zum 28.2.1997 57 Frauen freiwillig oder unfreiwillig den Einarbeitungsbetrieb innerhalb der ersten 6 Monate nach Ende der Einarbeitung verlassen (vgl. Kapitel 7.1).

3.2 Die beteiligten Frauen

3.2.1 Struktur des Teilnehmerinnenkreises

Die folgenden Angaben über die Zusammensetzung des Teilnehmerinnenkreises basieren überwiegend auf den Antworten der Frauen im Rahmen der Erstbefragung und beziehen sich also auf den Beginn der Einarbeitung. Zu dieser Zeit waren 174 Berufsrückkehrerinnen im alten und 292 Frauen im modifizierten Modellprogramm in die Befragung einbezogen. In Hinblick auf einen Strukturvergleich sowohl zwischen einzelnen Gruppen der geförderten Frauen als auch zwischen Gruppen dieses Kreises einerseits und der Bevölkerung andererseits, ist eine Eigenart der Befragungsergebnisse aus dem Modellprogramm zu beachten: Von den Teilnehmerinnen des modifizierten Programms verweigerten bereits in der ersten Welle 4 vH die Beantwortung des Fragebogens, von denen, die in die Datenbasis des alten Programms einbezogen wurden, jedoch keine (vgl. dazu Abschnitt 3.1). Da in beiden Fällen die Angaben der Frauen zu bestimmten Merkmalen auf die Gesamtheit der Befragten bezogen werden, führt dies dazu, daß die relative Häufigkeit der jeweiligen Merkmalsgruppen (z.B. die "40- bis 45jährigen") im modifizierten Modellprogramm systematisch etwas niedriger ist als im alten Programm und in der Gesamtwirtschaft.

Anteil der Frauen aus West- und Ostdeutschland und Staatsangehörigkeit

Aufgrund der unterschiedlichen Lebensbedingungen im früheren Bundesgebiet und in der DDR ist es sinnvoll, die Ergebnisse der Befragung von Teilnehmerinnen des modifizierten Modellprogramms nach westdeutschen und ostdeutschen Frauen zu untergliedern. Für diese Unterscheidung ist weniger der gegenwärtige Arbeitsort als der frühere Wohnort maßgeblich, da zu vermuten ist, daß die Ausgangsbedingungen für die Wiedereingliederung in das Berufsleben bei Frauen, die aus Westdeutschland kommen, anders sind als bei denen, die früher in der DDR gewohnt haben.

Vom Kreis der 280 Berufsrückkehrerinnen, die den ersten Fragebogen zurückgeschickt hatten, antworteten auf die Frage:

Wo haben Sie vor 1989 gelebt?

In der BRD (alte Bundesländer)	134	Frauen
In der DDR	141	Frauen

Weitere Frauen hatten angegeben, im Ausland gelebt zu haben, oder es lagen keine Antworten vor. Dennoch werden die Teilnehmerinnen des modifizierten Modellprogramms im folgenden zu zwei Gruppen zusammengefaßt. Zur sprachlichen Vereinfachung werden drei Aussiedlerinnen aus der früheren UdSSR, die wie die DDR eine sozialistische Gesellschaftsordnung hatte, den "ostdeutschen" Berufsrückkehrerinnen zugeordnet. Die beiden übrigen Frauen, die früher im Ausland ansässig waren, werden aufgrund ihrer biographischen Angaben zu den "westdeutschen" Frauen gezählt. Die 12 Berufsrückkehrerinnen, die schon den ersten Fragebogen nicht beantwortet hatten, werden nach dem Sitz des Einarbeitungsbetriebs zugeordnet. Nach dieser Abgrenzung beträgt die Gruppe der **westdeutschen** Frauen **140** und die der **ostdeutschen 152**.

Die ostdeutschen Frauen waren unter den im Rahmen des modifizierten Modellprogramms geförderten Berufsrückkehrerinnen also vergleichsweise häufig vertreten. Ihr Anteil ist mit 52 vH deutlich größer als der Anteil der ostdeutschen Frauen an allen weiblichen Arbeitsuchenden im Alter von 40 und mehr Jahren in Deutschland (1994 nach den Ergebnissen des Mikrozensus: 46 vH). Die höhere Beteiligung der Ostdeutschen an dem Modellprogramm hat vermutlich ihre Ursachen sowohl auf der Seite der Unternehmen, von denen sich die ostdeutschen häufiger als die westdeutschen in der Phase der Personalrekrutierung nach Neugründungen befanden (vgl. Abschnitt 3.3.1), als auch auf der Seite der Arbeitsuchenden. Die Vermutung liegt nahe, daß westdeutsche Frauen aufgrund ihrer meistens längeren Unterbrechung der Erwerbstätigkeit, aber auch aufgrund von Qualifikationsdefiziten bei der formalen beruflichen Ausbildung noch seltener einen Arbeitsplatz zur betrieblichen Einarbeitung finden als ostdeutsche. Auf gesamtwirtschaftlicher Ebene ist unter den arbeitsuchenden Frauen im Alter von 40 und mehr Jahren der Anteil derjenigen ohne abgeschlossene Berufsausbildung im früheren Bundesgebiet mit mehr als einem Drittel (37 vH) deutlich größer als in den neuen Bundesländern (reichlich 3 vH)[23]. Ein Ausbildungsabschluß ist für viele Unternehmen eine wichtige Voraussetzung für die Einstellung einer Arbeitskraft, dies wird auch daran ersichtlich, daß unter den Teilnehmerinnen des modifizierten Modellprogramms überdurchschnittlich viele - 93 vH der westdeutschen und 98 vH der ostdeutschen Frauen - über eine abgeschlossene berufliche Ausbildung verfügen (vgl. dazu Kapitel 4, Tabelle 4.4/3). Außerdem haben die ostdeutschen Teilnehmerinnen weit häufiger als die westdeutschen neben einer Ausbildung weitere Qualifikationen erworben.

Betrachtet man die bisherige Beteiligung am Modellprogramm insgesamt, sind die westdeutschen Teilnehmerinnen allerdings noch deutlich in der Überzahl. Denn im Rahmen des alten Modellprogramms waren nach den bis Ende 1993 geltenden Richtlinien bereits fast ausschließlich westdeutsche Frauen gefördert worden.

Ausländerinnen nahmen sehr selten an dem Modellprogramm teil. Sie waren nur unter den in Westdeutschland lebenden Frauen vertreten und dort mit einem Anteil von knapp 3 vH im Vergleich zur Gesamtwirtschaft deutlich unterrepräsentiert.

---

[23] Ergebnisse des Mikrozensus 1993: vgl. Statistisches Bundesamt (Hrsg.): Bevölkerung und Erwerbstätigkeit, Fachserie 1, Reihe 4.1.2, 1993. Wiesbaden 1995. Die genannten vH-Zahlen betreffen Personen, die bei der Befragung angaben, keinen beruflichen Ausbildungsabschluß zu haben; außerdem ist der Kreis derjenigen, die keine Angaben zur Ausbildung gemacht haben, in Westdeutschland recht groß. (Im Mikrozensus 1994 war die Frage nach der Ausbildung nicht gestellt worden, deshalb sind hier die Ergebnisse von 1993 genannt.)

Nach den gesamtwirtschaftlichen Daten, in denen das Zusammenwachsen der beiden Teile Deutschlands seit 1989 unter anderem durch Umzüge und umfangreiche Ströme von "pendelnden" Arbeitskräften sichtbar wird, hätte man vermuten können, daß auch ein größerer Kreis von Teilnehmerinnen des Modellprogramms aus den neuen Bundesländern im früheren Bundesgebiet einen Einarbeitungsbetrieb gefunden hätte. Jedoch war von den Frauen, die in den neuen Bundesländern lebten, lediglich eine auf einem westdeutschen Arbeitsplatz tätig. Diese geringe Zahl geht allerdings auch darauf zurück, daß die Teilnehmerinnen nach den Intentionen des Förderprogramms ein Alter erreicht haben mußten, in dem das "Pendeln" von Ost- nach Westdeutschland ohnehin seltener ist als bei jüngeren Arbeitskräften.

Altersstruktur

Die Chancen, im fortgeschrittenen Alter aus der Erwerbslosigkeit einen Arbeitsplatz zu finden, sind im allgemeinen besonders gering. Deshalb ist das Modellprogramm des Bundesministeriums für Familie, Senioren, Frauen und Jugend zur Wiedereingliederung von Frauen in das Erwerbsleben nach einer Familienphase oder nach einer Arbeitslosigkeit mit Hilfe von Einarbeitungsmaßnahmen in seiner modifizierten Fassung nur für Frauen gedacht, die 40 Jahre oder älter sind. Zu dieser Altersgruppe gehörten nach den Ergebnissen des Mikrozensus 1994 annähernd die Hälfte aller weiblichen Arbeitsuchenden in Westdeutschland (44,5 vH) und in Ostdeutschland (48,1 vH).

Wie zu erwarten, waren unter den Teilnehmerinnen des Modellprogramms die jüngeren überproportional häufig vertreten (vgl. Abbildung 3.2/1): Fast jede zweite der Ostdeutschen und 56 vH der Westdeutschen (auch der 40jährigen und älteren im alten Modellprogramm) waren bei Beginn der Einarbeitung 40 bis 44 Jahre alt, während von den 40jährigen und älteren Arbeitsuchenden in beiden Teilen Deutschlands insgesamt nur etwa jede Vierte in diesem Alter stand. Jenseits des 45. Lebensjahres sind zumindest in Westdeutschland die unter 50jährigen wiederum häufiger im Modellprogramm vertreten als die älteren, während auf gesamtwirtschaftlicher Ebene unter den Arbeitsuchenden das Verhältnis umgekehrt ist.

Die überdurchschnittliche Beteiligung der unter 45jährigen kann zwar auch darauf zurückgehen, daß sich jüngere Frauen häufiger als ältere um die Teilnahme am Modellprogramm bemüht haben, z.B. weil sie sich die Einarbeitung für eine qualifizierte Tätigkeit eher zutrauten. Vermutlich spielt jedoch eine größere Rolle, daß eine Selektion auf der Seite der Unternehmen stattgefunden hat. Arbeitgeber streben generell an, jüngere Arbeitskräfte einzustellen, damit sich die Einarbeitung für den Betrieb "lohnt". Dies kann zwar als bedauerlich angesehen werden. Die positive Seite für die jüngeren Teilnehmerinnen ist jedoch, daß bei ihnen durch die Einarbeitungsmaßnahme eine sonst vielleicht länger währende Arbeitslosigkeit verhindert werden konnte. Im Rahmen des alten Modellprogramms, das keine Altersbegrenzung hatte, war reichlich die Hälfte der Teilnehmerinnen bei Beginn der Einarbeitung jünger als 40 Jahre (Tabelle 3.2/1). Nun setzte infolge der Modifikation der Richtlinien die offensichtlich selektive Wirkung des Alters deutlich später ein.

Abbildung 3.2/1

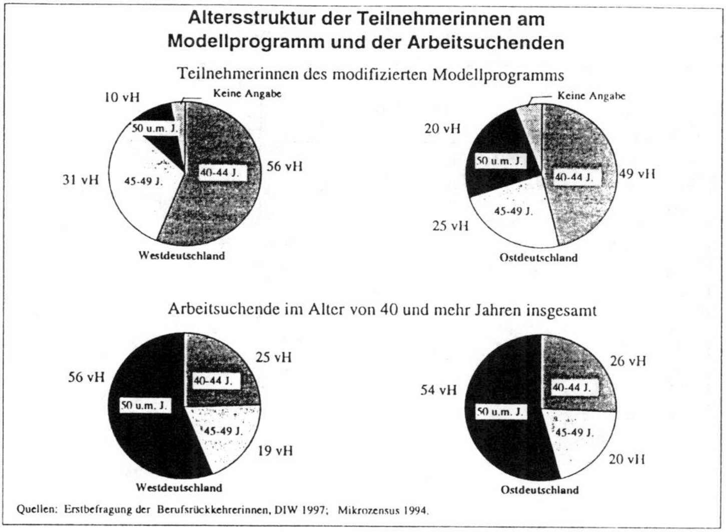

Kinder im Haushalt, Familienstand und finanzielle Situation

Im Vergleich zu jüngeren Frauen waren die Berufsrückkehrerinnen im fortgeschrittenen Alter insofern in einer für die Erwerbstätigkeit günstigeren Situation, als ihre Kinder meistens schon größer waren (Tabelle 3.2/1). Während im alten Modellprogramm die unter 40jährigen Teilnehmerinnen noch weit überwiegend Kinder im Alter von unter 10 Jahren im Haushalt hatten, war dies nur bei 15 vH der 40jährigen und älteren der Fall. Auffallend ist, daß im modifizierten Modellprogramm von den 152 ostdeutschen Frauen nur jede zehnte, aber von den 140 westdeutschen Berufsrückkehrerinnen noch mehr als jede vierte mit Kindern in diesem Alter zusammenlebte. Diese Differenz geht im wesentlichen darauf zurück, daß die ostdeutschen Mütter bei der Geburt ihrer Kinder durchschnittlich deutlich jünger waren[24] als die westdeutschen - eine Tatsache, die für die unterschiedlichen Lebensbedingungen in der DDR und im früheren Bundesgebiet typisch ist. Außerdem spielt eine Rolle, daß am Modellprogramm, seiner ursprünglichen Zielsetzung entsprechend, in den alten Bundesländern offensichtlich besonders "Familienfrauen" teilnahmen, die nach einer längeren Berufsunterbrechung in das Berufsleben zurückkehren. Darauf wird in Abschnitt 3.2.2 eingegangen.

[24] In der DDR waren bereits im Alter von 20 Jahren fast alle Frauen Mütter.

Tabelle 3.2/1

Frauen nach dem Alter und nach Kindern im Haushalt bei Beginn der Einarbeitung

Alter[1)] der Frau von ... bis ... Jahren	Insgesamt		darunter mit mindestens einem Kind im Alter[1)] von ...bis... Jahren im Haushalt	
	Zahl der Frauen	in vH	0 - 10	0 - 16
			Zahl der Frauen	
	Altes Modellprogramm			
Insgesamt	174	100	72	142
25 - 29	5	3	5	5
30 - 34	28	16	25	28
35 - 39	58	33	30	57
40 - 44	47	27	11	37
45 - 49	26	15	1	12
50 - 55 *)	9	5	-	3
Keine Angabe	1	1	-	-
	Modifiziertes Modellprogramm: Westdeutschland			
Insgesamt	140	100	37	97
40 - 44	79	56	31	66
45 - 49	43	31	5	27
50 - 57 *)	14	10	1	4
Keine Angabe	4	3	-	-
	Modifiziertes Modellprogramm: Ostdeutschland			
Insgesamt	152	100	15	51
40 - 44	75	49	11	42
45 - 49	38	25	4	9
50 - 57 *)	31	20	-	-
Keine Angabe	8	5	-	-

1) Alter = Berichtsjahr minus Geburtsjahr. - *) Alter der ältesten Teilnehmerinnen.

Quellen: Erstbefragung der Berufsrückkehrerinnen, DIW 1994, 1997.

Fast alle Teilnehmerinnen sind oder waren verheiratet; ledig waren bei Beginn der Einarbeitung nur zwei Frauen im alten und elf im modifizierten Modellprogramm (Tabelle 3.2/2). Allerdings ist der Anteil der geschiedenen oder von ihrem Ehemann getrennt lebenden Frauen bei dem modifizierten Modellprogramm größer als bei dem alten, was unter anderem an dem höheren Lebensalter liegt. Zumindest bei westdeutschen Frauen, die vergleichsweise häufig nicht erwerbstätig sind, wenn sie einen Ehemann haben, kann das Scheitern der Ehe auch ein Motiv für die Berufsrückkehr gewesen sein. Das würde erklären, warum unter den Teilnehmerinnen der Einarbeitsarbeitungsmaßnahmen vergleichsweise viele vom Ehemann getrennt lebende Frauen sind. Einige der verheiratet getrennt lebenden, ledigen oder nicht mehr verheirateten Frauen - von den ostdeutschen waren es 5 vH, bei den westdeutschen noch weniger - berichteten, daß sie (wieder) einen Lebenspartner haben.
Tabelle 3.2/2

Familienstand der Berufsrückkehrerinnen

Familienstand	Altes Modellprogramm		Modifiziertes Modellprogramm			
			West		Ost	
	Frauen	in vH	Frauen	in vH	Frauen	in vH
Verheiratet, mit/vom Ehemann						
zusammenlebend	147	84	104	74	111	73
getrenntlebend	10	6	11	8	6	4
Geschieden	12	7	11	8	15	10
Verwitwet	2	1	4	3	5	3
Ledig	2	1	5	4	6	4
Keine Angabe	1	1	5	4	9	6
Insgesamt	174	100	140	100	152	100

Quellen: Erstbefragung der Berufsrückkehrerinnen, DIW 1994, 1997.

Der immerhin große Kreis der mit ihrem Ehemann zusammenlebenden Frauen erklärt, warum die weitaus meisten - reichlich 70 vH der westdeutschen Teilnehmerinnen im modifizierten und 84 vH im alten Modellprogramm - ihre finanzielle Situation als "ganz gut" oder besser beurteilten. Bis auf wenige Männer, meistens Rentner, waren alle Partner erwerbstätig und zwar fast ausschließlich in einer Stellung vom Facharbeiter an aufwärts.

In Westdeutschland hatte das Modellprogramm vermutlich insofern eine selektive Wirkung, als - der ursprünglichen Zielsetzung entsprechend - die "klassischen" Berufsrückkehrerinnen gefördert wurden, deren finanzielle Situation ja immerhin eine längere familienbedingte Phase der Nichterwerbstätigkeit möglich gemacht haben mußte.

Gemessen an den Urteilen über ihre finanzielle Situation gilt wie für die westdeutschen Frauen auch für die ostdeutschen, daß die Verheirateten offenbar besser gestellt waren als die Singles. Aber aufgrund des in den neuen Bundesländern noch immer vergleichsweise niedrigen Einkommensniveaus und der dort höheren Arbeitslosigkeit, von der auch die (Ehe-)Partner der Frauen betroffen waren und sind, ist es nicht überraschend, daß die ostdeutschen Wiedereinsteigerinnen insgesamt ihre finanzielle Situation als ungünstiger ansahen als die westdeutschen: Während von den Teilnehmerinnen des modifizierten Modellprogramms 22 vH der westdeutschen Berufsrückkehrerinnen angaben, daß das Geld "nur für das Nötigste reicht", war das bei jeder dritten Ostdeutschen der Fall. Etwa jeder fünfte der (Ehe-)Männer war nicht erwerbstätig, wobei Arbeitslosigkeit und Frühverrentung, wie in den neuen Bundesländern häufig, meistens die Ursachen waren.

3.2.2. Neuer Berufsstart, Zeit der Erwerbsunterbrechung und Ausgangssituation in der Familie

Da die Beteiligung an dem Modellprogramm die Information über die Chancen, die es bot, voraussetzte, ist es von Interesse, auf welche Weise die Frauen davon erfahren haben. Am häufigsten erhielten die westdeutschen Berufsrückkehrerinnen durch Berichte in den Medien oder durch Informationsbroschüren die Nachricht von der Möglichkeit zur geförderten Wiedereingliederung in das Berufsleben (vgl. Tabelle 3.2/3).

Tabelle 3.2/3

Informationen über die Möglichkeit zur Einarbeitungsmaßnahme für die Berufsrückkehrerinnen

Frage: Wie haben Sie von dieser Möglichkeit erfahren? (Mehrfachnennungen)	Altes Modellprogramm	Modifiziertes Modellprogramm	
		West	Ost
	- Häufigkeit der Nennungen in vH[1] -		
Hinweis vom Arbeitsamt	13	11	18
Stellenanzeige	14	8	2
Hinweis vom ehemaligen Arbeitgeber	5	1	2
Hinweis vom jetzigen Arbeitgeber	10	26	30
Hinweis von ehemaligen Kollegen/Kolleginnen	6	4	6
Hinweis von Verwandten oder Bekannten	10	9	13
Bericht in der Zeitung/im Radio, Informationsblatt	40	30	28
Hinweis von einer Beratungsstelle	2	8	2
Auf anderem Wege	13	14	10
	- Zahl der Frauen -		
Keine Angabe	1	5	8
Frauen insgesamt	174	140	152

[1]Nennungen bezogen auf die Zahl aller Frauen.
Quellen: Erstbefragung der Berufsrückkehrerinnen, DIW 1994, 1997.

Die ostdeutschen Teilnehmerinnen wurden meistens vom jetzigen Arbeitgeber informiert; dies spielte zumindest im modifizierten Modellprogramm auch bei den westdeutschen Frauen eine größere Rolle. Nur knapp jede fünfte Teilnehmerin aus den neuen Bundesländern - immerhin anteilsmäßig häufiger als die westdeutschen Berufsrückkehrerinnen - erhielt die Information vom Arbeitsamt. Da fast 90 vH aller ostdeutschen Frauen sich bei ihrer Stellensuche an das Arbeitsamt gewandt hatten (zum Vergleich: nur rund 30 vH der westdeutschen Teilnehmerinnen vgl. Tabelle 3.2/4), erscheint dies sehr wenig. Hinweise von Verwandten oder Bekannten, einschließlich der ehemaligen Kollegen und Kolleginnen, wurden ebenfalls als Informationsquelle genannt. Auffallend ist, wie selten der Hinweis von einer Beratungsstelle kam.

Tabelle 3.2/4

Zeitraum zwischen der letzten (sozialversicherungspflichtigen) Erwerbstätigkeit und dem Beginn der Maßnahme, Arbeitslosmeldung und Gründe für Nichterwerbstätigkeit

Zeitraum von ... bis unter ... Jahren	Insgesamt: Zahl der Frauen	Insgesamt: in vH	Darunter waren arbeitslos gemeldet: Zahl der Frauen	Darunter waren arbeitslos gemeldet: in vH	Von den Frauen insgesamt war die Unterbrechung vorwiegend familien-bedingt[1] (Zahl der Frauen)	arbeits-markt-bedingt[1] (Zahl der Frauen)	familien-bedingt[1] (in vH)	arbeits-markt-bedingt[1] (in vH)
Altes Modellprogramm[2]								
Insgesamt	174	100	50	29	118	14	68	8
0 - 1	23	13	11	48	11	3	48	13
1 - 2	3	2	1	33	1	1	33	33
2 - 3	6	3	4	67	4	1	67	17
3 - 4	7	4	-	-	4	1	57	14
4 - 5	4	2	-	-	3	-	75	-
5 - 10	29	17	9	31	19	5	66	17
10 - 15	46	26	13	28	38	2	83	4
15 - 20	34	20	8	24	26	-	76	-
20 und mehr	21	12	4	19	12	1	57	5
Keine Angabe	1	1	-	-	-	-	-	-
Modifiziertes Modellprogramm: Westdeutschland[2]								
Insgesamt	140	100	46	33	81	17	58	12
2 - 3	9	6	6	67	4	2	44	22
3 - 4	9	6	2	22	3	2	33	22
4 - 5	5	4	4	80	1	3	20	60
5 - 10	20	14	6	30	7	1	35	5
10 - 15	37	26	14	38	25	5	68	14
15 - 20	40	29	11	28	28	-	70	-
20 und mehr	18	13	3	17	12	3	67	17
Keine Angabe	2	1	-	-	1	1	50	50
Modifiziertes Modellprogramm: Ostdeutschland[2]								
Insgesamt	152	100	132	87	3	126	2	83
2 - 3	[3]67	44	[3]62	93	-	[3]59	-	88
3 - 4	45	30	37	82	1	37	2	82
4 - 5	27	18	24	89	1	22	4	81
5 - 10	8	5	7	88	-	6	-	75
10 - 15	4	3	2	50	1	2	25	50
15 - 20	1	1	-	-	-	-	-	-
20 und mehr	-	-	-	-	-	-	-	-
Keine Angabe	-	-	-	-	-	-	-	-

[1] Definition der vorwiegenden Gründe im Text. Die Angaben betreffen sowohl arbeitslos gemeldete als auch nicht arbeitslos gemeldete Frauen.- [2] Die Angaben für das alte Modellprogramm sind nicht exakt mit denen für das modi fizierte zu vergleichen, da in der späteren Version des Fragebogens der Begriff der "regulären" Erwerbstätigkeit präziser definiert wurde (z.B. mehr als 15 Wochenstunden).- [3] Einschließlich einer Frau mit einer kurzfristigen Beschä tigung innerhalb der zwei Jahre vor Beginn der Einarbeitung.

Quellen: Maßnahmedatei; Erstbefragung der Berufsrückkehrerinnen, DIW 1994, 1997.

Motive für die Berufsrückkehr

Bei den Motiven für die Rückkehr in die Berufstätigkeit sind Ähnlichkeiten, aber auch deutliche Unterschiede zwischen den west- und ostdeutschen Frauen festzustellen (Abbildung 3.2/2). In beiden Gruppen gaben die Frauen am häufigsten oder am zweithäufigsten an, daß sie für ihre Rente vorsorgen wollen oder daß sie Freude an der beruflichen Tätigkeit haben. Daß das Vorsorgemotiv von westdeutschen Teilnehmerinnen des modifizierten Modellprogramms noch öfter (80 vH) genannt wurde, geht vermutlich darauf zurück, daß viele von ihnen aufgrund langer Familienphasen nur geringe eigene Renten zu erwarten haben; daß es noch mehr im Vordergrund stand als bei den Teilnehmerinnen des alten Modellprogramms (70 vH), dürfte an dem höheren Alter liegen. Die Sorge, die beruflichen Fähigkeiten zu verlieren, und der Wunsch, mehr mit anderen Menschen zu tun zu haben, wurde in den drei Gruppen oft genannt.

Deutliche Unterschiede treten aber in den Antworten zu den unmittelbaren ökonomischen Motiven auf: Daß sie das Einkommen brauchen, um den Lebensunterhalt zu sichern, gaben rund ein Drittel der ostdeutschen, aber wenig mehr als jede zehnte der westdeutschen Frauen als ausschlaggebenden Grund an. Angesichts des höheren Anteils der nichterwerbstätigen Ehemänner und der niedrigeren Löhne der erwerbstätigen Männer in den neuen Bundesländern ist diese Differenz leicht erklärlich.

Die unterschiedlichen Orientierungen und Lebensbedingungen kommen in den Befragungsergebnissen zum modifizierten Modellprogramm auch darin zum Ausdruck, daß reichlich 60 vH der Teilnehmerinnen, die früher in der DDR gelebt haben, angaben, für sie sei es selbstverständlich, berufstätig zu sein - für jede fünfte war das der ausschlaggebende Grund; bei westdeutschen Frauen, bei denen dies nur sehr selten der Fall war, spielte stattdessen häufiger die ausschlaggebende Rolle, daß sie sich durch ihre familiären Aufgaben nicht mehr ausgefüllt fühlten. Dieses Motiv wiederum wurde von den Ostdeutschen nur sehr selten genannt.

Abbildung 3.2/2

Motive für die Berufsrückkehr

in vH aller Frauen[1]

Frage: Warum wollen Sie wieder berufstätig werden?
(Mehrfachnennungen)

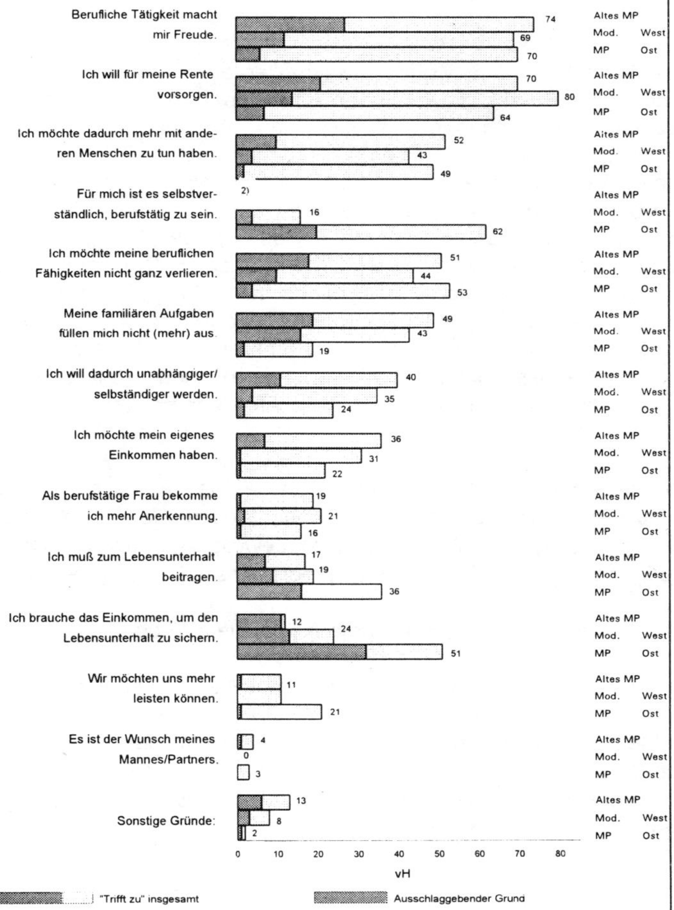

[1] Altes Modellprogramm: N = 174, Modifiziertes Modellprogramm: (West) N = 140; (Ost) N = 152.-

[2] Diese Antwort war im alten Modellprogramm nicht vorgegeben worden.

Abkürzungen: Modifiziertes (Mod.) Modellprogramm (MP).

Quellen: Erstbefragung der Berufsrückkehrerinnen, DIW 1994, 1997.

Phase der Nichterwerbstätigkeit vor der Einarbeitung

Wie unterschiedlich die Ausgangssituation vor Beginn der Einarbeitungsmaßnahmen bei den Teilnehmerinnen aus den alten und aus den neuen Bundesländern war, wird besonders daran deutlich, daß im modifizierten Modellprogramm fast drei Viertel der westdeutschen, aber nur 5 vH der ostdeutschen Frauen ihre letzte reguläre Beschäftigung selbst gekündigt hatten (Abbildung 3.2/3)[25].

Gründe, die auf ein unfreiwilliges Ausscheiden aus der früheren Berufstätigkeit hinweisen - wie Kündigung durch den Arbeitgeber, Konkurs oder "Abwicklung" des Betriebs oder Aufhebung/Auflösung des Arbeitsvertrags -, nannten dagegen 84 vH der ostdeutschen Frauen; sie gaben auch weit überwiegend an (82 vH), daß sie sofort wieder erwerbstätig werden wollten, das war nur bei 11 vH der westdeutschen Berufsrückkehrerinnen der Fall. Die Unterbrechung war jedoch offenbar in Westdeutschland bei den übrigen Frauen ebenfalls nicht immer vollkommen freiwillig. Dies deutet sich zumindest darin an, daß zwar 60 vH den Beruf nicht sofort wieder hatten aufnehmen wollen, aber 21 vH der folgenden Aussage zugestimmt haben: "Zunächst wollte ich wieder sofort erwerbstätig werden, bin dann aber aus familiären Gründen zu Hause geblieben." Diese Berufsrückkehrerinnen stammten übrigens zum größten Teil aus dem Kreis derjenigen, die zuvor ihr Beschäftigungsverhältnis selbst gekündigt hatten.

Erwartungsgemäß waren die Aufgaben in der Familie für die <u>westdeutschen</u> Frauen die am häufigsten genannten Hinderungsgründe für die Wiederaufnahme der Berufstätigkeit (Abbildung 3.2/4). Jeweils mehr als die Hälfte der Teilnehmerinnen des modifizierten Modellprogramms haben angegeben:

- "Meine familiären Aufgaben haben mich bisher voll beansprucht", oder

- "Ich wollte meine Kinder nicht durch andere Personen betreuen lassen",

wobei Mehrfachnennungen möglich waren. Diese beiden Gründe wurden nur geringfügig seltener genannt als im alten Modellprogramm und waren wie dort auch am häufigsten ausschlaggebend dafür, daß die Berufstätigkeit nicht wieder aufgenommen worden war.

---

[25] Die in dieser Abbildung genannte Frage war den Teilnehmerinnen des alten Modellprogramms nicht gestellt worden.

Abbildung 3.2/3

Auflösung des letzten regulären Beschäftigungsverhältnisses

Modifiziertes Modellprogramm

Frage: Auf welche Weise sind Sie aus Ihrer letzten regulären Beschäftigung ausgeschieden?

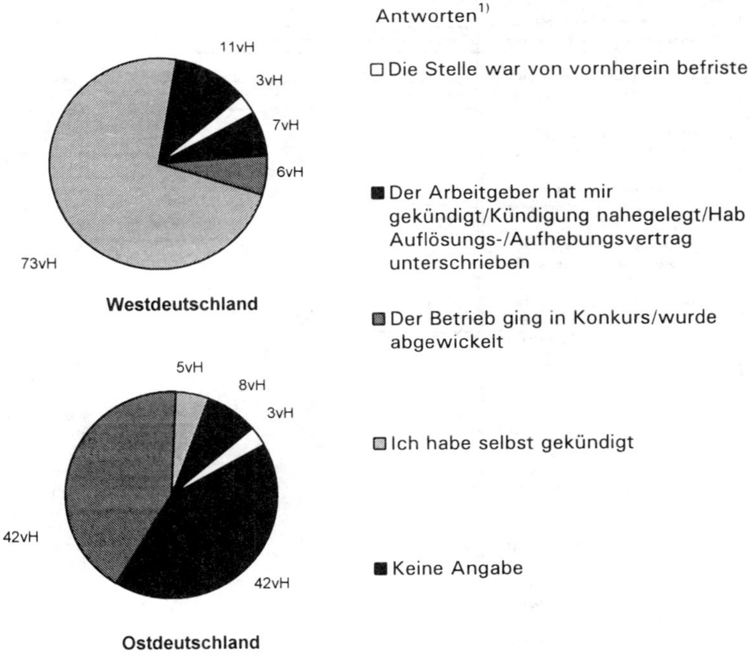

[1)] Nennungen bezogen auf die Zahl aller Berufsrückkehrerinnen
Westdeutschland: N = 140, Ostdeutschland: N = 152.

Quelle: Erstbefragung der Berufsrückkehrerinnen, DIW 1997.

Abbildung 3.2/4

Hinderungsgründe für die Wiederaufnahme der Berufstätigkeit

in vH aller Frauen[1)]

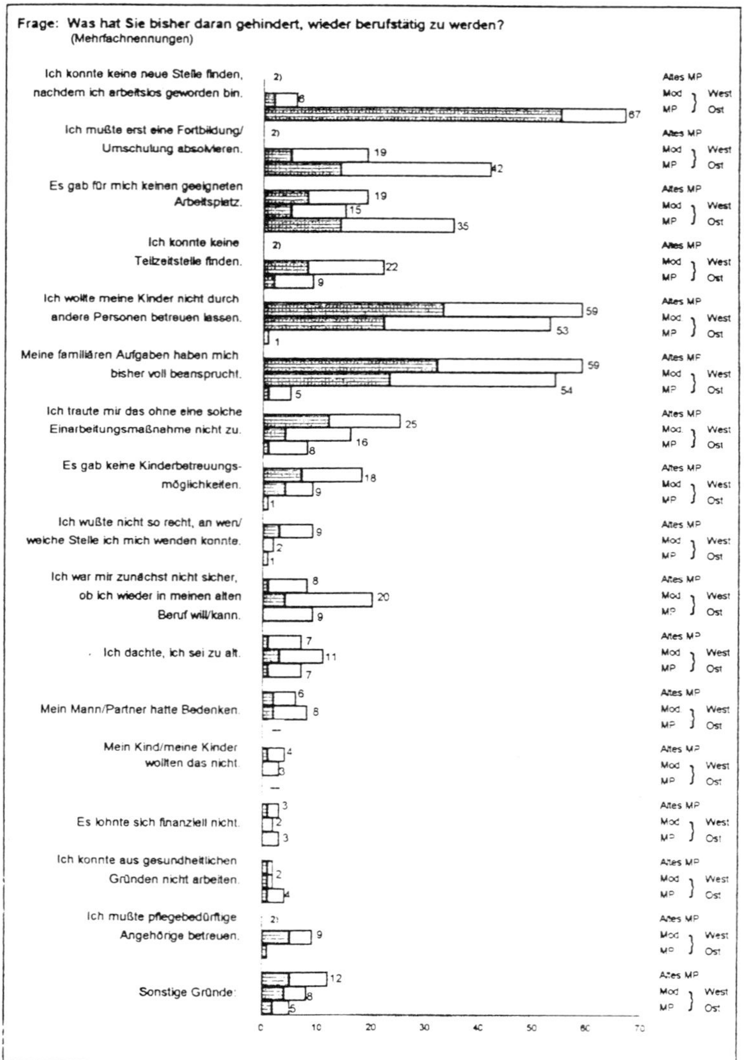

[1] Altes Modellprogramm N = 174, Modifiziertes Modellprogramm (West) N = 140, (Ost) N = 152.
[2] Diese Antwort war im alten Modellprogramm nicht vorgegeben worden.
Abkürzungen: Modifiziertes (Mod.) Modellprogramm (MP)
Quellen: Erstbefragung der Berufsrückkehrerinnen, DIW 1994, 1997

Als weitere, ebenfalls familienbedingte Hinderungsgründe, die aber auf eine weniger selbst gewünschte Unterbrechung schließen lassen, nannten als ausschlaggebend im modifizierten (alten) Modellprogramm unter den Westdeutschen

- 4 vH (7 vH) der Frauen: "Es gab keine Kinderbetreuungsmöglichkeiten",
- 5 vH (2 vH) der Frauen: "Ich mußte pflegebedürftige Angehörige betreuen",
- keine (1 vH) der Frauen: "Mein Kind/meine Kinder wollten das nicht",
- 2 vH (2 vH) der Frauen: "Mein Mann/Partner hatte Bedenken".

Mit dem Ziel, die ausschlaggebenden Hinderungsgründe nach den wichtigsten Ursachen zu bündeln, wurden die bisher genannten Gründe als "vorwiegend familienbedingt" zusammengefaßt. Insgesamt waren von den westdeutschen Frauen die Mehrheit, nämlich

- 58 vH der Teilnehmerinnen im modifizierten Modellprogramm und
- 68 vH der Teilnehmerinnen im alten Modellprogramm

nach ihren expliziten Angaben durch vorwiegend familienbedingte Gründe daran gehindert, (wieder) berufstätig zu werden (Tabelle 3.2/4).

Dieser Anteil war bei den Teilnehmerinnen des modifizierten Modellprogramms vermutlich vor allem deshalb niedriger, weil sie bei Beginn der Einarbeitung älter waren und damit ihre Kinder bereits größer; nur noch 26 vH hatten Kinder unter 10 Jahren (im Vergleich zu 41 vH im alten Modellprogramm, vgl. Tabelle 3.2/1). Außerdem gaben von diesen westdeutschen Berufsrückkehrerinnen 8 vH (zum Vergleich: nur 3 vH der ostdeutschen) als ausschlaggebenden Hinderungsgrund an, daß sie keine Teilzeitstelle finden konnten; dies ist ein Grund, der vermutlich ebenfalls auf die Familiensituation zurückgeht, den man aber auch dem Arbeitsplatzangebot zuschreiben kann (er war bei der Befragung im Rahmen des alten Modellprogramms nicht explizit als Antwort vorgegeben worden). Schließlich gibt es auch einen Kreis von Berufsrückkehrerinnen, die außer der Nichterwerbsphase[26] unmittelbar vor der Einarbeitung weitere Unterbrechungen der Erwerbsbiographie hatten.

---

[26] Von "Nichterwerbsphase" oder "nicht erwerbstätig" wird hier zur sprachlichen Vereinfachung auch dann gesprochen, wenn sogenannte geringfügige (nicht sozialversicherungspflichtige) Erwerbstätigkeiten ausgeübt wurden.

Weitere Hinderungsgründe, die man auf die lange Erwerbsunterbrechung und damit indirekt auf die Familientätigkeit zurückführen kann, wurden ebenfalls fast ausschließlich von westdeutschen Frauen genannt. So gaben mehrere Teilnehmerinnen an, daß sie sich eine Berufsrückkehr ohne Einarbeitung nicht zutrauten oder nicht sicher waren, ob sie wieder in ihrem alten Beruf arbeiten wollten (Abbildung 3.2/4).

Wie wichtig es war, die Voraussetzungen für das Modellprogramm in der Weise zu modifizieren, daß auch Langzeitarbeitslose zum Kreis der Anspruchsberechtigten gehören, zeigen die von den ostdeutschen Frauen genannten Hinderungsgründe für die Wiederaufnahme der Erwerbstätigkeit: Als ausschlaggebend nannten

- 14 vH der Frauen: "Es gab für mich keinen geeigneten Arbeitsplatz",
- 55 vH der Frauen: "Ich konnte keine neue Stelle finden, nachdem ich arbeitslos geworden bin",
- 14 vH der Frauen: "Ich mußte erst eine Fortbildung/Umschulung absolvieren".

Diese drei Gründe werden hier als "vorwiegend arbeitsmarktbedingt" bezeichnet, sie waren insgesamt für 83 vH der ostdeutschen, aber nur für 12 vH der westdeutschen Teilnehmerinnen im modifizierten Modellprogramm für die Nichterwerbstätigkeit vor der Einarbeitung ausschlaggebend. Spiegelbildlich hierzu spielten die familienbedingten Gründe bei den ostdeutschen Frauen fast keine Rolle.

Die Aufgliederung der auf diese Weise zusammengefaßten Daten nach der **Dauer** der Nichterwerbstätigkeit (Tabelle 3.2/4) zeigt, daß bei den ostdeutschen Teilnehmerinnen bis auf wenige Ausnahmen seit der letzten sozialversicherungspflichtigen Beschäftigung bis zum Beginn der Einarbeitung weniger als fünf Jahre vergangen waren, daß also die Nichterwerbsphase nach dem Zusammenbruch der DDR begonnen hatte. Nur 13 Frauen gaben an, bereits fünf und mehr Jahre nicht mehr regulär beschäftigt gewesen zu sein.

Von den westdeutschen Teilnehmerinnen des modifizierten Modellprogramms waren 16 vH zwei bis unter fünf Jahre nicht erwerbstätig und 82 vH länger als fünf Jahre. Für reichlich zwei Drittel dauerte die letzte Nichterwerbsphase sogar länger als 10 Jahre; der entsprechende Anteil der Frauen mit einer so langen Unterbrechung ist rechnerisch im alten Modellprogramm fast gleich groß, wenn man diejenigen Teilnehmerinnen nicht mit berücksichtigt, die vor der Einarbeitung weniger als zwei Jahre nicht erwerbstätig waren und nach den modifizierten Bestimmungen nicht gefördert worden wären. Es überrascht nicht, daß es unter den westdeutschen Berufsrückkehrerinnen, die längere Zeit vor der Einarbeitung nicht mehr berufstätig waren, besonders viele gibt, die vorwiegend familienbedingte Gründe dafür angaben (Tabelle 3.2/4). Allerdings haben auch einige wenige mit mehr als fünfjähriger Unterbrechung arbeitsmarktbedingte Hinderungsgründe genannt, was nicht ausschließt, daß zuvor eine Familienphase die Berufstätigkeit verhindert hatte.

Diejenigen Teilnehmerinnen des modifizierten Modellprogramms, die nach ihrer letzten Erwerbsunterbrechung nicht unmittelbar wieder erwerbstätig werden wollten, wurden ausdrücklich gefragt: "Wie lange haben Sie insgesamt in Ihrem Leben zugunsten der Familie auf eine reguläre Erwerbstätigkeit verzichtet bzw. verzichten müssen?" Da die weitaus meisten ostdeutschen Frauen sofort nach ihrer fast immer unfreiwilligen Auflösung des letzten Beschäftigungsverhältnisses wieder Arbeit suchten, liegen von ihnen nur sehr wenige Antworten vor (Tabelle 3.2/5). Aber reichlich vier von fünf westdeutschen Frauen gaben an, daß sie solche "Familienphasen" hatten; 70 vH aller Berufsrückkehrerinnen hatten insgesamt mehr als zehn Jahre familienbedingt die Berufstätigkeit unterbrochen, 16 vH sogar mehr als 20 Jahre[27].

Wie zu erwarten, waren Frauen mit mindestens zwei Kindern überproportional häufig unter denjenigen mit zehn- oder mehrjähriger Familienphase zu finden. Aber es ist ebenso festzustellen, daß bei gleicher Kinderzahl die Unterbrechungsdauer sehr unterschiedlich war. Dies deutet auf das breite Spektrum der Lebensbedingungen von Müttern und der Einstellungen zur Vereinbarkeit von Kinderbetreuung und Beruf hin, das für die westdeutsche Gesellschaft typisch ist.

---

[27] Im alten Modellprogramm waren alle Frauen gefragt worden, wie lange sie vor der Einarbeitungsmaßnahme seit ihrer letzten regelmäßigen bezahlten Beschäftigung nicht mehr berufstätig gewesen waren, wobei "Familienphase" als Zeit definiert worden war, in der die Frauen sich hauptsächlich ihrer Familie gewidmet hatten. Die Frage wurde von 15 Frauen im Fragebogen nicht beantwortet. Dies dürfte symptomatisch dafür sein, wie schwierig es für viele Mütter ist, zwischen Erwerbstätigkeit und (familienbedingter) Nichterwerbstätigkeit zu unterscheiden. Alle 15 Frauen ohne Angabe zur Familienphase haben Kinder, und fast in jedem Fall hat es offensichtlich eine längere Zeit in der Biographie gegeben, in der die Familienarbeit im Vordergrund stand. Jedoch wurde häufig in irgendeiner Weise eine Erwerbstätigkeit ausgeübt, z.B. als mithelfende Familienangehörige oder als ständige Aushilfskraft.

Tabelle 3.2/5

Zahl der Kinder und Länge der Familienphase

Familienphase / Dauer in Jahren	Insgesamt		Davon mit einer Zahl von ... Kindern									
	Zahl der Frauen	in vH	0	1	2	3 und mehr	Keine Ang.[1]	0	1	2	3 und mehr	Keine Ang.[1]
			Zahl der Frauen					in vH				
			Altes Modellprogramm[2]									
Insgesamt	**174**	**100**	**2**	**47**	**96**	**28**	**1**	**1**	**27**	**55**	**16**	**1**
Darunter mit Familienphase von ...												
unter 10	45	26	2	20	20	3	1	4	44	44	7	1
10 bis unter 20	93	53	-	21	60	12	-	-	23	65	13	.
20 und mehr	21	12	-	3	7	10	-	-	15	35	50	.
Keine Angabe	15	9	-	3	9	3	-	-	20	60	20	.
			Modifiziertes Modellprogramm - Westdeutschland[2]									
Insgesamt	**140**	**100**	**5**	**24**	**82**	**25**	**4**	**4**	**17**	**59**	**18**	**3**
Nicht nach Familienphase befragt[3]	16	11	3	4	7	2	.	19	25	44	13	.
Nach Familienphase befragt	120	86	2	20	75	23	.	2	17	63	19	.
Darunter mit Familienphase von ...												
unter 10	19	14	1	6	10	2	.	5	32	53	11	.
10 bis unter 20	76	54	1	10	51	14	.	1	13	67	18	.
20 und mehr	22	16	-	4	12	6	.	-	18	55	27	.
Keine Angabe	3	2	-	-	2	1	.	-	-	67	33	.
Fragebogen verweigert	4	3	.	.	.	.	4	.	.	.	.	100
			Modifiziertes Modellprogramm - Ostdeutschland[2]									
Insgesamt	**152**	**100**	**10**	**40**	**74**	**19**	**9**	**7**	**26**	**49**	**13**	**6**
Nicht nach Familienphase befragt[3]	125	82	3	36	65	15	1	6	29	52	12	1
Nach Familienphase befragt	19	13	2	4	9	4	.	11	21	47	21	.
Darunter mit Familienphase von ...												
unter 10	8	5	-	2	5	1	.	-	25	63	13	.
10 und mehr	5	3	-	-	3	2	.	-	-	60	40	.
Keine Angabe	6	4	2	2	1	1	.	33	33	17	17	.
Fragebogen verweigert	8	5	.	.	.	.	8	.	.	.	.	100

Nachrichtlich: Durchschnittliche Dauer der Familienphase von Müttern in Jahren

	Mütter insgesamt	Zahl der Kinder		
		1	2	3 und mehr
Altes Modellprogramm	12	10	12	17
Modifiziertes Modellprogramm (Westdeutschland)	15	13	14	18

[1] Keine Angabe zur Zahl der Kinder oder Fragebogen verweigert.

[2] Aufgrund unterschiedlicher Fragestellungen und -methoden sind die Ergebnisse des alten und des modifizierten Modellprogramms nicht voll miteinander vergleichbar.

[3] Frauen, die unmittelbar nach der Auflösung ihres letzten Beschäftigungsverhältnisses wieder erwerbstätig werden wollten, wurden nicht danach befragt, ob sie früher eine Familienphase hatten.

Quellen: Erstbefragung der Berufsrückkehrerinnen, DIW 1994, 1997.

Bei den Teilnehmerinnen des alten Modellprogramms mit vergleichsweise kurzen Unterbrechungszeiten unmittelbar vor dem Beginn der geförderten Einarbeitungsmaßnahme handelte es sich überwiegend um jüngere Berufsrückkehrerinnen. Untersuchungen auf repräsentativer Ebene haben gezeigt, daß die heute jungen Frauen in Westdeutschland generell nach einer Familienphase häufiger und früher wieder erwerbstätig werden, als das bei den älteren Geburtsjahrgängen der Fall ist[28]. Die Gruppe von jüngeren Berufsrückkehrerinnen mit eher kurzen Unterbrechungszeiten war unter den Teilnehmerinnen des alten Modellprogramms unterrepräsentiert. Das wurde auch für den Teilbereich "Berufsrückkehrerinnen in der stationären Krankenpflege" des Modellprogramms festgestellt und plausibel damit erklärt, daß Frauen nach einer kürzeren Familienphase leichter den Weg zu einer Wiederaufnahme einer Erwerbstätigkeit finden und deshalb seltener auf Einarbeitungsmaßnahmen angewiesen sind[29]. Dabei spielt jedoch sicherlich auch eine Rolle, daß Arbeitgeber nicht gern Mütter mit kleinen Kindern einstellen.

Mit steigender Kinderzahl nimmt verständlicherweise die durchschnittliche Länge der Familienphase zu (Tabelle 3.2/5): Im alten Modellprogramm betrug die Dauer 10 Jahre bei einem Kind und 12 Jahre bei zwei Kindern; im modifizierten Modellprogramm entsprechend 13 und 14 Jahre. Insgesamt haben die westdeutschen Mütter durchschnittlich eine lange Zeit ihres Lebens familienbedingt keine reguläre Erwerbstätigkeit ausgeübt, nämlich im Mittel für die Teilnehmerinnen des alten (modifizierten) Modellprogramms 12 (15) Jahre. Bei diesem Mangel an aktueller Berufserfahrung ist leicht zu ermessen, wie dringend notwendig eine Einarbeitung und qualifizierende Maßnahmen waren. Die Länge der Familienphase gehört zu den wichtigsten Ausgangsbedingungen für die Wiedereingliederung in den Beruf.

Da die Zeiten ohne Erwerbstätigkeit im Leben der ostdeutschen Teilnehmerinnen des Modellprogramms wahrscheinlich insgesamt viel kürzer sind, war zu erwarten, daß ihnen die Einarbeitung leichter fallen würde, als den westdeutschen Berufsrückkehrerinnen. Allerdings haben auch die ostdeutschen Frauen vermutlich meistens familienbedingte Unterbrechungen ihrer Erwerbsverläufe gehabt, was man zwar aus den genannten Gründen nicht aus den Angaben in den Fragebogen, aber aus anderen, repräsentativen Befragungsergebnissen entnehmen kann. In der DDR hatten die Mütter ebenfalls meistens ihre Berufstätigkeit für eine nennenswerte Zeit unterbrochen, vor allem diejenigen mit mindestens zwei Kindern, wenn auch die Familienphasen längst nicht so lang

---

[28] Vgl. hierzu näher: Ellen Kirner und Erika Schulz: Unterbrochene Erwerbsverläufe von Frauen mit Kindern. In: Wochenbericht des DIW 19/1992, S. 253.

[29] Vgl. Gunhild Küpper und Lisa Sommer: Berufsrückkehrerinnen in der stationären Krankenpflege. Zwischenbericht der wissenschaftlichen Begleitung des Modellprogramms "Wiedereingliederung von Frauen nach der Familienphase...". ISAB-Berichte aus Forschung und Praxis 11, Köln, Leipzig 1992.

waren wie in den alten Bundesländern[30]. Die Betreuung (kleiner) Kinder war diesseits und jenseits der früheren Grenze zwischen den beiden Teilen Deutschlands der wichtigste Grund für "Familienphasen". Aber die Teilnehmerinnen des Modellprogramms aus den neuen Bundesländern hatten wahrscheinlich nach diesen Zeiten bereits seit längerem Berufserfahrung sammeln können, im Gegensatz zu den westdeutschen Frauen[31].

Wie beurteilen die Berufsrückkehrerinnen vor dem Hintergrund der ersten Erfahrungen des (neuen) Starts in das Erwerbsleben die Familienphase? Die westdeutschen Teilnehmerinnen, die explizit angaben, "daß sie zugunsten der Familie" auf eine reguläre Erwerbstätigkeit verzichtet hatten bzw. verzichten mußten, haben sich dazu auf unterschiedliche Weise geäußert (Tabelle 3.2/6): Anscheinend unbedingt wertete die deutliche Mehrheit der Frauen ihre Entscheidung als "in jeder Hinsicht richtig". Dieser Anteil der als eindeutig positiv anzusehenden Stellungnahmen wird allerdings kleiner, wenn man sie im Zusammenhang mit Antworten zu einer Frage betrachtet, die auf die im Prinzip veränderbaren Voraussetzungen für die Arbeitsteilung in der Familie hinweist: Auch von den ganz und gar überzeugt urteilenden Frauen gaben etliche an, daß sie unter besseren Rahmenbedingungen für die Vereinbarkeit von Familie und Beruf die Erwerbstätigkeit nicht (so lange) zugunsten der Familie unterbrochen hätten. Als solche Rahmenbedingungen, die zu einer veränderten Entscheidung hätten führen können, wurden am häufigsten familienfreundliche Arbeitszeiten, auch für den Partner, genannt. Aber immer noch 40 bis 50 vH ließen auch bei dieser Betrachtungsweise noch eine unbedingt positive Einstellung zur Familienphase erkennen. Ein kleinerer Kreis unter den Teilnehmerinnen - 28 vH im alten und 43 vH im modifizierten Modellprogramm - beurteilte die Berufsunterbrechung explizit skeptisch; unter ihnen deuteten die meisten an, daß sie sich bei einer echten Wahlfreiheit zwischen Familie und Beruf damals anders entschieden hätten. Von den Frauen mit einer Familienphase, die sich nicht "immer so entschieden" hätten, wurden bessere Möglichkeiten der Kinderbetreuung und/oder familienfreundliche Arbeitszeiten genannt. Eine stärkere Beteiligung des (Ehe-) Partners an der Familienarbeit sah offenbar nur jede fünfte unter den westdeutschen Teilnehmerinnen des modifizierten Modellprogramms als Voraussetzung dafür an, daß die Weichen damals anders gestellt

---

[30] Die ostdeutschen Teilnehmerinnen des Modellprogramms sind zum größten Teil 1948 bis (spätestens) 1955 geboren. Aus repräsentativen Längsschnitterhebungen für die DDR geht z.B. hervor: Frauen der Kohorten 1951-1953 und auch 1959-1961 waren ein Jahr nach der Geburt des zweiten Kindes meistens nicht erwerbstätig. Vgl. Heike Trappe: Selbständigkeit - Pragmatismus - Unterordnung. Frauen in der DDR zwischen Beruf, Familie und staatlicher Sozialpolitik. Berlin 1994 (Dissertation), S. 130 ff, insbesondere S. 133.

[31] Aus den Befragungsergebnissen geht hervor, daß die westdeutschen Frauen meistens nur eine (zusammenhängende) Familienphase hatten. Zwei und mehr solcher Phasen wurden selten genannt.

worden wären; bei der Befragung im Rahmen des alten Modellprogramms wurde dies noch seltener geäußert.

Tabelle 3.2/6

Beurteilung der familienbedingten Berufsunterbrechung(en) westdeutscher Frauen

Nennungen bezogen auf die Zahl der Frauen in vH [1)]

Frage: Wie beurteilen Sie aus heutiger Sicht Ihre Berufsunterbrechung(en)?	Frage: Unter welchen Bedingungen hätten Sie sich damals anders entschieden? (Mehrfachnennungen) Insgesamt	Bessere Möglichkeiten der Kinderbetreuung	Stärkere Beteilig. meines Mannes/ Partners an Kinderbetreuung und Hausarbeit	Familienfreundliche Arbeitszeit ..., auch für meinen Partner	Ich hätte immer so entschieden	Keine Angabe
	Altes Modellprogramm [2)]					
Insgesamt	100	13	14	26	49	12
Es war in jeder Hinsicht die richtige Entscheidung, ich würde es wieder so machen	70	2	5	10	48	7
Ich würde mich heute anders entscheiden, da es sich negativ für mich ausgewirkt hat	10	3	5	5	-	1
Ich hätte anders entschieden, wenn ich damals die Wahl gehabt hätte	18	7	5	10	2	2
Keine Angabe	2	-	-	-	-	2
	Modifiziertes Modellprogramm: Westdeutschland [2)]					
Insgesamt	100	34	21	31	40	8
Es war in jeder Hinsicht die richtige Entscheidung, ich würde es wieder so machen	55	5	3	10	38	4
Ich würde mich heute anders entscheiden, da es sich negativ für mich ausgewirkt hat	19	10	8	10	1	2
Ich hätte anders entschieden, wenn ich damals die Wahl gehabt hätte	24	18	9	11	2	-
Keine Angabe	2	-	-	-	-	2

[1)] Altes Modellprogramm: N=174 (alle befragten Frauen). Modifiziertes Modellprogramm (West): N=119 (Frauen, die nach einer Familienphase befragt wurden und angegeben hatten, eine Familienphase zu haben).
[2)] Aufgrund unterschiedlicher Fragestellungen und -methoden sind die Ergebnisse des alten und des modifizierten Modellprogramms nicht voll miteinander vergleichbar.
Quellen: Erstbefragung der Berufsrückkehrerinnen, DIW 1994, 1997.

In der Zeit vor der beruflichen Wiedereingliederung, die für die meisten Frauen noch zur Familienphase gehörte, haben sich vom Kreis der westdeutschen Teilnehmerinnen zwei Drittel (altes Modellprogramm) bis drei Viertel (modifiziertes Modellprogramm) nicht auf die Familien- und Hausarbeit beschränkt (Tabelle 3.2/7). Gelegentliche Erwerbsarbeit wurde zusammen mit Teilzeitarbeit von weniger als 15 Wochenstunden am häufigsten genannt, aber nur wenige machten offenbar Urlaubs- oder Krankheitsvertretungen bei ihrem früheren Arbeitgeber. Die ostdeutschen Frauen konnten oder wollten offensichtlich noch seltener einer nicht versicherungspflichtigen Beschäftigung nachgehen als die westdeutschen (knapp 40 vH).

Tab 3.2/7

Tätigkeiten während der Zeit vor der Wiedereingliederung

Nennungen in vH aller Frauen[1]

Frage: Haben Sie während der Zeiten ohne reguläre Erwerbstätigkeit neben den Arbei in Familie und Haushalt eine der folgende Tätigkeiten ausgeübt?	Altes Modellprogramm	Modifiziertes Modellprogramm	
		West	Ost
Nein	[2]31	24	57
Ja	67	73	38
und zwar (Mehrfachnennungen)			
Urlaubs- oder Krankheitsvertretung bei meinem vorherigen Arbeitgeber	5	6	1
Gelegentliche Arbeiten bei einem anderen Arbeitgeber	32	11	13
Teilzeitbeschäftigung mit weniger als 15 Wochenstunden	*)	28	14
Mithilfe im Familienbetrieb	*)	7	1
Pflege von Angehörigen, z.B. Eltern	10	14	7
Nachbarschaftshilfe	10	7	2
Ehrenamtliche Tätigkeiten	25	33	6
Sonstiges			
Keine Angabe	2	3	5

[1] Altes Modellprogramm: N = 174, modifiziertes Modellprogramm (West): N = 140; (Ost): N = 152.-
[2] Einschließlich von 2 Frauen (1 vH), die unmittelbar vor der Einarbeitung noch regelmäßig erwerbstätig waren.
*) Diese Antwort war im alten Modellprogramm nicht vorgegeben worden.
Quellen: Erstbefragung der Berufsrückkehrerinnen, DIW 1994, 1997.

Nur ein relativ kleiner Kreis der Teilnehmerinnen - etwa jede zehnte - hat während der Zeit seit der letzten regulären Beschäftigung bis zum Beginn der Einarbeitung immer eine (nicht versicherungspflichtige) Tätigkeit ausgeübt, die ihrem erlernten Beruf entsprach, bei einem etwas größeren Kreis war das teilweise der Fall, aber jede dritte westdeutsche (im alten und im modifizierten Modellprogramm) und reichlich jede sechste ostdeutsche Frau gaben an, daß sie in der letzten Unterbrechungsphase nie im erlernten Beruf gearbeitet hatten (Tabelle 3.2/8). Wurden überhaupt Tätigkeiten im erlernten Beruf ausgeübt, dann nur unregelmäßig und nur selten durchgängig während der gesamten Zeit. Diejenigen Frauen, die eine oder mehrere der in Tabelle 3.2/7 genannten Tätigkeiten ausgeübt hatten, waren meistens dafür bezahlt worden: zwei Drittel der westdeutschen und drei Viertel der ostdeutschen Frauen. Die Bezahlung derjenigen, die insgesamt unterhalb der Versicherungspflichtgrenze erwerbstätig waren, lag meistens unter 500 DM monatlich (Tabelle 3.2/9). Ehrenamtliche Tätigkeiten spielten während der letzten Nichterwerbsphase bei jeder dritten bis vierten westdeutschen Berufsrückkehrerin eine Rolle, bei den ostdeutschen Frauen seltener. Daß mit mehr als jeder zehnten die Berufsrückkehrerinnen aus den alten Bundesländern häufiger als diejenigen aus den neuen Bundesländern angaben, auch mit der Pflege von erwachsenen Angehörigen beschäftigt gewesen zu sein, deutet auf ein bekanntes Phänomen hin: Mütter, die aufgrund der Kinderbetreuung die Erwerbstätigkeit unterbrechen, übernehmen auch im größeren Umfang als grundsätzlich berufsorientierte Frauen und Männer die Aufgaben der Pflege.

Tabelle 3.2/8

Beziehung der Tätigkeiten zum erlernten Beruf und Regelmäßigkeit der Tätigkeiten während der Zeit vor der Wiedereingliederung[1]

In vH aller Frauen[2]

Frage: Waren das Tätigkeiten in Ihrem erlernten Beruf?	Frage: Haben Sie diese Tätigkeiten regelmäßig ausgeübt? Insgesamt	Trifft nicht zu[3]	Ja, die ganze Zeit	Erst in letzter Zeit	Nein, nur unregelmäßig	Keine Angabe
	Altes Modellprogramm					
Insgesamt	100	31	12	17	34	6
Trifft nicht zu[3]	31	31	-	-	-	.
Ja, immer	10	-	1	5	4	.
Teils/teils	15	-	5	1	9	.
Nein, nie	36	-	5	11	19	1
Ich habe keinen Beruf erlernt	4	-	2	0	2	.
Keine Angabe	5	.	.	.	.	5
	Modifiziertes Modellprogramm: Westdeutschland					
Insgesamt	100	24	23	17	31	5
Trifft nicht zu[3]	24	24	-	-	-	.
Ja, immer	10	-	1	4	6	.
Teils/teils	23	-	6	4	12	.
Nein, nie	37	-	16	9	13	.
Ich habe keinen Beruf erlernt	1	-	-	1	-	.
Keine Angabe	6	.	.	.	1	5
	Modifiziertes Modellprogramm: Ostdeutschland					
Insgesamt	100	57	7	4	26	6
Trifft nicht zu[3]	57	57	-	-	-	.
Ja, immer	8	-	1	3	5	.
Teils/teils	13	-	3	1	10	.
Nein, nie	16	-	4	1	11	.
Ich habe keinen Beruf erlernt	-	-	-	-	-	.
Keine Angabe	7	.	.	.	1	6

Abweichungen in den Summen durch Runden.

[1] Art der Tätigkeiten: Vgl. Tabelle 3.2/7.- [2] Altes Modellprogramm: N = 174, modifiziertes Modellprogramm (West): N = 140; (Ost): N = 152.- [3] Keine der in Tabelle 3.2/7 angegebenen Tätigkeiten ausgeübt.

Quellen: Erstbefragung der Berufsrückkehrerinnen, DIW 1994, 1997.

Tabelle 3.2/9

Bezahlung für die Tätigkeiten während der Zeit vor der Wiedereingliederung[1)]

In vH der Frauen mit Arbeiten neben Familie und Haushalt[2)]

Frage: Wurden Sie für dieseTätigkeiten bezahlt?	Altes Modellprogramm	Modifiziertes Modellprogramm	
		West	Ost
Nein	30	33	25
Ja[3)]	66	67	75
darunter durchschnittlich mit einem monatlichen Nettoeinkommen (DM)			
unter 500	48	52	67
zwischen 500 und 750	7	11	5
zwischen 750 und 1000	5	-	-
zwischen 1000 und 1250	3	2	2
zwischen 1250 und 1500	2	-	-
von 1500 und mehr	2	1	0
Keine Angabe	4	1	2

[1)] Art der Tätigkeiten: Vgl. Tabelle 3.2/7.- [2)] Altes Modellprogramm: N = 116, modifiziertes Modellprogramm (West): N = 102, (Ost): N = 57.- [3)] Einschließlich einiger Frauen, die "Teils/teils" geantwortet haben.

Quellen: Erstbefragung der Berufsrückkehrerinnen, DIW 1994, 1997.

"Freude an der Arbeit" war das von den westdeutschen und ostdeutschen Berufsrückkehrerinnen häufig genannte Motiv für die Tätigkeiten während der Unterbrechungszeit (Tabelle 3.2/10) - ebenso wie dies ja auch schon bei der Frage nach den Gründen für den beruflichen Wiedereinstieg der Fall war. Fast jede zweite Berufsrückkehrerin fand es auch wichtig, daß sie durch die außerhäusliche Arbeit mehr mit anderen Menschen zusammen sein konnte. Als ausschlaggebend dafür, daß eine der in Tabelle 3.2/7 genannten Arbeiten während der Phase ohne reguläre Erwerbstätigkeit ausgeübt worden war, wurden allerdings sowohl von den westdeutschen Teilnehmerinnen des alten Modellprogramms als auch von den ostdeutschen Frauen am häufigsten bzw. ebenso häufig wie Freude an der Arbeit finanzielle Motive genannt.

Tabelle 3.2/10

Gründe für die Tätigkeiten in der Zeit vor der Wiedereingliederung

in vH der Frauen mit Arbeiten neben Familie und Haushalt [1)]

Weshalb haben Sie diese Tätigkeit ausgeübt? (Mehrfachnennungen)	Altes Modellprogramm Nennungen Insgesamt	Altes Modellprogramm Nennungen Darunter ausschlaggebender Grund	Modifiziertes Modellprogramm West Nennungen Insgesamt	Modifiziertes Modellprogramm West Nennungen Darunter ausschlaggebender Grund	Modifiziertes Modellprogramm Ost Nennungen Insgesamt	Modifiziertes Modellprogramm Ost Nennungen Darunter ausschlaggebender Grund
Aus finanziellen Gründen.	41	24	28	11	44	25
Aus Freude an der Arbeit.	49	18	56	26	67	25
Ich fühlte mich dafür zuständig.	18	10	26	15	14	9
Meine familiären Aufgaben füllten mich nicht aus.	25	12	29	11	32	5
Um mehr mit anderen Menschen zusammen zu sein.	47	20	47	-	49	-
Um es später leichter zu haben, in meinen Beruf zurückzukehren.	16	9	22	11	37	19
Sonstige Gründe	9	6	8	5	9	5

1) Altes Modellprogramm: N=116. Modifiziertes Modellprogramm (West): N=102, (Ost): N=57.

Quellen: Erstbefragung der Berufsrückkehrerinnen, DIW 1994, 1997.

Ausgangssituation in der Familie

Frauen haben heute nahezu ebenso häufig eine abgeschlossene Berufsausbildung wie Männer, sie sind dennoch weit davon entfernt, auf dem Arbeitsmarkt die gleichen Chancen wie diese zu haben. Die geschlechtsspezifische Rollenverteilung muß als eigentliche Ursache für die allgemeine Benachteiligung von Frauen im Beruf angesehen werden, und es war davon auszugehen, daß die Ausgangssituation in der Familie auch die Voraussetzungen für die Einarbeitung prägt. Deshalb wurden die am Modellprogramm beteiligten Berufsrückkehrerinnen im Rahmen der wissenschaftlichen Begleitung nach der Kinderbetreuung, der Arbeitsteilung in der Familie und der Einstellung der Familienmitglieder zu ihrer Erwerbstätigkeit befragt.

Tabelle 3.2/11

Frauen mit und ohne betreuungsbedürftige Kinder und Art der Kinderbetreuung
Angaben in vH

Frage: Wer betreut Ihr(e) Kind(er) in der Zeit, in der Sie wegen der Einarbeitung nicht zu Hause sind?	Altes Modellprogramm	Modifiziertes Modellprogramm	
		West	Ost
Frauen insgesamt	**100**	**100**	**100**
Mein Kind/meine Kinder sind schon selbständig, ich habe keine Kinder	40	48	75
Mein Kind/meine Kinder sind noch nicht selbständig	59	49	19
Keine Angabe	1	3	6
	- in vH der Mütter betreuungsbedürftiger Kinder[1]-		
Meine Kinder sind meistens... (Mehrfachnennungen)			
- im Betriebskindergarten	-	1	-
- in einem anderen Kindergarten	18	10	14
- in der Schule	78	87	72
- im Hort	1	6	24
- beim Partner	17	14	14
- bei den Eltern/Schwiegereltern/ anderen Verwandten	30	9	3
- bei Bekannten/Nachbarn	11	3	3
- bei älteren Geschwistern	6	3	10
- allein zuhause	1	20	52
- Sonstiges	9	10	3

[1] Altes Modellprogramm: N=103; modifiziertes Modellprogramm: (West): N=69, (Ost): N=29.
Quellen: Erstbefragung der Berufsrückkehrerinnen, DIW 1994, 1997.

Ein großer Kreis der Teilnehmerinnen des modifizierten Modellprogramms hatte bei Beginn der Einarbeitung bereits selbständige - oder keine - Kinder: jede zweite der westdeutschen und fast drei von vier ostdeutschen Frauen (Tabelle 3.2/11). Da bei Beginn der Einarbeitung nur noch wenige Mütter Kinder im

Kindergartenalter hatten[32], war zu erwarten, daß die Frauen am häufigsten berichteten, ihre Kinder würden meistens in der Schule betreut. Eine Kombination von Schul- und Horterziehung wurde in nennenswertem Umfang nur von den ostdeutschen Teilnehmerinnen angegeben. Dieses Ergebnis überrascht ebenfalls nicht, denn in Westdeutschland wird der Erziehung auch von Schulkindern in der Familie gesellschaftlich ein hoher Stellenwert beigemessen, und - damit im Zusammenhang stehend - ist das Angebot von familienergänzenden, professionellen Betreuungseinrichtungen nicht groß. Die Kinder, deren Mütter am alten Modellprogramm teilnahmen, wurden stattdessen noch relativ häufig von anderen Familienangehörigen betreut. Bemerkenswert ist, daß immerhin jede sechste bis siebente Berufsrückkehrerin in West und Ost angab, ihr Kind oder ihre Kinder seien meistens beim Partner. Angesichts der noch immer vorherrschenden Rollenverteilung muß man diese "Häufigkeit" schon als recht positiv ansehen, zumal es sich bis auf vier Ausnahmen bei diesen Fällen nicht - wie man es hätte erwarten können - um arbeitslose oder im (Vor-) Ruhestand befindliche Männer handelte.

Tabelle 3.2/12

Bewertung der von den Müttern nicht selbst übernommenen Kinderbetreuung

In vH der Mütter mit betreuungsbedürftigen Kindern[1)]

	Frage: Können Sie Ihr Kind/Ihre Kinder dauerhaft so betreuen lassen?											
	Altes Modellprogramm				Modifiziertes Modellprogramm							
					West				Ost			
Frage: Wie bewerten Sie die Betreuung Ihres Kindes/Ihrer Kinder?	Insgesamt	Ja	Nein, nur vorübergehend	Keine Angabe	Insgesamt	Ja	Nein, nur vorübergehend	Keine Angabe	Insgesamt	Ja	Nein, nur vorübergehend	Keine Angabe
Insgesamt	100	85	9	6	100	83	7	10	100	90	3	7
Ich denke, daß es für die Kinder und für mich eine gute Lösung ist.	78	74	2	2	77	72	4	-	69	69	-	-
Für die Kinder ist es gut, aber für mich trotzdem eine große Belastun	10	8	2	-	7	6	-	1	3	3	-	-
Auch wenn es für mich praktisch ist, die Kinder hätten es lieber anders.	4	2	2	-	1	1	-	-	10	3	3	3
Es ist eine Notlösung für mich und meine Kinder.	3	-	3	-	3	-	3	-	7	7	-	-
Keine Angabe	6	2	-	4	12	3	-	9	10	7	-	3

1) Altes Modellprogramm: N = 103; modifiziertes Modellprogramm (West): N = 69, (Ost): N = 29.

Quellen: Erstbefragung der Berufsrückkehrerinnen, DIW 1994, 1997.

[32]Am modifizierten Modellprogramm nahmen lediglich 17 Frauen teil, die Kinder bis zu sechs Jahren hatten; im alten Modellprogramm waren Mütter mit Kindern in diesem Alter mit einer Zahl von 27 relativ häufiger, da die Frauen jünger waren. Die Kinder der Mütter in allen Gruppen waren mindestens zwei Jahre alt.

Die weitaus meisten der Mütter mit noch nicht selbständigen Kindern meinten, daß die Kinder dauerhaft auf diese Weise betreut werden können und daß dies auch eine gute Lösung sowohl für sie selbst als auch für die Kinder sei (Tabelle 3.2/12); aber ein nennenswerter Kreis der westdeutschen Frauen hatte nur vorübergehende Möglichkeiten gefunden oder sogar nur Notlösungen. Von den westdeutschen Frauen gaben immerhin 14 vH aus dem alten und 8 vH aus dem modifizierten Modellprogramm an, daß die gefundenen Betreuungsformen für sie belastend seien oder daß die Kinder damit nicht einverstanden seien. Dennoch wünschten sich nur wenige westdeutsche Frauen mit noch nicht selbständigen Kindern eine Kinderbetreuung am Arbeitsplatz (7 vH im alten und 3 vH im modifizierten Modellprogramm).

Frauen mit Kindern wurden auch danach gefragt, wie ihre Berufstätigkeit von den Kindern beurteilt wird. In den meisten Fällen - bei Frauen aus Ostdeutschland noch häufiger als bei Frauen aus Westdeutschland - fanden die Kinder die Erwerbstätigkeit der Mütter gut und unterstützten sie darin oder hatten sich mindestens damit abgefunden; nur in einem Fall waren sie dagegen.

Auch die Partner der Frauen standen offensichtlich dem beruflichen Wiedereinstieg meistens positiv gegenüber (Tabelle 3.2/13).

Bemerkenswert ist, daß immerhin ein großer Kreis der westdeutschen Frauen, die mit einem (Ehe-)Mann zusammenleben, berichteten, daß er sie unterstütze, in einigen Fällen sogar die "treibende Kraft" sei. Zu allem, was über den Lebenslauf der Frauen aus der DDR bekannt ist, paßt es, daß es für 72 der 93 Partner ostdeutscher Teilnehmerinnen selbstverständlich ist, eine berufstätige Frau zu haben. Die entsprechende Aussage war nur für vergleichsweise wenige Berufsrückkehrerinnen aus dem alten Bundesgebiet zutreffend. Nur eine einzige Teilnehmerin berichtete, daß der Mann sie von der Berufstätigkeit abzubringen versuche.

Durch die (Wieder-)Aufnahme der Erwerbstätigkeit hat sich für die meisten Frauen die Verteilung der Hausarbeit in der Familie verändert, und zwar offensichtlich mehrheitlich zum Positiven (Tabelle 3.2/14).

Dabei berichteten vor allem die Ostdeutschen, daß sich ihr Mann jetzt mehr an der Hausarbeit beteilige. Ein nennenswerter Kreis von Berufsrückkehrerinnen - der bei den westdeutschen Teilnehmerinnen des modifizierten Modellprogramms größer war als bei denen des alten Modellprogramms und deutlich größer als bei den ostdeutschen - meinte, daß "schon 'mal etwas liegen bleibe"; dies könnte darauf hindeuten, daß sich die neue Organisation der Hausarbeit noch nicht ganz eingespielt hat. In Kapitel 6 wird dargestellt, inwieweit sich die

Tendenz zu einer anderen innerfamiliären Arbeitsteilung in der Zeit bis zur Abschlußbefragung als stabil erwiesen hat.

Tabelle 3.2/13

Einstellung des Partners zum beruflichen Wiedereinstieg[1]

In vH aller Frauen[2]

Frage: Welche Einstellung hat Ihr Partner zu Ihrem beruflichen Wiedereinstieg?	Altes Modellprogramm	Modifiziertes Modellprogramm	
		West	Ost
Insgesamt	100	100	100
Ich lebe zur Zeit ohne Partner	13	21	16
Ich war früher immer berufstätig, und für meinen Partner ist das selbstverständlich	*)	12	60
Er ist im Grunde genommen die treibende Kraft	2	1	-
Er unterstützt mich	60	44	10
Er ist einverstanden, obwohl er nach seiner Ansicht dadurch Nachteile hat	8	6	2
Er ist einverstanden, solange er dadurch keine Nachteile hat	10	6	2
Er hat sich damit abgefunden	5	6	3
Ich war früher immer berufstätig, aber jetzt hätte er lieber, daß ich zu Hause bleibe	*)	-	-
Er ist dagegen und versucht, mich davon abzubringen	-	1	-
Keine Angabe	3	4	7

[1] Zu Beginn der Einarbeitung.- [2] Altes Modellprogramm: N = 174; modifiziertes Modellprogramm (West): N = 140, (Ost): N = 152.- *) Diese Antwort war im alten Modellprogramm nicht vorgegeben worden.

Quellen: Erstbefragung der Berufsrückkehrerinnen, DIW 1994, 1997.

Mit der Arbeitsverteilung in der Familie waren von den nicht alleinlebenden Frauen zwei Drittel der Berufsrückkehrerinnen mindestens im "großen und ganzen" zufrieden; für die übrigen gab es offensichtlich nicht immer Anlaß zur Zufriedenheit, aber nur sehr wenige Teilnehmerinnen waren vollkommen unzufrieden (Tabelle 3.2/15). Die ostdeutschen Frauen waren offensichtlich insgesamt etwas zufriedener mit der Arbeitsteilung als die westdeutschen, was damit zusammenhängen könnte, daß die Familien in den neuen Bundesländern allgemein auf die Erwerbstätigkeit der Frauen eingestellt sind, während im alten Bundesgebiet die Berufsrückkehr der früheren "Familienfrauen" vermutlich stärkere, nicht immer reibungslose Veränderungen der Arbeitsteilung mit sich bringen dürfte.

Tabelle 3.2/14

Verteilung der Hausarbeit in der Familie zu Beginn der Einarbeitung

In vH aller Frauen[1]

Frage: Hat sich die Verteilung der Hausarbeit in Ihrer Familie durch Ihre Berufstätigkeit geändert?	Altes Modellprogramm	Modifiziertes Modellprogramm	
		West	Ost
	In vH aller Frauen[1]		
Insgesamt	100	100	100
Trifft nicht zu, ich wohne allein	*)	4	8
Nein	20	24	34
Ja	73	69	52
Keine Angabe	7	4	7
Wenn Ja: (Mehrfachnennungen)	Nennungen in vH[2]		
Mein Mann/Partner beteiligt sich jetzt mehr an der Hausarbeit	61	69	74
Mein Kind/meine Kinder machen me	53	57	44
Andere Familienangehörige helfen	8	7	6
Ich habe jetzt eine Hilfe für Arbeiten im Haushalt	4	4	-
Es bleibt schon 'mal etwas liegen	69	75	44

1) Altes Modellprogramm: N = 174; modifiziertes Modellprogramm (West): N = 140, (Ost): N = 152.- 2) Nennungen, bezogen auf die Zahl der Frauen, die mit "Ja" geantwortet haben.
*) Diese Antwort war im alten Modellprogramm nicht vorgegeben worden.

Quellen: Erstbefragung der Berufsrückkehrerinnen, DIW 1994, 1997.

Zusammenfassend kann man dennoch feststellen, daß zu Beginn der Einarbeitung für die Teilnehmerinnen des Modellprogramms weitaus überwiegend vonseiten der Betreuung der Kinder und deren Einstellung zur Berufstätigkeit der Mutter sowie vonseiten der (Ehe-)Partner offenbar keine ernsthaften Probleme bestanden. Dies sind günstige Voraussetzungen für den Erfolg der Einarbeitung.

Tabelle 3.2/15

Zufriedenheit mit der Arbeitsverteilung in der Familie zu Beginn der Einarbeitung

in vH[1)]

Frage: Sind Sie mit der gegenwärtigen Arbeitsverteilung in Ihrer Familie zufrieden?	Altes Modellprogramm	Modifiziertes Modellprogramm	
		West	Ost
Insgesamt	100	100	100
Voll und ganz	25	11	35
Im großen und ganzen	41	55	31
Teils/teils	13	13	14
Nicht so besonders	12	13	7
Überhaupt nicht	3	4	1
Keine Angabe	6	4	11

1) Nennungen bezogen auf die Zahl der Frauen, die nicht allein im Haushalt lebten. Altes Modellprogramm: N = 174; modifiziertes Modellprogramm (West): N = 134, (Ost): N = 140

Quellen: Erstbefragung der Berufsrückkehrerinnen, DIW 1994, 1997.

3.3 Die beteiligten Betriebe

3.3.1 Struktur der Betriebe

Regionalstruktur

Die Beschäftigungsmöglichkeiten für Frauen und damit auch die Chancen für eine Wiedereingliederung von Frauen nach einer Familienphase bzw. einer längeren Erwerbsunterbrechung hängen u.a. von der wirtschaftlichen Entwicklung, der Wirtschaftsstruktur sowie den Infrastruktureinrichtungen (Verkehrsanbindung) in der jeweiligen Region (Gemeinde, Kreis) ab.

In der Siedlungsstruktur spiegelt sich die räumliche Verteilung der Bevölkerung und die Nutzung des Raumes durch Wohnungen, Arbeitsstätten und Infrastruktureinrichtungen wider. Vom Verdichtungsgrad und der Größe der Siedlungen hängen u.a. die Größe und die Differenzierung des Arbeitsmarktes ab, die auch die Beschäftigungsmöglichkeiten von Frauen in dieser Region bestimmen. So sind in städtischen Gebieten, die zumeist auch einen höheren Anteil des Dienstleistungssektors aufweisen, die Erwerbsmöglichkeiten von Frauen größer als in den dünn besiedelten, ländlichen Regionen. Differenzen bestehen jedoch nicht nur in bezug auf das Arbeitsplatzangebot, sondern auch bezüglich der Erreichbarkeit von Kindergärten, Schulen und Horten, insbesondere in Westdeutschland, aber zunehmend auch in den östlichen Bundesländern. Das mangelnde Angebot an öffentlichen Verkehrsmitteln erschwert die Aufnahme einer Erwerbstätigkeit, wenn die Arbeitsstätte weiter vom Wohnort entfernt ist oder die Anbindung mit öffentlichen Verkehrsmitteln nicht gegeben ist. Auch dies benachteiligt insbesondere Frauen im ländlich strukturierten Raum. Deshalb wurde bereits im ursprünglichen Modellprogramm darauf abgestellt, insbesondere Betriebe im ländlichen Raum für die Wiedereingliederung von Frauen nach der Familienphase in das Erwerbsleben zu gewinnen. Denn gerade in diesen strukturschwachen Regionen haben es Frauen besonders schwer, nach der Familienphase einen Arbeitsplatz zu finden, der in erreichbarer Nähe des Wohnortes liegt. In ländlichen Gebieten herrschen zudem Klein- und Mittelbetriebe vor, die nicht - wie Großbetriebe es manchmal tun - den Frauen nach einer Phase der Kindererziehung die Rückkehr in den Betrieb garantieren können.

Die besondere Berücksichtigung des ländlichen Raumes wurde im modifizierten Modellprogramm mit guten Grund beibehalten. Denn die ohnehin schlechten Beschäftigungschancen der Frauen, die ein Alter von 40 und mehr Jahren erreicht haben, stellen sich in den ländlichen Regionen Ostdeutschlands verschärft dar. Ostdeutschland weist eine wesentlich geringere Bevölkerungsdichte auf als Westdeutschland. In Westdeutschland lebten Ende 1993 auf einem

Quadratkilometer im Durchschnitt 263 Personen, in Ostdeutschland 145. Die Hälfte der Bevölkerung Ostdeutschlands lebt in Gemeinden mit einer Einwohnerzahl unter 20 000, während es in Westdeutschland unter 40 vH sind. Zwar ist dies auch darauf zurückzuführen, daß in Ostdeutschland erst allmählich eine Gemeindereform durchgeführt wird und kleine Gemeinden zusammengelegt werden. Jedoch sind in Ostdeutschland die ländlich strukturierten Gebiete wesentlich stärker vertreten als in Westdeutschland.

Der Zusammenbruch der Wirtschaft vollzog sich in den ländlichen Räumen mit einem Großteil landwirtschaftlicher Erzeugergemeinschaften und Kombinaten ähnlich wie in den anderen Regionen. Der Aufbau neuer Arbeitsplätze und die Neuansiedlung von Betrieben gestaltet sich jedoch schwieriger als in Regionen mit einer besseren Infrastruktur. Als Folge davon ist die Arbeitslosigkeit beispielsweise in den ländlich geprägten Gebieten Mecklenburg-Vorpommerns doppelt so hoch wie im Landesdurchschnitt, mit einem weit überproportionalen Anteil Älterer unter den Arbeitslosen.

Tabelle 3.3/1

Betriebe nach Gemeindegrößenklassen

- in vH -

Gemeindegrößenklassen von ... Personen	Altes Modellprogramm	Modifiziertes Modellprogramm			Nachrichtlich: Bevölkerung in der Gesamtwirtschaft 1994	
		Bundesgebiet	West	Ost	West	Ost
unter 5.000	14	19	12	26	14	33
5.000 bis unter 10.000	13	11	14	9	11	8
10.000 bis unter 20.000	16	16	17	14	15	10
20.000 bis unter 50.000	18	17	18	16	17	16
50.000 bis unter 200.000	18	21	21	22	18	11
200.000 und mehr	21	16	19	13	25	23

Quellen: Statistisches Bundesamt; Erstbefragung der Betriebe, DIW 1994, 1997.

Von den am alten Modellprogramm beteiligten Betrieben liegen 14 vH in Gemeinden mit einer Einwohnerzahl unter 5 000, jeder fünfte Betrieb befindet sich in Gemeinden mit 200 000 und mehr Einwohnern (Tabelle 3.3/1). Im modifizierten Modellprogramm hat rund jeder fünfte Betrieb seine Arbeitsstätte in Gemeinden mit einer Einwohnerzahl unter 5 000. Dies liegt vor allem an der Struktur in Ostdeutschland, wo auch ein weitaus größerer Anteil der Bevölkerung in ländlichen Regionen wohnt und kleine Gemeinden vorherrschen.

Im Vergleich zur Struktur der Betriebe in Westdeutschland nach Gemeindegrößenklassen sind im alten Modellprogramm Betriebe in größeren Gemeinden leicht überdurchschnittlich oft vertreten. Die Beteiligungsstruktur deutet insgesamt nicht darauf hin, daß sich Betriebe aus ländlichen Regionen überdurchschnittlich am Modellprogramm beteiligt haben.

Bis 1993 erstreckte sich die Förderung auf die Wiedereingliederung von Berufsrückkehrerinnen im engeren Sinne, also auf Frauen mit einer familienbedingten Erwerbsunterbrechung. Sie beschränkte sich damit auch nach der Öffnung der Grenzen (ungewollt) auf Westdeutschland. Mit der Modifizierung des Modellprogramms wurde u.a. das Ziel angestrebt, auch Frauen in Ostdeutschland den beruflichen Wiedereinstieg mit Einarbeitungszuschüssen an die Arbeitgeber zu erleichtern. Die Veränderung der Zielgruppe auf die Frauen vom vollendeten 40. Lebensjahr an, die in den letzten zwei Jahren nicht sozialversicherungspflichtig beschäftigt waren, hat zu einer vergleichsweise starken Beteiligung ostdeutscher Betriebe geführt. Von den 278 Betrieben des modifizierten Modellprogramms hatten je die Hälfte in Ost- und in Westdeutschland ihren Standort. Die stärkste Beteiligung hat Mecklenburg-Vorpommern zu verbuchen. Von den 278 beteiligten Betrieben hatte rund jeder vierte dort seinen Standort (Tabelle 3.3/2).

Die unterschiedliche Inanspruchnahme des Modellprogramms in den einzelnen Bundesländern kann auf verschiedene Faktoren, wie landesspezifische Förderprogramme oder den unterschiedlichen Informationsstand über das Modellprogramm, zurückgeführt werden. Eine Beteiligung am Modellprogramm erfolgte jedoch fast ausschließlich von Betrieben, die ohnehin eine Einstellung planen. In Ostdeutschland betraf dies vornehmlich neu gegründete und im Aufbau befindliche Klein- und Mittelbetriebe sowie freiberuflich Tätige. Bereits die Erfahrungen im alten Modellprogramm zeigten, daß sich vornehmlich solche Betriebe beteiligen. Gerade für neu gegründete Betriebe stellt die finanzielle Förderung in der anfänglich häufig angespannten Liquiditätslage eine ins Gewicht fallende Entlastung dar.

Hinzu kommt, daß zwar der Förderzuschuß in gleicher Höhe in Ost- und Westdeutschland gewährt wurde (unter gleichen Voraussetzungen), die Löhne in den neuen Bundesländern jedoch noch deutlich unter dem Westniveau liegen. Damit war das Verhältnis von Fördersumme zum Bruttoentgelt in Ostdeutschland günstiger und die Teilnahme vergleichsweise attraktiver. Zudem war es in den neuen Bundesländern möglich, Frauen einzustellen, die in den letzten zwei Jahren Umschulungs- und Weiterbildungsmaßnahmen absolviert hatten und somit eine gute Qualifikation mitbrachten.

Tabelle 3.3/2

Regionalstruktur der Betriebe

Region	Altes Modellprogramm absolut	Altes Modellprogramm in vH	Modifiziertes Modellprogramm absolut	Modifiziertes Modellprogramm in vH	Modifiziertes Modellprogramm Insgesamt in vH
Westdeutschland					
Schleswig-Holstein	1	1	8	6	3
Hamburg	8	5	4	3	1
Niedersachsen	18	12	19	14	7
Bremen	-	-	-	-	-
Nordrhein-Westfalen	34	22	26	19	9
Hessen	19	12	13	9	5
Rheinland-Pfalz	21	14	24	17	9
Baden-Württemberg	11	7	14	10	5
Bayern	32	21	29	21	10
Saarland	10	6	2	1	1
Insgesamt	154	100	139	100	-
Ostdeutschland					
Berlin 1)	-	-	6	4	2
Brandenburg	-	-	21	15	8
Mecklenburg-Vorpommern	-	-	64	46	23
Sachsen	-	-	23	17	8
Sachsen-Anhalt	-	-	9	6	3
Thüringen	-	-	16	12	6
Insgesamt	-	-	139	100	-
Deutschland	-	-	278	-	100

1) West- und Ostberlin.
Quellen: Erstbefragung der Betriebe, DIW 1994, 1997.

Betrachtet man nur die in Westdeutschland ansässigen Arbeitgeber, so kann die Struktur des modifizierten Modellprogramms mit derjenigen des alten Modellprogramms verglichen werden. Bei diesem Vergleich ist lediglich eine geringfügig unterschiedliche Struktur festzustellen: Je ein Fünftel der Betriebe hat in Nordrhein-Westfalen und in Bayern seinen Standort. Schleswig-Holstein und das Saarland weisen eine geringe Beteiligung auf. Mit Ausnahme von Bremen ist das Modellprogramm bundesweit in Anspruch genommen worden.

Branchen- und Betriebsgrößenstruktur

Die allgemein zu beobachtende Konzentration der Erwerbstätigkeit von Frauen auf wenige Berufe und Branchen spiegelt sich auch in der Branchenstruktur der beteiligten Betriebe wider. Der Wandel hin zur Dienstleistungsgesellschaft mit einer im Vergleich zur Industrie höheren Beschäftigungsdynamik fördert die Beschäftigungschancen vornehmlich im Dienstleistungsbereich.

Dies trifft sowohl für West- als auch Ostdeutschland zu. Während sich Westdeutschland schon seit längerem stetig zur Dienstleistungsgesellschaft entwikkelte, setzte in Ostdeutschland erst durch den Niedergang der nicht wettbewerbsfähigen Industrie und infolge des Aufbaus und der Ansiedlung neuer Betriebe ein massiver Strukturwandel zugunsten des Dienstleistungsbereichs ein.

Von dem Beschäftigungsanstieg im Dienstleistungsbereich in Westdeutschland haben die Frauen überproportional profitiert. Der Beschäftigungsanstieg belief sich im Zeitraum 1988 bis 1996 auf insgesamt 5 vH, die Zahl der sozialversicherungspflichtig beschäftigten Frauen stieg jedoch um knapp 12 vH[33]. Die Beschäftigungsdynamik war im Dienstleistungsbereich wesentlich größer als in der Gesamtwirtschaft. Während insbesondere die Land- und Forstwirtschaft, die Energie- und Wasserversorgung sowie der große Bereich des verarbeitenden Gewerbes Beschäftigungseinbußen hinnehmen mußten, konnte der Dienstleistungsbereich kräftige Beschäftigungszuwächse verzeichnen. Im Zeitraum 1988 bis 1996 ist die Zahl der sozialversicherungspflichtig Beschäftigten im Dienstleistungsbereich um rund 18 vH, die Frauenbeschäftigung um rund 22 vH (Männer 14 vH) gestiegen. Insbesondere das Gesundheits- und Veterinärwesen mit einem Beschäftigungszuwachs der Frauen von einem Drittel, der Bereich Rechts- und Steuerberatung mit Zuwächsen von 56 vH und der Bereich der übrigen Dienstleistungen mit einer Zunahme von 57 vH hoben sich von dem allgemeinen Trend positiv ab.

Deshalb ist es keineswegs überraschend, daß die Hälfte der beteiligten Betriebe in Westdeutschland sowohl im alten als auch im modifizierten Modellprogramm aus dem Dienstleistungssektor im engeren Sinne stammt (Tabelle 3.3/3). Noch stärker als in Westdeutschland beteiligten sich Betriebe aus dem Bereich der "sonstigen" Dienstleistungen in Ostdeutschland am Modellprogramm (58 vH). Dies ist jedoch keine Besonderheit des Modellprogramms, sondern auf die Struktur der neu geschaffenen Arbeitsplätze in Ostdeutschland

[33] Vgl. Ellen Kirner: Tendenzen auf dem Arbeitsmarkt und Beschäftigungsstruktur in wirtschaftszweigspezifischer Gliederung 1988 bis 1996. Kurzbericht im Rahmen der Begleitforschung im Projekt "Berufsrückkehrerinnen". Berlin 1997, S. 13.

zurückzuführen. Durch die Übernahme eines vorher unbekannten Rechts-, Steuer- und Wirtschaftssystems stieg der Bedarf an Beratung in diesem Bereich und somit der Bedarf an Arbeitskräften sprunghaft an. Ähnlich wirkte die Neuordnung des Gesundheitswesens mit der Schließung der Polikliniken und dem Aufbau von freiberuflich betriebenen Arzt- und Zahnartzpraxen.

Am Modellprogramm haben sich vorwiegend kleinere und mittlere Betriebe beteiligt. Etwa die Hälfte der Betriebe des alten Modellprogramms hatte weniger als 10 Beschäftigte, lediglich 3 vH hatten 500 und mehr Beschäftigte (Tabelle 3.3/4). In fünf Betrieben - hierbei handelt es sich um Selbständige - waren keine abhängig Erwerbstätigen beschäftigt. Der relativ hohe Anteil kleiner Betriebe überrascht nicht, wenn man die Betriebsgrößenstruktur der Arbeitsstätten in den alten Bundesländern betrachtet. Nach den Ergebnissen der Arbeitsstättenzählung 1987 haben rund 85 vH der Betriebe weniger als 10 Beschäftigte und sind Frauen überdurchschnittlich häufig in kleineren Betrieben beschäftigt.

Tabelle 3.3/3

Branchenstruktur der Betriebe

- in vH -

Branchen	Altes Modell-programm	Modifiziertes Modellprogramm		
		Bundes-gebiet	West	Ost
Verarbeitendes Gewerbe	23	12	14	10
Baugewerbe	4	8	6	10
Handel	16	18	19	17
Verkehr, Nachrichten	1	2	2	1
Kreditinstitute, Versicherungen	5	3	4	1
Sonstige Dienstleistungen	50	53	48	58
darunter:				
Verlag	3	1	1	1
Handwerk, Friseur, Großhandel	4	1	-	2
Wirtschaftsprüfung, Rechts-und Steuerberatung	11	22	23	22
Zahnarzt, Arzt	16	13	14	12
Übrige Dienstleistungen	14	8	6	10
Immobilien, Wohnungsunternehmen	1	-	-	-
Gastgewerbe	1	7	4	10
Keine Angabe	-	1	1	-
Organisation ohne Erwerbscharakter	-	5	6	3
Staat	1	-	-	-

Quelle: Erstbefragung der Betriebe, DIW 1994, 1997.

Tabelle 3.3/4

Betriebsgröße und Frauenanteil

Beschäftigten-größenklasse	Altes Modellprogramm			Modifiziertes Modellprogramm					
	Struktur de Betriebe	Durchschnittliche(r) Betriebs-größe 1)	Durchschnittliche(r) Frauen-anteil	truktur der Betrieb in vH		Durchschnittliche(r) Betriebsgröße 1)		Durchschnittliche(r) Frauenanteil in vH	
	in vH		in vH	West	Ost	West	Ost	West	Ost
Unter 10	48	4	78	61	69	4	4	68	71
10 bis unter 20	16	14	42	19	17	13	13	64	42
20 bis unter 50	21	30	41	8	11	30	31	59	47
50 bis unter 100	4	66	52	6	2	69	69	35	74
100 bis unter 500	6	221	42	6	1	252	140	46	29
500 und mehr	3	2 372	37	1	-	811	-	68	-
Keine Angabe	2	-	-	-	-	-	-	-	-
Insgesamt	100	89	39	100	100	31	11	53	54

1) Zahl der Beschäftigten.
Quellen: Erstbefragung der Betriebe, DIW 1994, 1997.

Im modifizierten Modellprogramm sind Kleinbetriebe und Selbständige noch häufiger: In Westdeutschland hatten rund 60 vH, in Ostdeutschland 70 vH weniger als 10 Beschäftigte. Betrachtet man die durchschnittliche Betriebsgröße, dann werden die Unterschiede noch deutlicher. Die ostdeutschen Arbeitgeber beschäftigen im Durchschnitt 11 Arbeitskräfte, die westdeutschen Arbeitgeber (des modifizierten Modellprogramms) mit 31 fast dreimal soviel. Im alten Modellprogramm lag die durchschnittliche Betriebsgröße bei 89 Beschäftigten. Dies beruht jedoch auf einigen Betrieben mit sehr hoher Beschäftigtenzahl.

Der Anteil der Frauen an den Beschäftigten ist mit über 50 vH bei den Betrieben im modifizierten Modellprogramm wesentlich höher als im alten Modellprogramm (39 vH). Dies liegt u.a. daran, daß sich verstärkt Kleinstbetriebe mit einem hohen Frauenanteil beteiligten, aber auch daran, daß der Frauenanteil in den Großbetrieben ebenfalls deutlich über demjenigen im alten Modellprogramm lag. Auch die etwas andere Branchenstruktur dürfte dazu beigetragen haben.

Einstellungen werden dann vorgenommen, wenn das Unternehmen expandiert oder durch Fluktuation Stellen frei werden. Es war daher zu vermuten, daß die Beschäftigungschancen von Berufsrückkehrerinnen in expandierenden Unternehmen höher sind. Von den am alten Modellprogramm beteiligten Unternehmen hatte gut ein Drittel in den letzten Jahren vor der Einstellung einer Berufsrückkehrerin die Beschäftigtenzahl erhöht, ein weiteres Drittel weist eine konstante Mitarbeiterzahl auf (Tabelle 3.3/5). Der Anteil der expandierenden Betriebe ist im modifizierten Modellprogramm mit 50 vH höher als in alten Modellprogramm. Dies ist nicht allein auf die Beteiligung im Aufbau befindlicher ostdeutscher Betriebe zurückzuführen, sondern ist auch in Westdeutschland zu beobachten, wo es in einigen Branchen erhebliche Beschäftigungserhöhungen gab.

Da in der Gesamtwirtschaft von der Beschäftigungsdynamik in Westdeutschland Frauen besonders profitieren konnten, ist zu fragen, ob die am Modellprogramm beteiligten Unternehmen, die ihre Beschäftigtenzahl in den letzen Jahren ausgeweitet haben, auch eine Erhöhung des Frauenanteils aufweisen. Die Ergebnisse bestätigen den gesamtwirtschaftlich in Westdeutschland beobachteten Trend: Die Beschäftigungsexpansion ging in der weit überwiegenden Zahl der Fälle mit einer Steigerung des Frauenanteils an den Beschäftigten einher, und zwar sowohl in West- als auch in Ostdeutschland. Die Frauen profitierten in diesen Betrieben somit überproportional vom Beschäftigungsanstieg.

Tabelle 3.3/5

Beschäftigungsdynamik

- Zahl der Betriebe -

Veränderung des Frauenanteils	Beschäftigungsentwicklung in den letzten 5 Jahren 1)				
	Konstant	Steigend	Sinkend	Keine Angabe	Insgesamt
	Altes Modellprogramm				
Konstant	36	1	-	9	46
Höher	16	50	24	6	96
Geringer	2	7	3	-	12
Keine Angabe	-	-	-	-	-
Insgesamt	54	58	27	15	154
	Modifiziertes Modellprogramm - Bundesgebiet				
Konstant	26	3	-	-	29
Höher	54	123	34	5	216
Geringer	4	13	8	1	26
Keine Angabe	-	-	-	7	7
Insgesamt	84	139	42	13	278
	Modifiziertes Modellprogramm - Westdeutschland				
Konstant	14	2	-	-	16
Höher	22	57	20	3	102
Geringer	3	9	6	1	19
Keine Angabe	-	-	-	4	4
Insgesamt	39	68	26	8	141
	Modifiziertes Modellprogramm - Ostdeutschland				
Konstant	12	1	-	-	13
Höher	32	66	14	2	114
Geringer	1	4	2	-	7
Keine Angabe	-	-	-	3	3
Insgesamt	45	71	16	5	137

1) Bzw. seit der Neugründung.
Quellen: Erstbefragung der Betriebe, DIW 1994, 1997.

Der hohe Anteil von Betrieben mit einer geringen Beschäftigtenzahl läßt vermuten, daß ein Teil der Betriebe sich in der Aufbauphase befindet. Die Zahl der neugegründeten Betriebe ist mit einem Drittel im alten Modellprogramm und rund 40 vH im modifizierten Modellprogramm auch erwartungsgemäß hoch. Am höchsten ist der Anteil mit knapp 60 vH in Ostdeutschland. Die weit überwiegende Zahl der neugegründeten Betriebe war zum Beteiligungszeitpunkt nicht älter als drei Jahre (Tabelle 3.3/6). Dies ist ein Indiz für die These, daß die kleinen, neugegründeten Betriebe eine hohe Beschäftigungsdynamik aufweisen. Hinzu kommt, daß gerade neugegründeten Betrieben durch die Lohnkostenzuschüsse die Einstellung von Mitarbeitern erleichtert wird.

Zu dem Bild der expandierenden, "jungen" Betriebe paßt auch, daß 85 vH im alten und rund drei Viertel im modifizierten Modellprogramm in den drei Jahren vor der Beteiligung konkreten Personalbedarf hatten (Tabelle 3.3/7). Während die Betriebe des alten Modellprogramms, die Neueinstellungen planten, noch in der Hälfte der Fälle Schwierigkeiten hatten, ihren Personalbedarf zu decken, gab dies nur jeder dritte Betrieb des modifizierten Modellprogramms an. Darin spiegelt sich die im Laufe des Modellprogramms veränderte Lage auf dem Arbeitsmarkt auch für qualifizierte Fachkräfte wider.

Knapp 3 vH der Beschäftigten in den beteiligten Betrieben des alten Modellprogramms übten eine leitende Tätigkeit aus. Während der Frauenanteil an den Beschäftigten insgesamt rund 40 vH beträgt, sind von den leitenden Angestellten nur 17 vH Frauen (Tabelle 3.3/8). Dennoch liegt dieser Wert deutlich über dem Bundesdurchschnitt. Der Anteil weiblicher Führungskräfte betrug 1988 auf der Top-Management-Ebene ca. 6 vH, auf der "zweiten" Führungsebene knapp 8 vH[34].

Die Konzeption eines Einarbeitungsplans und die Einarbeitung einer Berufsrückkehrerin dürfte den Betrieben leichter fallen, die bereits Erfahrungen im Bereich der Ausbildung gesammelt haben. Von den beteiligten Betrieben hat gut ein Drittel bislang keine Lehrlinge ausgebildet, rund zwei Drittel haben Auszubildende beschäftigt. Ein Drittel der Betriebe hat Lehrlinge im kaufmännischen Bereich ausgebildet, ein Fünftel im gewerblich-technischen Bereich. Bei den sonstigen Ausbildungen handelt es sich zumeist um die Ausbildung zur (Zahn-)Arzthelferin.

---

[34] Vgl. Monika Maria Lehmann und Ulrike Nieter: Frauen-Vision einer neuen Unternehmenskultur. In: Personalwirtschaft 11/1990, S. 18 ff.

Tabelle 3.3/6

Zahl der neugegründeten Betriebe

Zeitspanne zwischen Neugründung und Beteiligung	Altes Modellprogramm		Modifiziertes Modellprogramm					
			Bundesgebiet		Westdeutschland		Ostdeutschland	
	Insgesamt	Struktur in vH	Insgesamt	Struktur in vH	Insgesamt	Struktur in vH	Insgesamt	Struktur in vH
Im gleichen Jahr	6	12	21	19	8	25	13	17
1 Jahr	10	20	32	29	8	25	24	31
2 Jahre	5	10	19	17	8	25	11	14
3 Jahre	10	20	25	23	5	16	20	26
4 Jahre	4	8	13	12	3	9	10	13
5 Jahre und länger	11	22	-	-	-	-	-	-
Keine Angabe	4	8	-	-	-	-	-	-
Neugründungen insgesam	50	100	110	100	32	100	78	100
Nachrichtlich:								
Betriebe insgesamt	154		278		141		137	

Quellen: Erstbefragung der Betriebe, DIW 1994, 1997.

Tabelle 3.3/7

Personalmangel

Hatten Sie in den letzten drei Jahren Schwierigkeiten, Ihre Personalbedarf zu decken?	Altes Modellprogram		Modifiziertes Modellprogramm					
			Bundesgebiet		Westdeutschland		Ostdeutschland	
	Zahl der Nennunge	Struktur in vH	Zahl der Nennunge	Struktur in vH	Zahl der Nennunge	Struktur in vH	Zahl der Nennunge	Struktur in vH
Kein Personalbedarf	23	15	71	26	32	23	39	28
Keine Probleme, Personal zu finden	64	42	129	46	62	44	67	49
Schwierigkeiten, Personal zu finden	65	42	73	26	43	30	30	22
und zwar 1) :								
- Auszubildende	6	4	-	-	-	-	-	-
- Facharbeiter /-in	14	9	37	13	16	11	21	15
- Verkäufer /-in	9	6	-	-	-	-	-	-
- Büro	12	8	5	2	5	4	-	-
- Arzthelferin	7	5	9	3	7	5	2	1
- Steuerfachgehilfe /-in	9	6	8	3	7	5	1	1
- Leitung	4	3	2	1	1	1	1	1
- Sonstige	9	6	10	4	6	4	4	3
Keine Angabe	2	1	1	-	1	1	-	-
Trifft nicht zu (Neugründung)	-	-	4	1	3	2	1	1
Insgesamt	154	100	278	100	141	100	137	100

1) Mehrfachnennungen möglich.
Quellen: Erstbefragung der Betriebe, DIW 1994, 1997.

Tabelle 3.3/8

Leitende Angestellte und Auszubildende

	Altes Modell-programm	Modifiziertes Modellprogramm		
		Bundes-gebiet	West	Ost
Insgesamt	154	278	141	137
Betriebe ohne leitende Angestellte	35	69	36	33
Betriebe mit leitenden Angestellten	113	198	100	98
Keine Angabe	6	5	3	2
Leitende Angestellte	358	604	426	178
darunter: Frauen	62	269	186	83
Keine Angabe	-	6	2	4
Frauenanteil in vH	17	45	44	47
Bildet Ihr Betrieb Auszubildende aus?				
Nein	58	151	61	90
Ja, im kaufmännischen Bereich	38	39	30	9
Ja, im gewerblichen Bereich	16	26	8	18
Ja, in beiden Bereichen	19	11	10	1
Ja, in sonstigen Bereichen	23	42	26	16
Keine Angabe	-	9	6	3
Insgesamt	154	278	141	137

Quellen: Erstbefragung der Betriebe, DIW 1994, 1997.

Lediglich etwa drei von zehn Betrieben haben vor der Teilnahme am modifizierten Modellprogramm Erfahrungen mit der beruflichen Wiedereingliederung von Frauen gemacht, die zuvor mindestens zwei Jahre nicht sozialversicherungspflichtig beschäftigt waren (Tabelle 3.3/9). Dies könnte sich jedoch in nächster Zeit ändern, vor allem wegen des Anstiegs der Zahl Langzeitarbeitsloser in Ostdeutschland. Quantitativ von untergeordneter Bedeutung dürfte auf absehbare Zeit in diesen Regionen Deutschlands der Anstieg der Zahl der Frauen sein, die nach einer längeren familienbedingten Erwerbsunterbrechung den Wiedereinstieg suchen. Im alten Modellprogramm lag der Anteil der Betriebe mit Erfahrungen in bezug auf die berufliche Wiedereingliederung mit rund 40 vH etwas unter dem der westdeutschen Betriebe im modifizierten Modellprogramm.

Tabelle 3.3/9

Erfahrungen mit Berufsrückkehrerinnen und Frauenförderung

- in vH -

	Altes Modell-programm	Modifiziertes Modellprogramm		
		Bundes-gebiet	West	Ost
Haben Sie in Ihrem Betrieb frühere Erfahrungen mit "Berufsrückkehrerinnen" gemacht?				
Nein	59	69	56	82
Ja	40	30	43	17
Trifft nicht zu	-	1	1	1
Keine Angabe	1	-	1	-
Gibt es in Ihrem Betrieb einen Frauenförderplan oder eine Frauenbeauftragte?				
Nein, keines von beiden	88	99	99	99
Ja, Frauenförderplan	1	-	-	1
Ja, Frauenbeauftragte	1	-	-	-
Ja, beides	-	-	-	-
Keine Angabe	10	1	1	-
Wie wird in Ihrem Betrieb/Unternehmen die Vereinbarkeit von Familie und Beruf gefördert? 1)				
Es gibt einen betriebseigenen Kindergarten bzw. Belegungsrechte in anderen Kindergärten	-	-	-	-
Durch flexible Arbeitszeitgestaltung durch die Fra	60	55	54	56
Durch Teilzeitarbeitsmöglichkeiten	71	53	74	32
Auf sonstige Art	5	15	13	18
Keine Angabe	3	6	4	8

1) Mehrfachnennungen.
Quellen: Erstbefragung der Betriebe, DIW 1994, 1997.

Da sich zumeist Selbständige und Kleinbetriebe am Modellprogramm beteiligten, ist erwartungsgemäß die Zahl von teilnehmenden Betrieben mit Frauenförderplänen oder Frauenbeauftragten klein. So hatte von den teilnehmenden Betrieben lediglich einer in Ostdeutschland einen Frauenförderplan. Bereits im alten Modellprogramm, wo die durchschnittliche Betriebsgröße noch deutlich über derjenigen im modifizierten Modellprogramm lag, hatten lediglich ein Betrieb einen Frauenförderplan und zwei eine Frauenbeauftragte.

Zusammenfassend bleibt festzustellen, daß sich am Modellprogramm vornehmlich kleine und "junge" Betriebe aus den Branchen beteiligten, die traditionell einen hohen Frauenanteil an den Beschäftigten aufwiesen. Ein relativ hoher Anteil dieser Unternehmen konnte in den Jahren vor der Teilnahme am Modellprogramm die Beschäftigtenzahlen steigern, wobei die Frauen überproportional von dieser Expansion profitierten. Der überwiegende Teil der Betriebe hatte in den Jahren vor der Beteiligung konkreten Personalbedarf, aber lediglich rund ein Drittel Erfahrungen mit der Wiedereingliederung von Frauen.

3.3.2 Kenntnis vom Modellprogramm und Gründe für die Teilnahme

Obwohl der Bekanntheitsgrad des Modellprogramms insbesondere in der Anfangsphase allgemein eher gering war, hatten die Betriebe, die sich beteiligten, doch über vielfältige Wege vom Modellprogramm Kenntnis erhalten. Im alten Modellprogramm hatte etwa jeder dritte Betrieb durch die Medien, also Zeitung, Presse, Radio, Fernsehen von diesem Modellprogramm erfahren, weitere 8 vH durch das Arbeitsamt. Jeder achte Betrieb wurde über die Kammern oder Verbände informiert; ebenso viele Betriebe wurden durch die Bewerberinnen auf das Modellprogramm aufmerksam gemacht[35].

Die Information der Frauen, die einen Wiedereinstieg in das Erwerbsleben planten, schien somit eine nicht unwesentliche Rolle zu spielen. Im Rahmen der Informationsaktion für das modifizierte Modellprogramm wurden deshalb gezielt Frauenzeitschriften, Tageszeitungen, die spezielle Rubriken für Frauen haben, Frauenverbände, -vereine und -gruppen sowie Frauenbeauftragte der Kommunen angeschrieben und es wurde jeweils auf die Zielgruppe ausgerichtetes Informationsmaterial zur Verfügung gestellt. Auf den Erfolg der stärkeren Berücksichtigung dieses Informationsweges könnte hindeuten, daß fast jeder

---

[35] Im alten Modellprogramm gab es neben den sich direkt am Modellprogramm beteiligenden Betrieben Arbeitgeber, die sich durch die Initiative eines Modellträgers, der zumeist die Koordination von Betrieben und Frauen, manchmal auch die Durchführung von externen Qualifizierungsmaßnahmen zur Aufgabe hatte, am Modellprogramm beteiligten. Deshalb gaben im alten Modellprogramm 16 vH der Arbeitgeber an, durch einen Modellträger vom Modellprogramm erfahren zu haben. Im modifizierten Modellprogramm waren keine Modellträger mehr beteiligt worden.

zweite Arbeitgeber durch die Information der neuen Mitarbeiterin auf das modifizierte Modellprogramm aufmerksam gemacht wurde. Mit rund 54 vH war dies in Westdeutschland häufiger der Fall als in Ostdeutschland mit 37 vH (Abbildung 3.3/1).

Wesentlich häufiger als im alten Modellprogramm wurde auch die Kenntnisnahme durch Informationen des Arbeitsamtes genannt (8 vH im alten Modellprogramm, 18 vH im modifizierten Modellprogramm). Die Unterschiede zwischen Ost- und Westdeutschland sind auch hier wesentlich (14 vH in Westdeutschland, 23 vH in Ostdeutschland). Dies könnte darauf zurückgeführt werden, daß die Arbeitsämter nicht nur vom BMFSFJ informiert wurden, sondern auch vom DIW. Die Arbeitsämter wurden zweimal mit einem zeitlichen Abstand von einem halben Jahr angeschrieben und auf das Modellprogramm aufmerksam gemacht. Einigen Arbeitsämtern wurde darüber hinaus weiteres Informationsmaterial zugesandt.

Dennoch gab es immer wieder Klagen darüber, daß man von dem Modellprogramm nur zufällig erfahren hätte und daß das Modellprogramm einer breiteren Öffentlichkeit hätte bekanntgemacht werden müssen. Darin zeigt sich, daß eine einmalige Informationsaktion lediglich eine zeitlich begrenzte Wirkung hat.

Daß rund die Hälfte der Arbeitgeber des modifizierten Modellprogramms durch ihre neue Mitarbeiterin auf das Modellprogramm aufmerksam geworden ist, weist bereits darauf hin, daß auch die Initiative zur Teilnahme am Modellprogramm häufig von der Berufsrückkehrerin ausgegangen war. Von den einbezogenen Arbeitgebern gaben 45 vH an, daß die Initiative von der neuen Mitarbeiterin ausging (Abbildung 3.3/2). Weitere 6 vH der Arbeitgeber gaben an, daß die Initiative sowohl von der Frau als auch von ihnen ausging. Auch hier wird den Berufsrückkehrerinnen in Westdeutschland eine aktivere Rolle zugeschrieben als in Ostdeutschland: Zwei von drei Arbeitgebern in Westdeutschland haben auf Initiative der Frauen am Modellprogramm teilgenommen, in Ostdeutschland waren es rund ein Drittel. Im alten Modellprogramm gab lediglich jeder fünfte Arbeitgeber an, daß die Initiative zur Teilnahme von der Berufsrückkehrerin ausging.

Abbildung 3.3/1

Kenntnis der Betriebe vom Modellprogramm

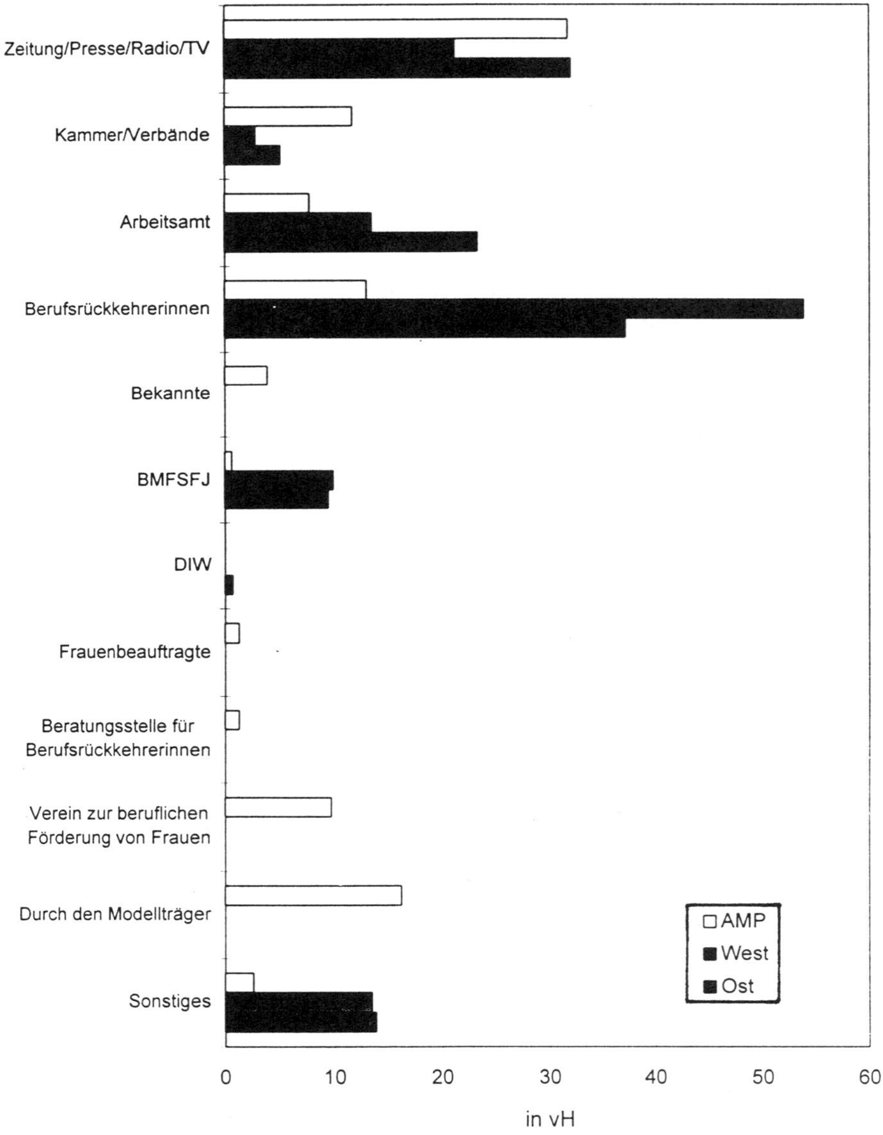

DIW 1994, 1997

Abbildung 3.3/2 **Initiative zur Teilnahme am Modellprogramm**

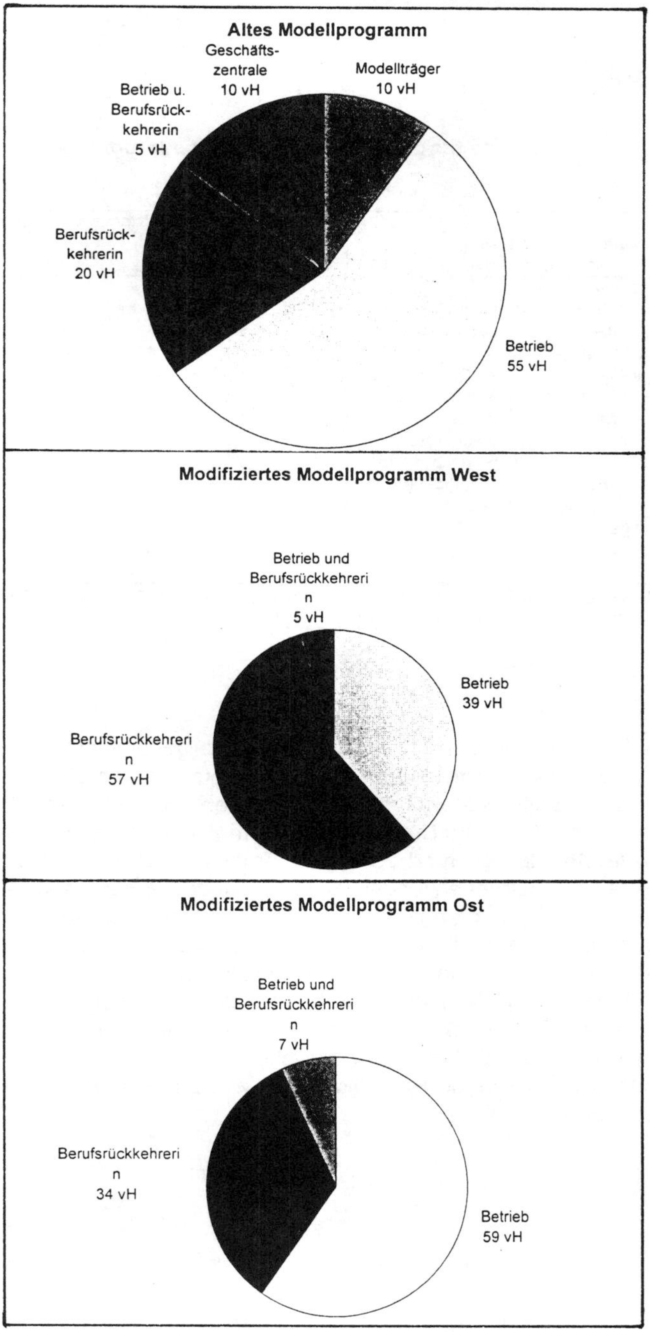

Tab 3.3/10

Gründe für die Teilnahme am Modellprogramm

- in vH 1) -

Warum nehmen Sie an diesem Modellprogramm teil?	Altes Modell-programm 2)	Modifiziertes Modellprogramm		
		Bundes-gebiet	West	Ost
Chance für Berufsrückkehrerin	30	17	16	19
Finanzielle Gründe	25	35	34	35
Personalmangel	14	1	-	1
Möglichkeit zur besseren Qualifikation	3	4	6	2
Gute Erfahrungen mit Berufsrückkehreri	6	-	-	-
Modellprogramm hat sich bewährt	4	-	-	-
Chance durch finanz. Unterstützung	-	17	15	18
Frauenförderung in Führungsposition	10	-	-	-
Längere/bessere Einarbeitung möglich	-	6	6	6
Ältere sind bessere Arbeitnehmer	-	3	3	2
Sonstige	7	9	12	5
Keine Angabe	8	9	7	11

1) Nennungen bezogen auf die Zahl der Einarbeitungsmaßnahmen.- 2) Mehrfachnennungen.
Quellen: Erstbefragung der Betriebe, DIW 1994, 1997.

Auf die Frage, warum sie am Modellprogramm teilgenommen hatten, gaben die Arbeitgeber des modifizierten Modellprogramms am häufigsten finanzielle Gründe an (35 vH), gefolgt von dem Argument, daß die Frau eine Chance erhalten sollte (17 vH) (Tabelle 3.3/10). Im alten Modellprogramm wurden finanzielle Gründe von rund 25 vH der Arbeitgeber genannt, fast doppelt so häufig wie im modifizierten Modellprogramm wurde die Begründung "Chance für die Berufsrückkehrerin" angegeben. Während Personalmangel im alten Modellprogramm an dritter Stelle als Grund für die Teilnahme genannt wurde, spielte dieses Argument im modifizierten Modellprogramm fast keine Rolle mehr (1 vH). Eine geringe Bedeutung wurde von den Arbeitgebern der Möglichkeit einer besseren Qualifizierung beigemessen. Insgesamt gibt es bei dieser Frage keine wesentlichen Unterschiede zwischen den Arbeitgebern in West- und Ostdeutschland, denn die Rangfolge und die Bedeutung der Gründe entsprechen sich etwa.

Tabelle 3.3/10a

Gründe für die Einstellung einer Berufsrückkehrerin

Warum haben Sie sich für die Einstellung einer Berufsrückkehrerin entschieden?	Altes Modellprogramm		Modifiziertes Modellprogramm: Bundesgebiet		Modifiziertes Modellprogramm: Westdeutschland		Modifiziertes Modellprogramm: Ostdeutschland	
	Frühere Erfahrungen mit Berufsrückkehrerin							
	ja	nein	ja	nein	ja	nein	ja	nein
Chance für Berufsrückkehrerin	4	13	7	18	6	6	1	12
Persönliche Eignung	12	2	4	8	3	3	1	5
Qualifikation	1	4	2	13	1	3	1	10
Persönlicher Eindruck	3	3	4	9	3	7	1	2
Mehr soziale Kompetenz	9	10	19	30	11	11	8	19
Finanzielle Unterstützung durch das Modellprogram	3	4	3	14	1	5	2	9
Motivation	16	7	12	22	11	8	1	14
Berufsrückkehrerin war persönlich bekannt	7	5	7	17	6	7	1	10
Personalmangel	7	5	2	1	1	-	1	1
Persönliche Eignung und finanzielle Unterstützung	-	2	1	2	1	2	-	-
Initiative der Berufsrückkehrerin	3	3	2	7	1	4	1	3
Keine besonderen Gründe - Zufall	1	2	3	5	2	3	1	2
Sonstiges	14	16	10	10	9	6	1	4
Keine Angabe	6	30	8	28	2	11	6	17

Quellen: Erst- und Zweitbefragung der Betriebe, DIW 1994, 1997.

3.3.3 Auswahl der Frauen und Rekrutierungswege

Bei Einstellungen neuer Mitarbeiter und Mitarbeiterinnen sind die formale Qualifikation und der persönliche Eindruck entscheidende Beurteilungskriterien. Ist zu erwarten, daß neue Mitarbeiter/innen erst eingearbeitet werden müssen, kommt oftmals das Alter als Einstellungskriterium hinzu, da sich der Betrieb bei einem jüngeren Arbeitnehmer vermutlich über längere Zeit Erträge aus der Einarbeitung erwartet. Auch bei der Auswahl der Wiedereinsteigerinnen war nach Angaben der Arbeitgeber die Qualifikation ausschlaggebend für die Einstellung, in Westdeutschland nahezu ebenso oft wie in Ostdeutschland (Tabelle 3.3/11). Dieses Kriterium wurde im modifizierten Modellprogramm mit 37 vH häufiger genannt als im alten Modellprogramm (30 vH). Daneben spielte der persönliche Eindruck sowie die Motivation der neuen Mitarbeiterin eine erhebliche Rolle. Im modifizierten Modellprogramm wurde dieses Auswahlkriterium in Westdeutschland am zweithäufigsten genannt (17 vH), in Ostdeutschland stand es an dritter Stelle. Im alten Modellprogramm wurde diesem Kriterium die gleiche Bedeutung beigemessen wie dem Alter. Die Arbeitgeber des alten Modellprogramms waren an der Einarbeitung von Berufsrückkehrerinnen interessiert, die eine möglichst kurze Familienpause hatten und damit vergleichsweise jung waren. Im Rahmen des modifizierten Modellprogramms konnten Frauen nur dann gefördert werden, wenn diese neben den anderen Voraussetzungen mindestens das 40. Lebensjahr vollendet hatten. Damit sollten die Wiederbeschäftigungschancen solcher Frauen im Vergleich zu den jüngeren Bewerberinnen erhöht werden. In Ostdeutschland wurde als Auswahlkriterium das Alter am zweithäufigsten genannt. Angesichts der hohen Arbeitslosigkeit auch unter den jüngeren Frauen in Ostdeutschland bewerben sich auf eine offene Stelle oft viele Frauen. Die Fördervoraussetzungen greifen hier als Selektionskriterium besonders. Aber auch in Westdeutschland stand dieses Auswahlkriterium an dritter Stelle. Dennoch wurde unter den förderfähigen Frauen auch hier den "Jüngeren" der Vorzug gegeben. Rund die Hälfte der Frauen war im Alter von 40 bis unter 45 Jahren (vgl. Tabelle 3.2/1).

Tabelle 3.3/11

Auswahlkriterien

- in vH 1) -

Kriterien für die Auswahl der Frauen	Altes Modell-programm	Modifiziertes Modellprogramm		
		Bundes-gebiet	West	Ost
Alter	17	16	13	19
Qualifikation	30	37	38	36
Dauer der früheren Berufserfahrung	15	10	9	12
Frühere Beschäftigung in diesem Betrieb	10	7	10	4
Dauer der Berufspause	3	3	1	4
Sonstiges	26	27	30	24
darunter:				
Interesse	-	2	2	2
Motivation der Berufsrückkehrerin	6	7	9	6
Persönlicher Eindruck	10	8	8	7
Nähe zum Betrieb	2	-	1	-
Chance geben	-	-	1	-
Empfehlung	-	1	1	1
Frühere Berufserfahrung/Qualifikation	-	2	2	3
Sonstiges	8	6	6	6

1) Mehrfachnennungen möglich.
Quellen: Erstbefragung der Betriebe, DIW 1994, 1997.

Planen Betriebe Einstellungen, dann erfolgt die Suche neuer Mitarbeiter/innen zumeist über Anzeigen, Anfragen beim Arbeitsamt und - häufiger in Klein- als in Großbetrieben - über Empfehlungen anderer oder von Betriebsangehörigen. Die Rekrutierungswege im Modellprogramm unterscheiden sich jedoch deutlich von diesem allgemeinen Schema. Häufig bewarben sich die Wiedereinsteigerinnen direkt beim Betrieb. Vermutlich oftmals mit dem Hinweis auf die Fördermöglichkeiten im Rahmen des Modellprogramms. Im modifizierten Modellprogram wurde die neue Mitarbeiterin in fast der Hälfte der Fälle auf diesem Wege gewonnen. Im alten Modellprogramm waren es immerhin 11 vH.

Daneben spielen die Stellenanzeige in der Zeitung und die Vermittlung über das Arbeitsamt eine bedeutende Rolle bei der Rekrutierung der neuen Mitarbeiterinnen (Tabelle 3.3/12). In Ostdeutschland war die Vermittlung über das Arbeitsamt wesentlich häufiger als in Westdeutschland. Dies hängt auch damit zusammen, daß am Modellprogramm in Westdeutschland eher Frauen teilnahmen, die nach einer Familienphase wieder in die Erwerbstätigkeit zurückkehren wollten, während in Ostdeutschland zumeist länger arbeitslos gemeldete Frauen teilnahmen. "Familienfrauen" wenden sich jedoch häufig nicht an das Arbeitsamt, wenn sie den Wiedereinstieg planen. Im Vergleich zum alten Modellprogramm wird dies noch deutlicher. Hier hatten die Arbeitgeber lediglich in 6 vH der Fälle die Berufsrückkehrerinnen über das Arbeitsamt gewonnen.

Bei etwa jeder dritten Einstellung gab es mehrere Bewerberinnen. In 60 vH dieser Fälle gab es neben der eingestellten neuen Mitarbeiterin bis zu 4 weitere Bewerberinnen. Nur in wenigen Fällen gab es mehr als 10 weitere Bewerberinnen (Tabelle 3.3/13). Während es insgesamt kaum Unterschiede zwischen dem ursprünglichen Modellprogramm und dem Folgemodell gibt, sind die Unterschiede zwischen West- und Ostdeutschland merklich. In Ostdeutschland gab es in rund 37 vH der Fälle mehr Bewerberinnen als Stellen, in Westdeutschland in drei von zehn Fällen. Ebenso lag die Anzahl der Bewerberinnen in Ostdeutschland im Durchschnitt über derjenigen in Westdeutschland. Hierin spiegelt sich die höhere Arbeitslosigkeit in Ostdeutschland wider.

Als Grund dafür, daß keine weiteren Einstellungen erfolgten, wurde am häufigsten genannt, daß kein weiterer Personalbedarf bestand, gefolgt von der mangelnden Qualifikation und Motivation der Bewerberinnen.

Tabelle 3.3/12

Rekrutierungswege

- in vH 1) -

Wie wurden diese Frauen gewonnen?	Altes Modell-programm	Modifiziertes Modellprogramm		
		Bundes-gebiet	West	Ost
Arbeitsamt	6	13	8	18
Beratungsstelle	2	1	2	-
Betriebsangehörige	9	8	6	9
Zeitungsanzeige	37	17	25	9
Eigeninitiative der Frau	11	44	42	45
Auf anderem Wege	35	18	17	18

1) Mehrfachnennungen möglich.
Quellen: Erstbefragung der Betriebe, DIW 1994, 1997.

Tabelle 3.3/13

Nicht berücksichtigte Bewerbungen

- in vH -

	Altes Modell-programm	Modifiziertes Modellprogramm		
		Bundes-gebiet	West	Ost
Gab es Bewerbungen, von Frauen, die nicht berücksichtigt werden konnten?				
Nein	62	66	70	62
Ja	36	34	30	37
Keine Angabe	2	1	1	1
Wenn ja, wieviele Frauen waren dies?				
1 Frau	5	6	5	8
2 Frauen	24	30	21	38
3 bzw. 4 Frauen	20	19	23	15
5 bis 9 Frauen	15	22	19	25
10 und mehr Frauen	15	17	23	11
Keine Angabe	22	6	9	4
Was waren die Gründe dafür?				
Nur eine Stelle frei bzw. kein weiterer Bedarf	35	29	19	38
Mangelnde Qualifikation bzw. Motivation	22	27	28	26
Persönlicher Eindruck	5	6	9	4
Sonstiges	24	25	26	25
Keine Angabe	15	13	19	8

Quellen: Erstbefragung der Betriebe, DIW 1994, 1997.

4 Vorgesehene Einarbeitungsmaßnahmen

In die folgenden Analysen werden alle 292 Einarbeitungsmaßnahmen für Berufsrückkehrerinnen einbezogen, die im Rahmen des modifizierten Modellprogramms gefördert und spätestens am 30.06.1996 begonnen wurden. Zum Vergleich werden - wo dies möglich ist - die 192 geförderten Maßnahmen des alten Modellprogramms herangezogen. Datenbasis hierfür sind die Maßnahmedateien, die überwiegend durch die Auswertung der Antragsunterlagen gewonnen wurden. Zur Klärung offener Fragen zu Beginn der Einarbeitungsmaßnahmen dienten Telefoninterviews mit allen beteiligten Arbeitgebern, die bei Bedarf durch weitere telefonische Leitfadengespräche ergänzt wurden. Verbleibende Unklarheiten ließen sich z.T. durch Angaben der Berufsrückkehrerinnen in Fragebogen und Gesprächen ausräumen.

4.1 Dauer der Förderung und wöchentliche Arbeitszeit

Das modifizierte Modellprogramm ermöglichte die Förderung von Einarbeitungsmaßnahmen mit einer Dauer von mindestens zwei Monaten. Die maximale Förderung sollte bei Vollzeitbeschäftigung sechs Monate betragen. Unter besonderen Bedingungen, z.B. bei Einarbeitung in leitende Tätigkeiten sowie in begründeten Ausnahmefällen, war eine Förderdauer von 12 Monaten möglich; ebenso konnte bei Teilzeitarbeit die Einarbeitungszeit verlängert werden. Ähnliche Bedingungen galten auch im alten Modellprogramm.

Bei 42 vH der Einarbeitungsmaßnahmen im modifizierten Modellprogramm wurden über sechs Monate hinausgehende Einarbeitungszeiten anerkannt, bei einem Sechstel lag die Förderdauer unter sechs Monaten (vgl. Tabelle 4.1/1). Die Förderdauer streut damit im modifizierten Modellprogramm stärker als im alten Modellprogramm, in dem lediglich ein sehr kleiner Anteil der Einarbeitungsmaßnahmen nur drei oder vier Monate gefördert wurde. Die durchschnittliche Förderdauer ist mit 7,0 bzw. 7,1 Monaten fast gleich geblieben.

Tabelle 4.1/1
Einarbeitungsmaßnahmen nach Förderdauer
(Struktur in vH)

	Altes Modellprogramm	Modifiziertes Modellprogramm		
		Bundesgebiet	West	Ost
Förderdauer in Monaten				
2	-	1	-	1
3	2	2	2	2
4	1	8	6	9
5	-	5	3	7
6	75	43	35	51
7	1	4	4	4
8	1	9	10	7
9	3	12	17	7
10	3	8	11	5
11	1	1	1	1
12	14	8	11	5
Insgesamt	100	100	100	100
nachrichtlich: Durchschnittliche Förderdauer in Monaten	7,0	7,1	7,7	6,5
Zahl der Maßnahmen	192	292	144	148

Quellen: Maßnahmedatei, DIW 1994, 1997.

Zwischen den neuen und den alten Bundesländern gibt es deutliche Unterschiede der Förderdauer: In Westdeutschland wurde der Einarbeitungszuschuß in gut der Hälfte der Fälle länger als sechs Monate gewährt, in Ostdeutschland bei gut einem Viertel[36].

Zunächst soll untersucht werden, ob diese Unterschiede mit dem unterschiedlichen Gewicht von Voll- und Teilzeitmaßnahmen zusammenhängen.

[36] Die Zuordnung zu West- bzw. Ostdeutschland erfolgte nach dem Ort, an dem die geförderte Einarbeitungsmaßnahme durchgeführt wurde. In seltenen Fällen ist dies nicht identisch mit dem Ort des Hauptsitzes des Unternehmens oder (bei Ost-West-Pendlerinnen) mit dem Wohnort der geförderten Frau.

Das Erwerbsverhalten der Frauen in den neuen Ländern unterscheidet sich fundamental von dem der Frauen in den alten Ländern: In Ostdeutschland stimmt die Erwerbsquote der Frauen unter 55 Jahren praktisch mit jener der Männer überein, während sie im Westen wesentlich niedriger liegt[37]. In Westdeutschland gibt es - insbesondere bei Müttern - starkes Interesse an einer Teilzeitbeschäftigung, während in den neuen Ländern ununterbrochene Vollzeiterwerbstätigkeit auch der Mütter den bisherigen Lebensentwürfen entspricht und das Interesse an einer Teilzeitbeschäftigung wesentlich geringer ausgeprägt ist. Entsprechend groß sind die Unterschiede im Anteil der Teilzeitbeschäftigten an den abhängig beschäftigten Frauen in den beiden Gebieten: ein Fünftel in Ostdeutschland, mehr als ein Drittel in Westdeutschland. Hinzu kommt, daß ein Drittel der teilzeitbeschäftigten Frauen in den neuen Ländern unfreiwillig weniger als die volle Wochenstundenzahl arbeitet, weil eine volle Stelle nicht zu finden war. Die Erwerbsorientierung und Erwerbsbeteiligung der Frauen in Ostdeutschland dürfte auch in längerer Perspektive erheblich höher sein als jene der Frauen in Westdeutschland[38].

Zielsetzung des Modellprogramms war es auch, die Rahmenbedingungen für die Vereinbarkeit von Familie und Beruf günstig zu gestalten. Insbesondere für Frauen in den alten Bundesländern ist Teilzeitbeschäftigung eine häufig angestrebte Möglichkeit, Familien- und Erwerbsarbeit zu vereinbaren, und im modifizierten Modellprogramm wurde die Einarbeitung in Teilzeitbeschäftigung (durch die Gewährung eines Sockelbetrages) besonders gefördert. Die Inanspruchnahme dieser Möglichkeit war in den beiden Gebieten sehr unterschiedlich (vgl. Tabelle 4.1/2).

---

[37] Vgl. Carsten Cornelsen: Erste Ergebnisse des Mikrozensus April 1994. In: Wirtschaft und Statistik 4/1995, S. 279 ff.

[38] Vgl. Friederike Behringer: Arbeitsmarktsituation von Frauen in den neuen Bundesländern: Erwerbsverhalten, frauenspezifische Beschäftigungsrisiken, betriebliche Handlungsspielräume. In: Vierteljahrshefte zur Wirtschaftsforschung 4/1995, S. 590 ff.

Tabelle 4.1/2
Einarbeitung in Voll- und Teilzeit
(Struktur in vH)

Wöchentliche Arbeitszeit	Altes Modellprogramm	Modifiziertes Modellprogramm		
		Bundesgebiet	West	Ost
bis zu 20 Stunden	44	34	60	9
21 bis unter 35 Stunden	26	17	19	16
35 und mehr Stunden	30	49	22	76
Insgesamt	100	100	100	100

Quellen: Maßnahmedatei, DIW 1994, 1997.

Vier Fünftel der geförderten Frauen in Westdeutschland wurden in Teilzeitbeschäftigung eingearbeitet, während in Ostdeutschland dieser Anteil nur ein Viertel beträgt. In den alten Ländern hatten 60 vH der im modifizierten Modellprogramm geförderten Berufsrückkehrerinnen zu Beginn der Einarbeitungszeit nach den Angaben in den Antragsunterlagen eine wöchentliche Arbeitszeit von höchstens 20 Stunden (= halbe Stelle) und 19 vH eine Arbeitszeit von 21 bis unter 35 Stunden. Fördermaßnahmen in Teilzeit waren in Westdeutschland im modifizierten Modellprogramm also etwas häufiger als im alten Modellprogramm; dabei sind vor allem Maßnahmen mit Halbtagsbeschäftigung häufiger geworden. In den neuen Bundesländern gab es kaum geförderte Maßnahmen im Umfang einer halben Stelle, die geförderten Maßnahmen in Teilzeit sahen zumeist 21 und mehr Wochenstunden vor.

Die Qualifikationsanforderungen an Arbeitsplätzen sind nicht von der wöchentlichen Arbeitszeit an sich abhängig; für einen gegebenen Arbeitsplatz müssen teilzeitbeschäftigte Frauen daher genauso gut qualifiziert werden wie vollzeitbeschäftigte Frauen. Bei verkürzter Wochenarbeitszeit war daher ceteris paribus eine längere Einarbeitungsdauer zu erwarten. Andererseits ist zu berücksichtigen, daß Teilzeitbeschäftigung oft nur auf weniger anspruchsvollen Arbeitsplätzen angeboten wird; dies müßte im Prinzip zu kürzerer Einarbeitungsdauer bei Teilzeitmaßnahmen führen.

Tabelle 4.1/3

Durchschnittliche Förderdauer, Einarbeitungsdauer und beantragte Förderdauer nach wöchentlicher Arbeitszeit

(Modifiziertes Modellprogramm)

Gebiet/ Wöchentliche Arbeitszeit	Durchschn. Förderdauer in Monaten	Durchschn. Einarbeitungsdauer in Monaten	Durchschn. beantragte Förderdauer in Monaten
Bundesgebiet			
Bis zu 20 Std.	7,7	8,3	9,1
21 bis unter 35 Std.	7,6	8,5	9,4
35 und mehr Std.	6,5	7,4	8,5
Insgesamt	7,1	7,9	8,8
Westdeutschland			
Bis zu 20 Std.	7,8	8,2	9,0
21 bis unter 35 Std.	7,9	9,1	9,9
35 und mehr Std.	7,3	8,3	9,6
Insgesamt	7,7	8,4	9,3
Ostdeutschland			
Bis zu 20 Std.	7,3	8,3	9,6
21 bis unter 35 Std.	7,2	7,7	8,8
35 und mehr Std.	6,3	7,2	8,2
Insgesamt	6,5	7,5	8,4

Quelle: Maßnahmedatei, DIW 1997.

Tatsächlich weisen die im modifizierten Modellprogramm geförderten Einarbeitungsmaßnahmen in Teilzeit eine durchschnittlich längere Förderdauer auf als Maßnahmen in Vollzeit (vgl. Tabelle 4.1/3). In Westdeutschland ist die durchschnittliche Förderdauer bei Teilzeitbeschäftigung von 21 bis unter 35 Stunden etwas länger als bei einer Arbeitszeit von 20 Stunden und weniger, in Ostdeutschland ist dies nicht der Fall.

Allerdings ist zu beachten, daß Maßnahmen in Westdeutschland (unabhängig von der wöchentlichen Arbeitszeit) länger gefördert wurden als Maßnahmen in Ostdeutschland. Sowohl bei Vollzeit- wie bei Teilzeitmaßnahmen ist die durchschnittliche Förderdauer in Westdeutschland deutlich höher als in Ostdeutschland. Ob dies auf unterschiedliche Anforderungen an den jeweiligen Arbeitsplätzen zurückzuführen ist, wird in Abschnitt 4.4 geprüft; Zusammenhänge mit einer vor Beginn der Einarbeitungsmaßnahme absolvierten Qualifizierungsmaßnahme werden in Abschnitt 4.5 behandelt.

4.2 Förderdauer und Einarbeitungsdauer

Bei knapp der Hälfte der Fördermaßnahmen im modifizierten Modellprogramm, die spätestens im Juni 1996 begonnen wurden, ist die Förderdauer kürzer als die beantragte Einarbeitungsdauer. Im alten Modellprogramm mußten nur 17 vH der Zuwendungsempfänger solche Kürzungen hinnehmen[39]. Im modifizierten Modellprogramm waren Arbeitgeber in den alten Bundesländern etwas seltener (44 vH) von Verkürzungen betroffen als Arbeitgeber in den neuen Ländern (50 vH). Beim Umfang der Kürzungen (durchschnittlich 3,7 Monate) gab es keine erwähnenswerten Unterschiede.

In gut der Hälfte der Fälle hatten die beteiligten Arbeitgeber Fördermaßnahmen von mehr als sechs Monaten Dauer beantragt; dieser Anteil liegt bei den Teilzeitmaßnahmen (64 vH) deutlich höher als bei Vollzeitmaßnahmen (44 vH). Eine von der beantragten Dauer abweichende Förderdauer kam bei Vollzeit- wie bei Teilzeitmaßnahmen etwa gleich häufig vor, in Westdeutschland etwas häufiger bei Vollzeit, in Ostdeutschland dagegen etwas häufiger bei Teilzeit. Arbeitgeber in Ostdeutschland hatten bei Teilzeitmaßnahmen durchschnittlich etwas längere Maßnahmen beantragt als bei Vollzeitmaßnahmen, in Westdeutschland zeigt sich dieser Zusammenhang nicht (vgl. Tabelle 4.1/3). Ob dies mit den Qualifikationsanforderungen an den vorgesehenen Arbeitsplätzen zusammenhängt, wird in Kapitel 4.4 überprüft.

---

[39] Weil solche Verkürzungen im alten Modellprogramm relativ selten waren, beziehen sich die folgenden Auswertungen in Kapitel 4.2 nur auf das modifizierte Modellprogramm.

Die längere Dauer der beantragten Einarbeitungsmaßnahmen im Vergleich zur bewilligten Förderdauer läßt sich auf zwei Ursachen zurückführen:

- Zum einen auf das Anliegen, die Fördermöglichkeiten vollständig auszuschöpfen,

- zum anderen darauf, daß aus Sicht der Arbeitgeber tatsächlich eine entsprechend lange Zeitdauer zur Einarbeitung der Berufsrückkehrerin benötigt wurde, diese Einschätzung vom BMFSFJ jedoch nicht geteilt wurde.

Auf der Grundlage der Angaben der Berufsrückkehrerinnen am Ende der Fördermaßnahme zur Dauer der Einarbeitung soll versucht werden, Aufschluß darüber zu erhalten, wie häufig solche Mitnahmeeffekte aufgetreten sind (vgl. Kapitel 5.1). Fast die Hälfte der betroffenen Arbeitgeber bekräftigte allerdings in den telefonischen Erstinterviews, daß der beantragte Einarbeitungsbedarf für den vorgesehenen Arbeitsplatz erforderlich sei. Dies zeigt sich in den Konsequenzen der verkürzten Förderdauer für die Einarbeitungsmaßnahmen:

- In 57 Fällen (das sind zwei Fünftel der betroffenen Einarbeitungsmaßnahmen in beiden Gebieten) sollte die Einarbeitungsmaßnahme wie ursprünglich vorgesehen umgesetzt werden; die Einarbeitungsdauer war damit länger als die Förderdauer.

- In 54 Fällen (das sind zwei Fünftel der betroffenen Einarbeitungsmaßnahmen in den neuen und ein Drittel derjenigen in den alten Ländern) sollte die Einarbeitungsdauer im Betrieb verkürzt werden. Dabei war vorgesehen, entweder bestimmte Sachbereiche zu streichen oder die Durchführung zu straffen. In einigen Fällen ging die Kürzung mit einer Änderung der für die Berufsrückkehrerin vorgesehenen Position einher, in Einzelfällen auch mit dem Wegfall externer Qualifizierungsmaßnahmen.

- In den übrigen 27 Fällen mit verkürzter Förderdauer konnten oder wollten die Arbeitgeber zum Zeitpunkt des telefonischen Erstinterviews nichts darüber sagen, welche Konsequenzen sich für die Einarbeitungsmaßnahme ergeben würden.

Sowohl diejenigen Arbeitgeber, die - trotz im Vergleich zum Antrag kürzerer Förderdauer - den Einarbeitungsplan wie vorgesehen realisieren wollten, als auch diejenigen, die auf die Verkürzung mit einer Änderung der für die Berufsrückkehrerinnen vorgesehenen Position reagieren wollten, blieben bei ihrer Einschätzung, daß die erforderliche Einarbeitungsdauer länger sei als vom BMFSFJ anerkannt und gefördert.

4.3 Einarbeitungsberufe der Berufsrückkehrerinnen

Im modifizierten Modellprogramm hatte das DIW die wissenschaftliche Begleitung für Einarbeitungsmaßnahmen in allen Berufen übernommen, während im alten Modellprogramm die Maßnahmen im Bereich der gesundheits- und sozialpflegerischen Berufe ausgeklammert waren[40]. Allerdings war die Förderung im modifizierten Modellprogramm auf private Arbeitgeber beschränkt, so daß beispielsweise städtische Krankenhäuser keine Zuwendungen aus dem modifizierten Modellprogramm erhalten konnten.

Zumeist wurden die Berufsrückkehrerinnen in Dienstleistungsberufe eingearbeitet; der Anteil liegt im modifizierten Modellprogramm in den alten Bundesländern bei 92 vH, in den neuen bei 81 vH (vgl. Tabelle 4.3/1). Im alten Modellprogramm liegt der Dienstleistungsanteil noch etwas höher[41]. Der Anteil der Frauen, die in Fertigungsberufe eingearbeitet wurden, ist auch im modifizierten Modellprogramm nur gering, in den neuen Ländern etwas höher als in den alten. Technische Berufe sind im modifizierten Modellprogramm (sowohl in den alten wie in den neuen Bundesländern) etwas stärker vertreten als im alten Modellprogramm. Neu hinzugekommen sind (wenige) Einarbeitungsmaßnahmen im Bereich der Landwirtschaft und der Floristik.

---

[40] Maßnahmen im Bereich der gesundheits- und sozialpflegerischen Berufe wurden im alten Modellprogramm vom Institut für Sozialwissenschaftliche Analysen und Beratung (ISAB) wissenschaftlich begleitet. Vgl. Elke Kasmann und Lisa Sommer: "Ich bin stolz, daß ich wieder arbeite!" Berufsrückkehrerinnen in Pflegeberufen. ISAB-Berichte aus Forschung und Praxis 26, Köln, Leipzig o.J.

[41] Der Anteil der Beschäftigten in Dienstleistungsberufen ist generell wesentlich höher als der Anteil der Unternehmen im Dienstleistungssektor, weil es in allen Sektoren Beschäftigte in Dienstleistungsberufen gibt; vgl. die Berufsstruktur der sozialversicherungspflichtigen Beschäftigungen in den Wirtschaftszweigen, in: Ellen Kirner: Tendenzen auf dem Arbeitsmarkt und Beschäftigungsstruktur in wirtschaftszweigspezifischer Gliederung 1988-1996. Kurzbericht im Rahmen der Begleitforschung im Projekt "Berufsrückkehrerinnen". Berlin 1997. Die oft vermutete Dienstleistungslücke in Deutschland zeigt sich nur bei sektoraler Gliederung der Beschäftigtendaten, während eine Auswertung nach den ausgeübten Tätigkeiten keinen Hinweis auf einen Rückstand bei Dienstleistungstätigkeiten ergibt. Vgl. John Haisken-DeNew, Gustav A. Horn, Jürgen Schupp und Gert Wagner: Keine Dienstleistungslücke in Deutschland - ein Vergleich mit den USA anhand von Haushaltsbefragungen. In: Wochenbericht des DIW 14/1996, S. 221 ff.

Tabelle 4.3/1

Einarbeitungsberufe der Berufsrückkehrerinnen nach Berufsbereichen[1)]

(Struktur in vH)

Berufsbereiche und Einarbeitungsberufe	Altes Modellprogramm	Modifiziertes Modellprogramm		
		Bundesgebiet	West	Ost
Pflanzenbauer, Tierzüchter, Fischereiberufe	**-**	**1**	**-**	**3**
- Verwalterin Pferdehof	-	0	-	1
- Melkerin	-	0	-	1
- Floristin	-	1	-	1
Fertigungsberufe	**4**	**5**	**3**	**8**
- Goldschmiedin	-	0	1	-
- Töpfereigehilfin	-	0	-	1
- Augenoptikerin/Zahntechnikerin	1	1	1	1
- Textilmaschinenführerin (Spinnerei)	1	-	-	-
- Näherin	1	-	-	-
- Schuhwarenherstellerin	-	1	-	1
- Grobledenwarenherstellerin	-	0	-	1
- Köchin, Beiköchin	-	3	1	5
- Tischlerin	-	0	1	-
- Maschinenbedienerin (Versand)	2	-	-	-
Technische Berufe	**1**	**7**	**5**	**8**
- Planungsingenieurin (Elektro/HKS)	-	1	-	1
- Landschaftsplanerin (Ing. FH)	-	0	1	-
- Vermessungstechnikerin/Bautechnikerin	-	1	-	1
- Schnittechnikerin	1	-	-	-
- Technische Angestellte	-	2	2	3
- Chemielaborantin	-	0	1	-
- Bauzeichnerin	1	2	1	3
Dienstleistungsberufe	**95**	**87**	**92**	**81**
Warenkaufleute:	*15*	*15*	*16*	*14*
- Groß- und Einzelhandelskauffrau	2	7	6	7
- Verkäuferin	12	7	8	5
- Verlagskauffrau/Buchhändlerin	1	1	1	1
- Apothekenhelferin	-	1	1	1
Dienstleistungskaufleute	*8*	*6*	*4*	*8*
- Bank-, Versicherungskauffrau	7	1	2	1
- Speditionskauffrau	1	-	-	-
- Fremdenverkehrsfachfrau	-	1	1	1
- Dienstleistungskauffrau	-	2	1	3
- Werbefachfrau	1	2	-	3
Verkehrsberufe	-	*1*	-	*1*
Organisations-, Verwaltungs- und Büroberufe	*56*	*44*	*54*	*34*
- Leiterin Marketing/Aus- und Fortbildung	-	1	1	1
- Steuerfachgehilfin	3	4	5	3
- Buchhalterin	6	8	10	6
- Kassiererin/Rechnungskontrolle	1	0	1	-
- Datenverarbeitungsfachfrau	-	1	1	1
- Bürokauffrau	18	13	15	11
- Bürogehilfin, Schreibkraft, Phono-/Stenotypistin	1	1	1	1
- Sekretärin	3	1	1	1
- kfm. Angestellte	15	2	4	1
- Verwaltungsangestellte	2	3	5	1
- Rechtsanwalts- und Notargehilfin	2	4	4	3
- Industriekauffrau	3	5	7	4
- sonstige Verwaltungs- und Büroberufe	3	0	1	-
Rechtsberater	*1*	-	-	-
Künstlerische Berufe	-	*1*	*1*	-
Gesundheitsdienstberufe	*15*	*12*	*13*	*11*
- Krankenschwester/Pflegedienstleiterin	-	1	1	1
- Arzthelferin, Zahnarzthelferin	14	7	6	7
- Röntgenassistentin, PTA, MTA	1	2	3	1
- Praxishelferin, Arztsekretärin	-	2	3	1
Sozialpflegerische Berufe	*1*	*2*	*2*	*1*
- Sozialarbeiterin/Sozialpädagogin	-	1	1	1
- Hauspflegerin/Pflegehelferin (Alten-, Erziehungs-)	1	1	1	1
Lehrer	*1*	*2*	-	*4*
- Grundschullehrerin	1	-	-	-
- Lehrerin (berufliche Schulen)	-	2	-	3
- Ausbilderin (Lehrlinge)	-	0	-	1
Körperpfleger	*1*	*1*	-	*1*
- Friseurin	1	0	-	1
- Fußpflegerin	-	0	-	1
Gästebetreuer	-	*2*	*2*	*5*
- Hotelfachfrau, Gaststättenkauffrau	-	3	2	3
- Hotelgehilfin	-	0	-	1
- Serviererin	-	0	-	1
Reinigungsberufe	-	*0*	-	*1*
Insgesamt	**100**	**100**	**100**	**100**

[1)] In der Klassifizierung der Berufe der Bundesanstalt für Arbeit (1980).
Quellen: Maßnahmedatei, DIW 1994, 1997.

Innerhalb der Dienstleistungsberufe gibt es eine deutliche Schwerpunktbildung bei den Organisations-, Verwaltungs- und Büroberufen. Relativ große Bedeutung haben weiterhin die Warenkauffrauen und die nicht-ärztlichen Gesundheitsdienstberufe. Hier zeigen sich allerdings Unterschiede zwischen den alten und den neuen Bundesländern: In den alten Bundesländern waren gut vier Fünftel der geförderten Frauen (im alten wie im modifizierten Modellprogramm) in den genannten Berufsgruppen, in den neuen Bundesländern waren es nur drei Fünftel. Insbesondere die Büroberufe hatten bei den Einarbeitungsmaßnahmen in den neuen Bundesländern geringeres Gewicht: In den neuen Ländern zielte jede dritte Einarbeitungsmaßnahme auf eine Einarbeitung in Organisations-, Verwaltungs- und Büroberufe, in den alten Ländern dagegen jede zweite. Das Spektrum der Einarbeitungsberufe ist nach diesen Ergebnissen in Ostdeutschland etwas größer als im früheren Bundesgebiet.

Auch auf gesamtwirtschaftlicher Ebene konzentriert sich die Beschäftigung von Frauen in Ost- wie in Westdeutschland nach wie vor sehr stark auf wenige Berufsgruppen: Nach den Ergebnissen des Mikrozensus 1991 waren 65 vH der Frauen in den alten und 56 vH der Frauen in den neuen Bundesländern als Bürokräfte, Warenkauffrauen oder in den nicht-ärztlichen Gesundheitsdienstberufen tätig - also in den Berufsgruppen, in die auch die Wiedereinsteigerinnen vorrangig eingearbeitet werden. Aber auch bei den übrigen Einarbeitungsberufen der Berufsrückkehrerinnen handelt es sich zumeist um Berufe mit traditionell überdurchschnittlichem Frauenanteil[42]. Ausnahmen stellen die Einarbeitung als Planungsingenieurin, Landschaftsplanerin oder technische Angestellte dar.

Im einzelnen gibt es gleichwohl gewisse Unterschiede zwischen der Struktur der Einarbeitungsberufe der geförderten Berufsrückkehrerinnen und derjenigen der erwerbstätigen Frauen insgesamt: Die geförderten Berufsrückkehrerinnen wurden seltener in Fertigungsberufe eingearbeitet, dafür haben Dienstleistungsberufe größeres Gewicht. Verkäuferinnen haben im modifizierten Modellprogramm geringere Bedeutung, Buchhalterinnen, Steuerfachgehilfinnen und Sprechstundenhelferinnen sind überdurchschnittlich vertreten. Dies korrespondiert mit dem hohen Anteil der freiberuflich Tätigen unter den Antragstellern.

---

[42] Vgl. Klaus Parmentier, Hans-Joachim Schade und Franziska Schreyer: Berufsspezifische Struktur- und Entwicklungsdaten 1980-1991. Beiträge zur Arbeitsmarkt- und Berufsforschung 60, Nürnberg 1993; Ellen Kirner: Zur Struktur und Entwicklung der Erwerbstätigkeit und Arbeitslosigkeit von Frauen und Männern in West- und Ostdeutschland. Kurzbericht im Rahmen der Begleitforschung im Projekt "Berufsrückkehrerinnen", Berlin 1995. Ähnliche Ergebnisse zeigen sich bei der Auswertung der Statistik der sozialversicherungspflichtig Beschäftigten 1996. Vgl. Ellen Kirner: Tendenzen auf dem Arbeitsmarkt und Beschäftigungsstruktur in wirtschaftszweigspezifischer Gliederung 1988-1996, a.a.O.

Trotz der starken Konzentration der Einarbeitungsberufe auf Dienstleistungsberufe mit einem Schwerpunkt auf den Büro- und Organisationsberufen unterschieden sich die Inhalte der Einarbeitungsmaßnahmen sehr stark voneinander. Dies gilt nicht nur für die verschiedenen Berufe; auch bei gleichem Beruf differierten die Einarbeitungsmaßnahmen der verschiedenen Arbeitgeber hinsichtlich ihrer Inhalte ganz wesentlich. Dies hängt zum einen mit unterschiedlichen Schwerpunkten der vorgesehenen Tätigkeiten zusammen. So müssen beispielsweise Bürokauffrauen, die im Personalbereich eingesetzt werden sollen, für andere Tätigkeiten[43] eigearbeitet werden als Bürokauffrauen in der Auftragsbearbeitung[44]. Zum anderen spielen unterschiedliche Branchen eine Rolle; bei Einarbeitungsmaßnahmen für Lebensmittelverkäuferinnen sind andere Inhalte zu berücksichtigen als für Verkäuferinnen im Möbelhandel. Und schließlich gab es innerhalb der vorgesehenen Einarbeitungsberufe Unterschiede im fachlichen Niveau der vorgesehenen Tätigkeit.

Die Inhalte der Einarbeitungsmaßnahmen können wegen dieser großen Vielfalt nicht in Einzelheiten dargestellt werden; angemessener erscheint eine typisierende Beschreibung. Drei Merkmale erscheinen hierfür von besonderer Bedeutung:

- das fachliche Niveau der vorgesehenen Tätigkeiten (Kapitel 4.4),
- die vorgesehene Übertragung von Führungsfunktionen (Kapitel 4.4),
- die vorgesehene Ergänzung der innerbetrieblichen Einarbeitung durch außerbetriebliche Qualifizierungsmaßnahmen (Kapitel 4.6).

4.4 Qualifikationsanforderungen der vorgesehenen beruflichen Tätigkeiten und vorherige Qualifikation der Berufsrückkehrerinnen

Die Einstufung der vorgesehenen beruflichen Tätigkeiten, die nach erfolgreicher Einarbeitung und Qualifizierung ausgeübt werden sollten, erfolgt danach, ob das fachliche Niveau der Tätigkeiten üblicherweise eine einschlägige oder eng verwandte berufliche Ausbildung erfordert, ob darüber hinausgehende Qualifi-

---

[43] Z.B. die selbständige Durchführung von Lohn- und Gehaltsabrechnungen einschließlich Datenerfassung, Entgeltabrechnung, Ermittlung der gesetzlichen und sonstiger Abzugsbeträge, Errechnung und Auswertung der auszuzahlenden Beträge unter Berücksichtigung der Abzüge und ggf. der Lohnfortzahlung, Einleitung der Abführung einbehaltener Beträge.

[44] Hierzu gehören die Erarbeitung von Angeboten, die Abwicklung und Terminüberwachung von Kundenaufträgen, die Rechnungserstellung und -prüfung, die Überwachung von Zahlungs- und Lieferterminen, die Bearbeitung von Reklamationen.

kationen erforderlich sind, oder ob die Tätigkeit auch ohne entsprechende Ausbildung ausgeübt werden kann. Diese von uns vorgenommene Einstufung basiert auf den Angaben der Arbeitgeber in den Antragsunterlagen; die Sicht der Frauen kann davon abweichen (vgl. dazu Kapitel 7.2).

Für 90 vH der geförderten Frauen im modifizierten Modellprogramm waren berufliche Tätigkeiten vorgesehen, deren fachliches Niveau üblicherweise eine einschlägige berufliche Ausbildung erfordert; dieser Anteil liegt in den alten Ländern etwas höher als in den neuen (vgl. Tabelle 4.4/1). Tätigkeiten mit geringem fachlichen Anforderungsniveau waren für 5 bzw. 6 vH der Frauen vorgesehen; Tätigkeiten mit besonders hohen fachlichen Qualifikationsanforderungen waren in Westdeutschland für zwei Frauen (1 vH), in Ostdeutschland für neun Frauen (6 vH) vorgesehen.

Der Vergleich mit dem alten Modellprogramm stößt auf Schwierigkeiten, weil seinerzeit in 10 vH der geförderten Maßnahmen die Angaben in den Antragsunterlagen eine Einstufung nicht mit ausreichender Sicherheit zuließen; es ist jedoch der Eindruck entstanden, daß es sich bei diesen nicht ausreichend klaren Angaben zumeist um Tätigkeiten mit eher geringem fachlichen Anforderungsniveau handelte. Wird diese Gruppe gesondert ausgewiesen, so waren für weitere 19 vH der geförderten Berufsrückkehrerinnen Tätigkeiten mit nur geringem fachlichen Anforderungsniveau vorgesehen. Auch ohne Berücksichtigung der unklaren Fälle ist dieser Anteil erheblich höher als im modifizierten Modellprogramm. Höher ist andererseits auch der Anteil der Berufsrückkehrerinnen, die für Tätigkeiten eingearbeitet wurden, deren fachliche Anforderungen über eine einschlägige berufliche Ausbildung hinausgingen.

Tabelle 4.4/1 zeigt auch, wie die wöchentliche Arbeitszeit und das Anforderungsniveau der vorgesehenen Tätigkeit zusammenhängen: Im alten Modellprogramm waren überdurchschnittlich anspruchsvolle Tätigkeiten besonders häufig bei Vollzeitbeschäftigung vorgesehen, während die Teilzeitbeschäftigung im Umfang einer halben Stelle häufiger nur wenig anspruchsvolle Tätigkeiten vorsah. Im modifizierten Modellprogramm korrelierten die wöchentliche Arbeitszeit und das Anforderungsniveau der Tätigkeit dagegen nicht; weil fast alle Einarbeitungsmaßnahmen Tätigkeiten vorsahen, die üblicherweise eine einschlägige berufliche Ausbildung erfordern, gab es keinen Zusammenhang mit der wöchentlichen Arbeitszeit.

Tabelle 4.4/1

Fachliches Niveau der vorgesehenen beruflichen Tätigkeit und wöchentliche Arbeitszeit der Berufsrückkehrerinnen

Fachliches Niveau der vorgesehenen beruflichen Tätigkeit	Wöchentliche Arbeitszeit bis zu 20 Stunden	21 bis unter 35 Stunden	35 und mehr Stunden	Insgesamt
	Altes Modellprogramm			
Zahl der Maßnahmen	85	50	57	192
Niveau der vorges. Tätigkeit	darunter: Anteil in vH der Maßnahmen			
Niedrig	22	14	19	19
Ausgebildete Fachkräfte	65	66	46	59
Hoch	1	10	26	11
Unklar/keine Angabe	12	10	9	10
Insgesamt	100	100	100	100
	Modifiziertes Modellprogramm - West			
Zahl der Maßnahmen	86	27	31	144
Niveau der vorges. Tätigkeit	darunter: Anteil in vH der Maßnahmen			
Niedrig	5	7	3	5
Ausgebildete Fachkräfte	94	93	94	94
Hoch	1	-	3	1
Unklar/keine Angabe	-	-	-	-
Insgesamt	100	100	100	100
	Modifiziertes Modellprogramm - Ost			
Zahl der Maßnahmen	13	23	112	148
Niveau der vorges. Tätigkeit	darunter: Anteil in vH der Maßnahmen			
Niedrig	8	9	5	6
Ausgebildete Fachkräfte	85	87	88	88
Hoch	8	4	6	6
Unklar/keine Angabe	-	-	-	-
Insgesamt	100	100	100	100

Quellen: Maßnahmedatei DIW 1994, 1997.

Aus demselben Grund gibt es im modifizierten Modellprogramm auch keine wesentlichen Korrelationen zwischen dem Anforderungsniveau der Tätigkeit, der vorgesehenen Einarbeitungsdauer und der Förderdauer. Betrachtet man nur die Einarbeitungsmaßnahmen mit mittlerem Anforderungsniveau[45] (Tabelle 4.4/2), so wird der Zusammenhang zwischen wöchentlicher Arbeitszeit und Förderdauer nochmals deutlich: Im alten wie im modifizierten Modellprogramm, in West- wie in Ostdeutschland wurden Einarbeitungsmaßnahmen in Teilzeit durchschnittlich länger gefördert als Einarbeitungsmaßnahmen in Vollzeit. Die Förderdauer im modifizierten Modellprogramm war (bei gleichem Anforderungsniveau der Tätigkeit) sowohl bei Vollzeit wie bei Teilzeit länger als im alten Modellprogramm; auch die beantragte Förderdauer folgt diesem Muster. Über die Gründe für diesen Befund kann nur spekuliert werden; möglicherweise hat die Tatsache, daß der einzureichende Einarbeitungsplan im modifizierten Modellprogramm stärker formalen Anforderungen genügen mußte, dazu beigetragen. Im modifizierten Modellprogramm wurden Maßnahmen in den alten Ländern - bei gleichem Anforderungsniveau und gleicher wöchentlicher Arbeitszeit - durchschnittlich länger gefördert als Maßnahmen in den neuen Ländern. Da das Anforderungsniveau der Tätigkeit nicht zur Erklärung dienen kann, soll im folgenden geprüft werden, ob dies auf unterschiedliche Vorqualifikationen der Frauen zurückzuführen ist.

Tabelle 4.4/2

Wöchentliche Arbeitszeit und vorgesehene Dauer der Einarbeitung bei Einarbeitungsmaßnahmen mit mittlerem Anforderungsniveau

Wöchentliche Arbeitszeit	Modellprogramm/ Gebiet	Zahl der Maß-nahmen	Durchschn. Förderdauer in Monaten	Durchschn. Einarbeit.-dauer in Monaten	Durchschn. beantragte Förderdauer in Monaten
Teilzeit bis zu 20 Stunden	Altes Modellprogramm	55	7.1	7.7	7.7
	Modifiziertes Modellprogramm, West	81	7.9	8.3	9.1
	Modifiziertes Modellprogramm, Ost	11	7.6	8.7	10.3
Teilzeit 21 bis unter 35 Stunden	Altes Modellprogramm	33	6.5	7.2	7.6
	Modifiziertes Modellprogramm, West	25	7.8	8.9	9.7
	Modifiziertes Modellprogramm, Ost	20	7.0	7.5	8.6
Vollzeit (35 und mehr Stunden)	Altes Modellprogramm	26	6,1	7.1	7.7
	Modifiziertes Modellprogramm, West	29	7,2	8.2	9.7
	Modifiziertes Modellprogramm, Ost	99	6.2	7,1	8.2

Quellen: Maßnahmedatei DIW 1994, 1997

[45] Für Maßnahmen mit sehr niedrigem oder sehr hohem Anforderungsniveau sind wegen der geringen Fallzahlen keine vergleichbaren Auswertungen möglich.

Die berufliche Qualifikation der geförderten Frauen vor Beginn der Maßnahme ist gut (vgl. Tabelle 4.4/3): Im alten Modellprogramm hatten vier Fünftel eine abgeschlossene Berufsausbildung (Lehre oder vergleichbare berufliche Schule), 7 vH hatten höhere Qualifikationen erworben. 9 vH der geförderten Frauen hatten keine Ausbildung begonnen oder diese ohne Abschluß abgebrochen.

Die geförderten Berufsrückkehrerinnen im alten Modellprogramm verfügen damit häufiger über eine abgeschlossene berufliche Ausbildung als Frauen, die familienbedingt die Erwerbstätigkeit unterbrochen hatten und wieder eine Erwerbstätigkeit aufnehmen wollten (potentielle Berufsrückkehrerinnen)[46]. Zugleich verfügen sie aber seltener über ein abgeschlossenes Studium oder über einen Fachschulabschluß. Die Unterschiede in der Qualifikationsstruktur sind sowohl auf die Selektionskriterien des Modellprogramms (Einarbeitung in der Regel im erlernten Beruf) als auch auf die Einstellungskriterien der Arbeitgeber zurückzuführen (Bevorzugung besser qualifizierter Frauen).

Im modifizierten Modellprogramm ist die Qualifikationsstruktur der geförderten Frauen nochmals deutlich besser: Der Anteil der geförderten Frauen ohne abgeschlossene berufliche Ausbildung liegt nur noch bei 5 vH, in Ostdeutschland sogar nur bei 2 vH. Ein Drittel der geförderten Frauen (22 vH der Frauen in den alten und 43 vH der geförderten Frauen in den neuen Bundesländern) verfügen über eine berufliche Ausbildung, die deutlich höher liegt als das Niveau einer Ausbildung in einem anerkannten Ausbildungsberuf. Bemerkenswert hoch ist dabei der Anteil der geförderten Hochschulabsolventinnen in beiden Gebieten.

Vergleicht man im modifizierten Modellprogramm die geförderten Berufsrückkehrerinnen in beiden Gebieten untereinander, so ist die bessere Qualifizierungsstruktur der geförderten Frauen in Ostdeutschland augenfällig. Der Anteil der in Ostdeutschland geförderten Frauen, die über keine berufliche Ausbildung verfügen, ist deutlich kleiner als in Westdeutschland[47]. Deutlich höher ist zugleich der Anteil derjenigen mit einer höheren beruflichen Qualifikation.

Der Vergleich der geförderten Frauen mit den etwa gleichaltrigen weiblichen Erwerbspersonen weist für Westdeutschland auf einen Qualifikationsvorsprung der geförderten Frauen hin; besonders deutlich wird dies am Anteil derjenigen ohne abgeschlossene Berufsausbildung. Bei den ostdeutschen Frauen sind die Unterschiede wesentlich schwächer ausgeprägt.

---

[46] Vgl. Friederike Behringer und Erika Schulz: Ungenutzte Beschäftigungsmöglichkeiten für Berufsrückkehrerinnen. In: Wochenbericht des DIW 33/1992, S. 397 ff.

[47] Anders als in der Bundesrepublik gab es nach der Verfassung der DDR das Recht und die Pflicht Jugendlicher zu einer Berufsausbildung; deswegen ist der Anteil derjenigen ohne abgeschlossene Berufsausbildung in den neuen Ländern generell sehr klein.

Tabelle 4.4/3

Berufliche Ausbildung der geförderten Frauen [1]

(Struktur in vH)

Art der Ausbildung	Altes Modellprogramm	Modifiziertes Modellprogramm			Nachrichtlich: Gleichaltrige weibliche Erwerbspersonen (1993) [2]	
		West	Ost	Bundesgebiet	West	Ost
Abgeschlossene Berufsausbildung [3]	80	71	55	62	52	59
Fachschulabschluß [4]	0	8	20	14	4	16
Anerkannte Fortbildungsprüfung	4	3	7	5	-	-
Hochschulabschluß [5]	3	11	16	13	8	10
Keine abgeschlossene Ausbildung	9	7	2	5	25	8
Keine Angabe [6]	4	1	-	0	11	8
Insgesamt	100	100	100	100	100	100

1) Höchster erzielter Abschluß vor Beginn der Einarbeitungsmaßnahme.
2) Ergebnis des Mikrozensus (April 1993). Gleichaltrig: 40 - 60 Jahre.
3) Ausbildung im dualen System (Lehre) einschließlich Externenprüfung, zuerkannter Abschlüsse, einschließlich gleichwertiger beruflicher Schulen (vor allem Handelsschule, Berufsfachschule), einschließlich "sonstiger" Ausbildung.
4) Einschließlich Meister- / Technikerabschluß.
5) Einschließlich Fachhochschulen, Ingenieurschulen, Promotion.
6) Einschließlich geförderter Frauen mit begonnener Ausbildung ohne Angaben zum Abschluß.

Quellen: Maßnahmedatei DIW 1994, 1997, Angaben des Statistischen Bundesamtes und Berechnungen des DIW.

Nur ein Teil der geförderten Frauen konnte und kann die früher erworbenen Qualifikationen in der Einarbeitungsmaßnahme und in der neuen beruflichen Tätigkeit verwerten. Dies gilt in besonderem Maße für die Frauen in Ostdeutschland, die von dem wirtschaftlichen Umstrukturierungsprozeß nach der Wende auch durch die Entwertung ihrer Qualifikationen betroffen waren. Um dies zu untersuchen, wurden die Ausbildungsinhalte in der beruflichen Bildung und die typischen Tätigkeiten in den Einarbeitungsberufen verglichen und nach dem Grad der Übereinstimmung beurteilt[48].

Wie Tabelle 4.4/4 zeigt, wurde fast ein Drittel der geförderten Frauen im alten Modellprogramm im erlernten Beruf eingearbeitet, fast ebenso groß ist der Anteil derjenigen, die eine mit dem Einarbeitungsberuf eng verwandte berufliche Ausbildung gemacht hatten. Dieser hohe Anteil entsprach auch der Zielsetzung des alten Modellprogramms, Frauen nach einer Familienphase die Rückkehr in den erlernten Beruf zu erleichtern.

Auch die Richtlinien des alten Modellprogramms schlossen jedoch einen Berufswechsel der Wiedereinsteigerinnen und die Einarbeitung von Frauen ohne beruflichen Ausbildungsabschluß nicht aus. Fast ein Drittel der Frauen im alten Modellprogramm wurde in einen anderen als den erlernten Beruf eingearbeitet oder hatte keinen Beruf erlernt und hatte auch keine einschlägige berufliche Weiterbildung absolviert. Unabhängig davon, ob diese Frauen überhaupt keine berufliche Ausbildung abgeschlossen oder den Beruf gewechselt hatten, war für sie das Risiko der Einarbeitung für Tätigkeiten mit nur geringem Anforderungsniveau besonders hoch.

---

[48] Die Einstufung erfolgte vor allem auf der Grundlage der von der Bundesanstalt für Arbeit herausgegebenen berufskundlichen Informationen, insbesondere "Grundwerk ausbildungs- und berufskundlicher Informationen" sowie "Blätter zur Berufskunde". Informationsgrundlage für die Ausbildungsinhalte in der ehemaligen DDR waren die ebenfalls von der Bundesanstalt für Arbeit herausgegebenen Bände "DDR-Ausbildungsberufe", "Ausbildungsberufe der ehemaligen DDR und vergleichbare/verwandte Ausbildungsberufe der Bundesrepublik Deutschland", "Berufe der ehemaligen DDR - Fachschulberufe", "Hochschulberufe der ehemaligen DDR" sowie der vom Bundesinstitut für Berufsbildung herausgegebene Band "Anerkennung von Übersiedlerzeugnissen. Berufliche Bildung und berufliche Qualifikation in der Deutschen Demokratischen Republik".
Beispiele für eng verwandte Berufe sind: Industriekauffrau/Kauffrau im Einzelhandel; Industriekauffrau/Bürokauffrau. Entferntere Verwandtschaft liegt beispielsweise vor bei Verkäuferin/Buchhalterin; Drogistin/kaufmännische Helferin; Arzthelferin/Versicherungskauffrau (Krankenversicherung).

Tabelle 4.4/4

Grad der Übereinstimmung der beruflichen Bildung[1) der Berufsrückkehrerinnen mit dem Einarbeitungsberuf

(Struktur in vH)

Grad der Übereinstimmung	Altes Modellprogramm	Modifiziertes Modellprogramm		
		West	Ost	Bundesgebiet
Sehr hoch:				
Einschlägige abgeschlossene Berufsausbildung	31	22	8	15
Hoch:				
Eng verwandte abgeschlossene Berufsausbildung	30	40	26	33
Keine abgeschlossene einschlägige Ausbildung, aber einschlägige Weiterbildung[2)]	6	11	30	21
Gering:				
Entfernt verwandte abgeschlossene Berufsausbildung oder Weiterbildung, keine einschlägige Weiterbildung	14	11	16	14
Andere Berufsausbildung abgeschlossen, keine einschlägige Weiterbildung	9	10	20	15
Keine Berufsausbildung abgeschlossen, keine einschlägige Weiterbildung	8	6	-	3
Keine Angabe	2	-	-	-
Insgesamt	100	100	100	100

[1)] Erstausbildung und ggf. Weiterbildung.

[2)] Einschließlich abgebrochene einschlägige oder eng verwandte Ausbildung.

Quellen: Maßnahmedatei DIW 1994, 1997.

Im modifizierten Modellprogramm wurden - wie im alten Modellprogramm - in Westdeutschland rund 60 vH der geförderten Frauen in ihren erlernten oder einen eng verwandten Beruf eingearbeitet. Der Anteil der Frauen mit nur geringer Übereinstimmung der beruflichen Bildung mit dem Einarbeitungsberuf liegt mit 27 vH nahezu gleich hoch wie im alten Modellprogramm. Etwas höher ist (mit 11 vH) der Anteil derjenigen, die vor der Einarbeitungsmaßnahme eine einschlägige Weiterbildung absolviert hatten (vgl. dazu Kapitel 4.5).

Ganz anders stellt sich die Situation für die geförderten Frauen in Ostdeutschland dar: Nur rund ein Drittel wurde in den in einer Berufsausbildung erlernten oder einen eng verwandten Beruf eingearbeitet, fast ebenso groß ist der Anteil derjenigen, die vor der Einarbeitungsmaßnahme einen Berufswechsel vollzogen und eine für den Einarbeitungsberuf einschlägige Weiterbildung absolviert hatten. Der Anteil derjenigen, die mit der Einarbeitungsmaßnahme in einen völlig fremden Beruf wechselten, ist wesentlich höher als bei den geförderten Frauen in Westdeutschland.

Im modifizierten Modellprogramm gab es eine starke Konzentration der vorgesehenen beruflichen Tätigkeiten der Berufsrückkehrerinnen auf ein mittleres Anforderungsniveau; ein besonderes Risiko der Berufswechslerinnen, für weniger anspruchsvolle Tätigkeiten eingearbeitet zu werden, bestand dabei nicht.

Qualifikationen werden nicht nur durch formale Bildungsprozesse (Lehre, berufliche Schule, Weiterbildungsmaßnahmen) erworben, sondern auch durch Erfahrung in der Berufstätigkeit und durch learning by doing. Auch hier zeigt sich, daß für die geförderten Frauen in Ostdeutschland die Einarbeitungsmaßnahmen wesentlich häufiger als für Frauen in Westdeutschland mit einem Berufswechsel verbunden waren. Rund 70 vH der Frauen in Westdeutschland (im alten und im modifizierten Modellprogramm), aber nur knapp die Hälfte der Frauen in Ostdeutschland hatten vor der Einarbeitungsmaßnahme bereits im Einarbeitungsberuf oder einem eng verwandten Beruf gearbeitet (Tabelle 4.4/5). Im Vergleich mit dem Grad der Übereinstimmung formal erworbener und zertifizierter beruflicher Qualifikationen wird deutlich, daß vor allem Frauen in Ostdeutschland häufiger in einen Beruf eingearbeitet wurden, für den sie eine einschlägige Aus- oder Weiterbildung absolviert hatten, in dem sie jedoch (außerhalb von Praktika u.ä. während der Aus- oder Weiterbildung) noch nicht gearbeitet hatten.

Tabelle 4.4/5

Berufserfahrung im Einarbeitungsberuf
(Struktur in vH)

Berufserfahrung	Altes Modellprogramm	Modifiziertes Modellprogramm		
		West	Ost	Bundesgebiet
Im Einarbeitungsberuf gearbeitet	44	33	14	23
In einem eng verwandten Beruf gearbeitet	25	38	34	36
In einem verwandten Beruf gearbeitet	17	15	26	21
In einem anderen Beruf gearbeitet	9	13	27	20
Früher keine Erwerbsarbeit ausgeübt	2	1	-	1
Keine Angabe	3	-	-	-
Insgesamt	100	100	100	100
Nachrichtlich: Durchschnittliche Berufserfahrung im Einarbeitungsberuf oder einem eng verwandten Beruf (in Jahren)	6,0	8,9	15,9	11,7

Quellen: Maßnahmedatei DIW 1994, 1997.

Die Übernahme von Führungsfunktionen war nur für 5 vH der geförderten Frauen im modifizierten Modellprogramm vorgesehen - im alten Modellprogramm waren es 10 vH (vgl. Tabelle 4.4/6). Angesichts der vergleichsweise besseren Qualifikationsstruktur und der insbesondere in Ostdeutschland langjährigen Berufserfahrung wäre ein in Ostdeutschland höherer Anteil von Frauen, denen Führungsaufgaben übertragen werden sollten, zu erwarten gewesen. Im alten Modellprogramm war die Übernahme von Führungsfunktionen deutlich häufiger bei Vollzeit- als bei Teilzeitbeschäftigung vorgesehen; im modifizierten Modellprogramm waren es jedoch auch Frauen mit "halben Stellen", die so eine herausgehobene Position übernehmen sollten.

Tabelle 4.4/6

Übernahme von Führungsfunktionen und wöchentliche Arbeitszeit der Berufsrückkehrerinnen

Übernahme von Führungsfunktionen vorgesehen	Wöchentliche Arbeitszeit bis zu 20 Stunden	21 bis unter 35 Stunden	35 und mehr Stunden	Insgesamt
	Altes Modellprogramm			
Zahl der Maßnahmen	85	50	57	192
Übernahme Führungsfunktion	darunter: Anteil in vH der Maßnahmen			
Führungsfunktion vorgesehen	-	10	25	10
Keine Führungsfunktion vorgesehen	99	90	75	90
Unklar/keine Angabe	1	-	-	0
Insgesamt	100	100	100	100
	Modifiziertes Modellprogramm - West			
Zahl der Maßnahmen	86	27	31	144
Übernahme Führungsfunktion	darunter: Anteil in vH der Maßnahmen			
Führungsfunktion vorgesehen	2	-	13	4
Keine Führungsfunktion vorgesehen	98	100	87	96
Unklar/keine Angabe	-	-	-	-
Insgesamt	100	100	100	100
	Modifiziertes Modellprogramm - Ost			
Zahl der Maßnahmen	13	23	112	148
Übernahme Führungsfunktion	darunter: Anteil in vH der Maßnahmen			
Führungsfunktion vorgesehen	8	-	7	6
Keine Führungsfunktion vorgesehen	92	100	93	94
Unklar/keine Angabe	-	-	-	-
Insgesamt	100	100	100	100

Quellen: Maßnahmedatei DIW 1994, 1997.

4.5 Qualifizierung vor Beginn der Einarbeitungsphase

Eine der Modifikationen des Modellprogramms gegenüber der ursprünglichen Konzeption bestand darin, daß die betriebliche Einarbeitung durch eine qualifizierende Maßnahme bei einer Kammer, einem Berufsverband oder einem anerkannten Träger der beruflichen Weiterbildung ergänzt werden mußte. Diese Modifikation wurde vor allem deshalb vorgenommen, weil gerade sehr kleine Betriebe die fachliche Qualifizierung ausschließlich durch innerbetriebliche Maßnahmen nur schwer leisten können. Anders als bei der Konzeption des alten Modellprogramms zunächst erwartet, haben sich am alten und am modifizierten Modellprogramm vor allem kleine Betriebe beteiligt. Die Modifikationen des Modellprogramms zielten u.a. darauf ab, gestützt auf die Erfahrungen aus dem alten Modellprogramm die Bedingungen für Einarbeitungsmaßnahmen zur qualifizierten Berufsrückkehr von Frauen besser an die Erfordernisse und Gegebenheiten dieser Betriebsgröße anzupassen.

Auf die externe Qualifizierung <u>während</u> der Einarbeitungsmaßnahme konnte jedoch verzichtet werden, wenn bereits <u>vorher</u> eine Maßnahme zur beruflichen Fortbildung oder Umschulung stattgefunden hatte. Die Qualifizierungsmaßnahme durfte für diese Anrechnung höchstens 12 Monate zurückliegen.

Bei fast der Hälfte der Einarbeitungsmaßnahmen im modifizierten Modellprogramm waren die Berufsrückkehrerinnen bereits vor der Einarbeitungsmaßnahme Teilnehmerinnen einer beruflichen Qualifizierungsmaßnahme[49]. In diesen Fällen war keine externe Qualifizierung vorgeschrieben, aber dennoch teilweise vorgesehen (vgl. Kapitel 4.6). In den neuen Bundesländern ist der Anteil der Frauen mit einer beruflichen Qualifizierung vor Beginn der Einarbeitungsmaßnahme wesentlich höher als in den alten Bundesländern (vgl. Tabelle 4.5/1). Hierin spiegelt sich auch der seinerzeitige massive Einsatz der AFG-Förderung in den neuen Bundesländern zur Anpassung der Qualifikationen an geänderte Anforderungen, aber auch zur Entlastung des Arbeitsmarktes[50]. Besonders deutlich ist der Unterschied bei den Umschulungen: Nach den Angaben in den Antragsunterlagen hatten 28 vH der Teilnehmerinnen in den neuen Ländern zuvor eine Umschulung gemacht; in den alten Ländern liegt dieser Anteil nur bei 4 vH. Während das Ziel der Umschulung die Ausbildung in einem bisher nicht erlernten oder ausgeübten Beruf ist und in der Regel mit einer Abschlußprüfung vor der zuständigen Kammer endet, geht es bei der Anpassungsqualifizierung um die Anpassung der beruflichen Kenntnisse,

---

[49] Bezogen auf die letzten 12 Monate vor Beginn der Einarbeitung; eine Verlängerung dieses Zeitraums auf 24 Monate erhöht diesen Anteil nur um 7 vH-Punkte.

[50] Vgl. Friederike Behringer: Weiterbildung in Ost- und Westdeutschland. In: Vierteljahrshefte zur Wirtschaftsforschung 1/1995, S. 26 ff.

Fähigkeiten und Fertigkeiten an geänderte Anforderungen im (erlernten) Beruf. Insbesondere in Ostdeutschland sind diese Maßnahmen ein wichtiger Bestandteil aktiver Arbeitsmarktpolitik. Jede vierte geförderte Berufsrückkehrerin hatte vor der Einarbeitung an einer Anpassungsqualifizierung teilgenommen; der Anteil liegt in den neuen Ländern etwas höher als in den alten.

Der Vergleich mit dem alten Modellprogramm ist in diesem Punkt nur eingeschränkt möglich. In den Antragsunterlagen wurden vorherige Qualifizierungsmaßnahmen nur unvollständig angegeben, weil diese für das Bewilligungsverfahren nur von untergeordneter Bedeutung waren. Bei jeder fünften geförderten Einarbeitung im Rahmen des alten Modellprogramms geht aus den Unterlagen hervor, daß die Berufsrückkehrerin kurz vor der Einarbeitung an einer beruflichen Weiterbildung, z.T. nach einem Orientierungskurs für Berufsrückkehrerinnen, teilgenommen hatte. Zählt man diejenigen hinzu, die zwar nicht nach den Antragsunterlagen, aber nach den Angaben im ersten Fragebogen für Berufsrückkehrerinnen während der Familienphase an einer beruflichen Weiterbildung teilgenommen hatten, verdoppelt sich dieser Anteil. Es kann also davon ausgegangen werden, daß der Anteil der Berufsrückkehrerinnen, die vor Beginn der Einarbeitung an einer beruflichen Qualifizierung teilgenommen hatten, im alten Modellprogramm etwa ebenso hoch ist wie in den alten Ländern im modifizierten Modellprogramm.

Tabelle 4.5/1
Qualifizierung in den letzten 12 Monaten vor der Einarbeitung
(Struktur in vH)

Qualifizierung vor der Einarbeitung	Modifiziertes Modellprogramm		
	Bundesgebiet	West	Ost
Umschulung	16	4	28
Anpassungsqualifizierung	26	24	28
Sonstige Weiterbildung	5	6	5
Zusammen: Qualifizierung vor der Einarbeitung	48	35	61
Keine Qualifizierung vor der Einarbeitung	52	65	39
Insgesamt	100	100	100

Quelle: Maßnahmedatei, DIW 1997.

Bei Berufsrückkehrerinnen, die bereits vor der Einarbeitung an einer Qualifizierungsmaßnahme teilgenommen hatten, wurden von den Arbeitgebern kürzere Fördermaßnahmen beantragt (gemessen an der durchschnittlichen Dauer, vgl. Tabelle 4.5/2). Der Anteil derjenigen, bei denen das BMFSFJ nur eine kürzere als die beantragte Förderdauer anerkannt hat, variiert nicht mit der Qualifizierung vor Beginn der Einarbeitungsmaßnahme. Beides könnte darauf hindeuten, daß in diesen Fällen bereits bei der Antragstellung der teilweise verringerte Einarbeitungsbedarf durch die vorherige Qualifizierung mehrheitlich angemessen berücksichtigt wurde.

Tabelle 4.5/2

Durchschnittliche Förderdauer, Einarbeitungsdauer und beantragte Förderdauer nach Qualifizierung und Tätigkeit im Einarbeitungsbetrieb vor der Einarbeitung

(Modifiziertes Modellprogramm)

Vorherige Qualifizierung/ Tätigkeit im Einarbeitungsbetrieb	Durchschnittl. Förderdauer in Monaten	Durchschnittl. Einarbeitungssdauer in Monaten	Durchschnittl. beantragte Förderdauer in Monaten
Qualifizierung vor Beginn der Einarbeitung			
Ja	6,6	7,6	8,3
Nein	7,6	8,1	9,4
Tätigkeit im Einarbeitungsbetrieb vor der Einarbeitung			
Ja	6,6	7,9	8,8
Nein	7,3	7,9	8,8
Insgesamt	7,1	7,9	8,8

Quelle: Maßnahmedatei, DIW 1997.

Ein Drittel der Berufsrückkehrerinnen im modifizierten Modellprogramm war bereits vor der Einarbeitungsmaßnahme im Einarbeitungsbetrieb tätig, zumeist in Form eines Praktikums, einer Aushilfsbeschäftigung oder einer Probebeschäftigung. Der Anteil liegt in den neuen Ländern ebenso hoch wie in den alten Ländern. Der entsprechende Anteil im alten Modellprogramm (24 vH) liegt deutlich niedriger. Solche Zeiten früherer Tätigkeit im Einarbeitungsbetrieb wurden von den Arbeitgebern bei der Festlegung der Dauer der Fördermaßnahme kaum berücksichtigt; die beantragte Förderdauer variiert nicht mit der vorherigen Tätigkeit im Einarbeitungsbetrieb. Bei der Bemessung der Förderdauer hat das BMFSFJ nur in einem Drittel dieser Fälle den Einarbeitungsbedarf in ungekürztem Umfang anerkannt; dies ist signifikant seltener als bei Maßnahmen ohne vorherige Tätigkeit im Einarbeitungsbetrieb.

Zum Nutzen außerbetrieblicher Weiterbildung für die Arbeitgeber, insbesondere bei Neueinstellungen, gibt es unterschiedliche theoretische Überlegungen. Aus humankapitaltheoretischer Sicht werden dem Zuwachs an Qualifikation durch Weiterbildung produktivitätsfördernde Auswirkungen zugesprochen[51]. Bei Einstellungsentscheidungen kann sich die Weiterbildung positiv für die Teilnehmer auswirken, sofern die "richtigen" Qualifikationen erworben wurden. Aus Sicht der Signal- oder Screening-Theorie hat die Weiterbildungsteilnahme Signalfunktionen für die Arbeitgeber hinsichtlich persönlicher Eigenschaften wie Leistungsbereitschaft und Arbeitsorientierung[52]. Die Signalfunktion der Weiterbildung müßte unabhängig von den Inhalten der Weiterbildung positive Effekte auf die Einstellungschancen der Weiterbildungsteilnehmer haben.

In leitfadengestützten Interviews zu Beginn der betrieblichen Einarbeitungsmaßnahme ging es u.a. um die Beurteilung der von den geförderten Frauen vor Beginn der Fördermaßnahme absolvierten Qualifizierungsmaßnahmen aus Sicht der Arbeitgeber. Von besonderem Interesse war dabei die Frage, ob diese vorherige Qualifizierungsmaßnahme von entscheidender Bedeutung für die Einstellung war, und welche Gründe für die Arbeitgeber eine Rolle spielten[53].

Mehr als die Hälfte der in die Interviews einbezogenen Arbeitgeber hätte die Berufsrückkehrerin ohne die vorherige außerbetriebliche Qualifizierungsmaßnahme <u>nicht</u> eingestellt (Tabelle 4.5/3). Ganz überwiegend wurden dabei die in der außerbetrieblichen Qualifizierungsmaßnahme vermittelten Kenntnisse, Fähigkeiten und Fertigkeiten als einstellungsentscheidend beschrieben. Für

---

[51] Vgl. Gary S. Becker: Human Capital. A Theoretical and Empirical Analysis with Special Reference to Education. Chicago, London 1993 (3rd. Editition).

[52] Vgl. Kenneth J. Arrow: Higher Education as a Filter. In: Journal of Public Economics 2, 1973, S. 193 ff. Michael Spence: Job Market Signaling. In: Quarterly Journal of Economics 87, 1973, S. 65 ff.

[53] In die folgenden Auswertungen sind alle vor der Einarbeitungsmaßnahme durchgeführten Qualifizierungsmaßnahmen einbezogen, auch wenn sie bereits länger als 12 Monate zurücklagen.

einen kleineren Teil der Arbeitgeber war die vorherige Qualifizierungsmaßnahme einstellungsentscheidend, weil die Frauen aus Sicht der Arbeitgeber dadurch Eigenschaften wie Motivation, Engagement, Initiative, Durchhaltevermögen und Flexibilität "bewiesen" haben.

Gut ein Drittel der interviewten Arbeitgeber hätte die betroffene Frau auch ohne die vorherige Qualifizierungsmaßnahme eingestellt. Begründet wurde dies zum einen mit Mängeln der absolvierten Maßnahme aus Arbeitgebersicht, insbesondere fehlendem Bezug zu dem, was am konkreten Arbeitsplatz erforderlich ist. Andere haben hervorgehoben, daß die berufliche Ausbildung und die Berufserfahrung der Frauen vor der Qualifizierungsmaßnahme von weitaus größerer Bedeutung als die Weiterbildung waren. Schließlich wurde auf die Persönlichkeit der Frau verwiesen, auf ihre Zuverlässigkeit und "Gesetztheit", aber auch auf die vermutlich abgeschlossene Familienplanung. Allerdings wurde auch bei der Betonung der Bedeutung des persönlichen Eindrucks darauf hingewiesen, daß die Beurteilung nicht zuletzt von der Teilnahme an der Qualifizierungsmaßnahme beeinflußt war: Die erfolgreiche Teilnahme signalisiert aus Sicht dieser Arbeitgeber Leistungswillen und Leistungsfähigkeit, Engagement und Zuverlässigkeit.

Tabelle 4.5/3

Bedeutung vorheriger Qualifizierungsmaßnahmen für die Einarbeitung aus Sicht der Arbeitgeber

	Modifiziertes Modellprogramm		
	Bundesgebiet	West	Ost
Zahl der Berufsrückkehrerinnen, die vor der Einarbeitung an einer beruflichen Qualifizierungsmaßnahme teilgenommen haben	171	61	110
	- Anteile in vH -		
Hätte der Arbeitgeber die Berufsrückkehrerin auch ohne diese Qualifizierung eingestellt?			
Ja	36	36	36
Darunter:			
- Mängel der Qualifizierungsmaßnahme	12	13	11
- Persönliche Eigenschaften der Frau waren wichtiger	11	11	10
- Frühere Berufsausbildung und Berufserfahrung waren wichtiger	5	5	5
Nein	57	62	55
Darunter:			
- Qualifikationsspezifische Gründe	51	57	48
Keine Angabe	6	2	9
Insgesamt	100	100	100

Quelle: Maßnahmedatei, DIW 1997.

Bei der Interpretation der vorgestellten Ergebnisse ist zu berücksichtigen, daß es sich nicht um eine repräsentative Arbeitgeberbefragung handelt. Wegen der Modalitäten des Modellprogramms[54] ist eine besonders positive Bewertung der in der vorherigen Weiterbildung vermittelten Fähigkeiten, Fertigkeiten und Kenntnisse zu erwarten, während Weiterbildung als "screening device" besonders selten evident werden dürfte. Aus den Argumentationsmustern der Arbeitgeber läßt sich Unterstützung für beide theoretische Erklärungsansätze - Humankapitaltheorie und Signal-/Screeningtheorie - herleiten. Weiterbildung spielt in beruflicher Hinsicht nicht nur wegen des Erwerbs oder der Aktualisierung von Fähigkeiten, Fertigkeiten und Kenntnissen eine Rolle, sondern auch wegen der damit verbundenen Signaleffekte an (potentielle) Arbeitgeber.

Von besonderer Bedeutung für die Einstellungschancen sind Praktika im Rahmen von Qualifizierungsmaßnahmen, aber auch Aushilfstätigkeiten und "Probebeschäftigungen". Nach den vorliegenden Ergebnissen dienen sie in erheblichem Maße als Selektionshilfe ("screening device") bei Neueinstellungen. Von den Arbeitgebern, die im Rahmen des Modellprogramms Frauen eingestellt haben, die in irgendeiner Form bereits vorher im Betrieb tätig waren, hätten 81 vH die betreffenden Frauen ohne diese vorherige Tätigkeit im Einarbeitungsberuf nicht eingestellt (vgl. Tabelle 4.5/4).

Anders als bei den Qualifizierungsmaßnahmen sind es aber nicht die Inhalte, nicht der Erwerb von Wissen, Fähigkeiten und Fertigkeiten, die eine vorherige Tätigkeit der Berufsrückkehrerinnen im Betrieb für den Arbeitgeber wichtig machen. Betont wird vielmehr der Aspekt der Risikominimierung: Durch die vorherige Tätigkeit war das Kennenlernen der Berufsrückkehrerin möglich, Arbeitseinstellung und Motivation, aber auch ihre fachliche Eignung konnten überprüft werden, und nicht zuletzt konnte der Arbeitgeber sich davon überzeugen, daß die Zusammenarbeit auf der persönlichen Ebene klappt. Letzteres ist gerade bei der kleinbetrieblichen Struktur der beteiligten Betriebe von großer Bedeutung.

---

[54] In der Regel mußte die betriebliche Einarbeitung durch eine außerbetriebliche Qualifizierung ergänzt werden. Auf diese externe Qualifizierung während der Einarbeitungsphase konnte verzichtet werden, wenn die geförderte Frau in den zurückliegenden 12 Monaten eine einschlägige berufliche Qualifizierungsmaßnahme durchlaufen hatte. Wegen dieser Anrechnungsmöglichkeit, von der die Arbeitgeber häufig Gebrauch gemacht haben, war eine positive Darstellung des betrieblichen Nutzens der vorherigen Qualifizierungsmaßnahme zu erwarten.

Tabelle 4.5/4

Bedeutung vorheriger Tätigkeit im Betrieb für die Einarbeitung aus Sicht der Arbeitgeber

	Modifiziertes Modellprogramm		
	Bundesgebiet	West	Ost
Zahl der Berufsrückkehrerinnen, die vor der Einarbeitung im Einarbeitungsbetrieb tätig waren	96	46	50
	- Anteile in vH -		
Hätte der Arbeitgeber die Berufsrückkehrerin auch ohne diese Tätigkeit eingestellt?			
Ja	8	7	10
Nein	81	83	80
Keine Angabe	10	11	10
Insgesamt	100	100	100

Quelle: Maßnahmedatei, DIW 1997.

Die Argumentationsmuster der betroffenen Arbeitgeber machen deutlich, warum aus ihrer Sicht zwar eine vorherige Qualifizierung, nicht aber eine vorherige Tätigkeit im Einarbeitungsbetrieb den Einarbeitungsbedarf reduziert: Die vorherige Qualifizierung war für gut die Hälfte der Arbeitgeber für die Einstellung der Berufsrückkehrerin entscheidend, und zwar wegen der dort vermittelten Kenntnisse, Fertigkeiten und Fähigkeiten. Deshalb ist die durchschnittliche beantragte Förderdauer in den Fällen kürzer, in denen die Berufsrückkehrerin bereits vorher eine Qualifizierungsmaßnahme durchlaufen hatte (vgl. Tabelle 4.5/2). Dies kann als Hinweis darauf interpretiert werden, daß der verringerte Einarbeitungsbedarf bei der Antragstellung bereits berücksichtigt wurde.

Anders ist dies in den Fällen, in denen die Berufsrückkehrerin bereits vor der Einarbeitung im Einarbeitungsbetrieb tätig war: Vier Fünftel der Arbeitgeber hätten die Berufsrückkehrerin ohne diese Tätigkeit nicht eingestellt, begründet wird dies aber nicht mit den Inhalten der Tätigkeit, sondern mit einer Art Testphase vor allem hinsichtlich der persönlichen Eigenschaften der Frau. In einem erheblichen Teil der Fälle waren die während der Aushilfstätigkeit übertragenen

Arbeiten auch deutlich weniger anspruchsvoll als der Aufgabenbereich, für den die Berufsrückkehrerin eingearbeitet werden sollte. Aus Sicht der Arbeitgeber ergibt sich aus der vorherigen Tätigkeit deshalb zumeist keine Reduktion des Einarbeitungsbedarfs, die durchschnittlich beantragte Förderdauer war - unabhängig von vorherigen Tätigkeiten im Einarbeitungsbetrieb - gleich hoch (vgl. Tabelle 4.5/2).

4.6 Ergänzung der innerbetrieblichen Einarbeitung durch außerbetriebliche Qualifizierung

Wie in Abschnitt 4.5 dargestellt, hatte fast die Hälfte der geförderten Berufsrückkehrerinnen im modifizierten Modellprogramm bereits vor der Einarbeitungsmaßnahme eine Qualifizierung durchlaufen (vgl. Tabelle 4.5/1). In diesen Fällen war keine weitere externe Qualifizierung zur Ergänzung der innerbetrieblichen Einarbeitung vorgeschrieben.

Bei rund 30 vH der Maßnahmen, deren Bewilligung nicht mit der Auflage der Durchführung außerbetrieblicher Qualifizierungsmaßnahmen ausgesprochen wurde, war gleichwohl der Besuch externer Bildungsangebote vorgesehen. In diesen Fällen hielten die Arbeitgeber den Besuch von Kursen oder Seminaren für erforderlich, unabhängig von den Auflagen des Bewilligungsbescheides. Dieser Anteil ist in Ostdeutschland ebenso hoch wie in Westdeutschland.

Insgesamt war für zwei Drittel der geförderten Berufsrückkehrerinnen eine außerbetriebliche Qualifizierung vorgesehen, der Anteil liegt in Ostdeutschland (wegen der dort wesentlich häufigeren vorab absolvierten Qualifizierungsmaßnahmen) deutlich niedriger als in Westdeutschland (vgl. Tabelle 4.6/1).

Tabelle 4.6/1
Ergänzung der innerbetrieblichen Einarbeitung durch außerbetriebliche Qualifizierung
(Struktur in vH)

Außerbetriebliche Qualifizierung	Modifiziertes Modellprogramm		
	Bundesgebiet	West	Ost
Vorgeschrieben lt. Bewilligungsbescheid	52	65	39
Nicht vorgeschrieben, aber vorgesehen	14	11	18
Zusammen: Außerbetriebliche Qualifizierung vorgesehen	66	76	56
Keine externe Qualifizierung vorgesehen	34	24	44
Insgesamt	100	100	100

Quelle: Maßnahmedatei, DIW 1997.

Ein Vergleich mit dem alten Modellprogramm ist auch an dieser Stelle nur eingeschränkt möglich, weil damals keine externen Qualifizierungsmaßnahmen vorgeschrieben waren und deshalb in den Antragsunterlagen auch nur unvollständig Angaben dazu vorliegen. Bei knapp 50 vH der Einarbeitungsmaßnahmen im alten Modellprogramm ergab sich aus den Antragsunterlagen, daß externe Qualifizierungsmaßnahmen geplant waren; ergänzt man dies um die Angaben der Arbeitgeber in den Fragebogen zu Beginn der Einarbeitung, so waren für 70 vH der Berufsrückkehrerinnen externe Qualifizierungsmaßnahmen vorgesehen. Der Anteil ist damit etwa ebenso hoch wie bei den in Westdeutschland durchgeführten Einarbeitungsmaßnahmen des modifizierten Modellprogramms.

Die Angaben der Arbeitgeber zu den geplanten Qualifizierungsmaßnahmen (Inhalte, Träger, Dauer, Zertifizierung etc.) weisen große Lücken auf. Hierfür gibt es mehrere Gründe:

- Der konkrete Weiterbildungsbedarf ergibt sich aus der Diskrepanz zwischen dem Qualifikationsprofil der Berufsrückkehrerin und dem Anforderungsprofil des Arbeitsplatzes. Nicht immer sahen sich die Arbeitgeber vor der Arbeitsaufnahme der Berufsrückkehrerin in der Lage, den Bedarf an Weiterbildung inhaltlich anzugeben (weil auch Zeugnisse und andere Qualifikationsnachweise nicht immer hinreichend Aufschluß über das tatsächliche Qualifikationsprofil geben). In diesen Fällen ließ sich der inhaltliche Weiterbildungsbedarf erst im Prozeß der Einarbeitung benennen.

- Viele Arbeitgeber sind über die Weiterbildungsangebote nur unzureichend informiert. Mangelnde Überschaubarkeit der Weiterbildungsanbieter und ihrer Qualität, fehlende Transparenz der Inhalte der Weiterbildungsangebote und unzureichende Beratungsmöglichkeiten werden seit vielen Jahren beklagt; die Ende 1987 ins Leben gerufene "Konzertierte Aktion Weiterbildung" hat sich u.a. Verbesserungen in diesem Bereich als Aufgabe gestellt. Auch mit Mitteln aus öffentlichen Haushalten wurde die Entwicklung von Informationssystemen und Datenbanken gefördert, die Weiterbildungsangebote systematisch erfassen und vergleichbar aufbereitete Informationen zur Verfügung stellen. Allerdings nutzen insbesondere kleine und mittelständische Unternehmen diese Informationsmöglichkeiten immer noch in nur geringem Maße - nur einem kleineren Teil von ihnen sind solche Datenbanken überhaupt bekannt[55]. Viele Arbeitgeber sahen sich auf Grund unzureichender Informationen nicht in der Lage, bereits bei der Antragstellung Angaben zu den im Rahmen der Fördermaßnahmen vorgeschriebenen außerbetrieblichen Qualifizierungselementen zu machen.

- Darüber hinaus beklagten etliche Arbeitgeber das Fehlen geeigneter Weiterbildungsangebote, entweder generell für spezifische Anforderungen oder jedenfalls in ihrer Region. In den neuen Ländern traten diese Schwierigkeiten besonders häufig auf; hier kam hinzu, daß der Zusammenbruch des früheren betrieblichen Weiterbildungssystems der DDR und der Aufbau neuer Angebotsstrukturen im Vergleich zu früher andersartige Vorgehensweisen bei der Suche nach geeigneten Weiterbildungsangeboten erforderte. Zudem war der Aufbau der Weiterbildungsangebote bei Verbänden, Kommunen und Volkshochschulen noch nicht abgeschlossen[56].

---

[55] Vgl. Horst Kramer: Informationssysteme und Datenbanken. In: Hessische Blätter für Volksbildung, Schwerpunktheft Dienstleistungen für die Erwachsenenbildung 3/1997, S. 216 ff.

[56] Vgl. Friederike Behringer: Weiterbildung in Ost- und Westdeutschland, a.a.O.

Die Lücken in den Angaben beeinträchtigen die Analysemöglichkeiten. Die Analysen beschränken sich daher auf den zeitlichen Aufwand für externe Qualifizierung sowie auf Informationen zur Verwertbarkeit der durch externe Maßnahmen zu erwerbenden Qualifikationen auch bei einem eventuellen Arbeitgeberwechsel.

Basis der folgenden Auswertungen sind die 193 Einarbeitungsmaßnahmen des modifizierten Modellprogramms, bei denen eine Ergänzung durch außerbetriebliche Qualifizierungsmaßnahmen vorgesehen war. Dabei hielt fast die Hälfte der Arbeitgeber mehr als einen Kurs oder Lehrgang für erforderlich; der Anteil liegt in Westdeutschland wesentlich höher als in Ostdeutschland (vgl. Tabelle 4.6/2). Aufschlußreicher ist im Prinzip die voraussichtliche Dauer der vorgesehenen Weiterbildungsmaßnahmen, zu der jedoch nur für 65 vH der einbezogenen Einarbeitungsmaßnahmen Angaben vorliegen.

Tabelle 4.6/2
Zahl der vorgesehenen externen Qualifizierungsmaßnahmen

	Modifiziertes Modellprogramm		
	Bundesgebiet	West	Ost
Zahl der Berufsrückkehrerinnen, für die externe Qualifizierungsmaßnahmen vorgesehen sind	193	110	83
		- Anteile in vH -	
Zahl der vorgesehenen außerbetrieblichen Qualifizierungsmaßnahmen			
Eine	52	45	62
Zwei	22	23	20
Drei und mehr	26	33	18
Insgesamt	100	100	100

Quelle: Maßnahmedatei, DIW 1997.

Für die Qualifizierungsmaßnahmen war eine sehr unterschiedliche Gesamtdauer vorgesehen[57]; die Spanne reicht von insgesamt vier Unterrichtsstunden bis zu 560 Unterrichtsstunden. Der Durchschnittswert liegt bei 73 Unterrichtsstunden (vgl. Tabelle 4.6/3), das entspricht etwa zwei Wochen bei Vollzeitunterricht. Die Unterschiede zwischen den neuen und den alten Ländern bei diesem Durchschnittswert sind vor allem auf 3 Extremwertnennungen zurückzuführen.

Unter Berücksichtigung des hohen Anteils der Arbeitgeber, die keine Angaben zur Dauer der vorgesehenen externen Qualifizierung gemacht hatten, waren für rund ein Fünftel der Berufsrückkehrerinnen Kurse mit höchstens 24 Unterrichtsstunden (entspricht etwa drei Tagen) und für mehr als ein Viertel längere Kurse mit bis zu 100 Unterrichtsstunden vorgesehen. Bemerkenswert ist, daß etwa jede sechste Frau Kurse von mehr als 100 Unterrichtsstunden besuchen sollte. Dieser Anteil liegt in Westdeutschland etwas höher als in Ostdeutschland; dies ist nicht zuletzt darauf zurückzuführen, daß von den Arbeitgebern in Westdeutschland seltener die Angaben fehlen. Bezieht man die Auswertungen nur auf die Arbeitgeber, die Angaben zur vorgesehenen außerbetrieblichen Qualifizierungsmaßnahme gemacht hatten, so zeigen sich große Ähnlichkeiten in der vorgesehenen Dauer solcher Maßnahmen. Für ein Viertel der Fälle waren externe Kurse von mindestens 100 Unterrichtsstunden vorgesehen; dieser Anteil liegt in Westdeutschland (mit 26 vH) etwas höher als der Anteil in Ostdeutschland (21 vH).

[57] Ausgewertet wurde die in den Antragsunterlagen angegebene Dauer in Unterrichtsstunden. Bei mehr als einer externen Qualifizierungsmaßnahme wurden die Werte addiert; fehlende Angaben zur Dauer des zweiten oder dritten Kurses wurden mit dem Wert Null angesetzt (und führen so zu tendenziell zu niedrigen Gesamtwerten). Unter "Keine Angabe" werden nur Fälle ausgewiesen, bei denen zu keinem Kurs Angaben zur vorgesehenen Dauer vorliegen.

Tabelle 4.6/3
Zeitlicher Aufwand für externe Qualifizierungsmaßnahmen

	Modifiziertes Modellprogramm		
	Bundesgebiet	West	Ost
Zahl der Berufsrückkehrerinnen, für die externe Qualifizierungsmaßnahmen vorgesehen waren	193	110	83
Gesamtdauer der vorgesehenen externen Qualifizierungsmaßnahmen (Anteile in vH)			
bis einschl. 24 Unterrichtsstunden	22	23	22
25 bis einschl. 40 Unterrichtsstunden	16	17	13
41 bis einschl. 99 Unterrichtsstunden	11	13	10
100 und mehr Unterrichtsstunden	16	19	12
Keine Angabe	35	28	43
Insgesamt	100	100	100
Durchschnittliche vorgesehene Gesamtdauer (in Unterrichtsstunden)	73	82	57

Quelle: Maßnahmedatei, DIW 1997.

Rund ein Viertel der vorgesehenen außerbetrieblichen Qualifizierungsmaßnahmen sollte in Ost- wie in Westdeutschland von Kammern durchgeführt werden, und auch die privaten Bildungsträger hatten mit jeweils rund einem Fünftel in beiden Gebieten etwa gleich starkes Gewicht. Gemeinnützige Einrichtungen waren als Träger ergänzender außerbetrieblicher Qualifizierung in Westdeutschland von größerer Bedeutung als in Ostdeutschland (vgl. Tabelle 4.6/4). Insgesamt sollten rund vier Fünftel der ergänzenden externen Kurse von Trägern durchgeführt werden, die weder ausschließlich für ein Unternehmen noch ausschließlich für ein Produkt/eine Produktgruppe eines Herstellers qualifizieren. Es kann vermutet werden, daß die von diesen Trägern vermittelten Qualifikationen größere Verwertungschancen bieten, auch bei einem späteren Arbeitgeberwechsel.

Tabelle 4.6/4
Träger externer Qualifizierungsmaßnahmen
(Anteile in vH der Nennungen)

Träger externer Qualifizierungsmaßnahmen	Modifiziertes Modellprogramm		
	Bundesgebiet	West	Ost
Kammern (z.B. IHK, HWK)	26	25	28
Verbände (z.B. Deutscher Anwaltsverein)	6	6	6
DATEV	4	5	3
Bildungseinrichtungen der Unternehmen (auch zentrale Schulungszentren)	10	12	8
Produktanbieter (z.B. Software-Anbieter)	10	7	15
Private Bildungsträger	21	21	20
Gemeinnützige Bildungsträger (z.B. VHS, Arbeit und Leben)	21	24	18
Öffentliche Schulen/Universitäten	1	1	1
Sonstige	2	1	2
Insgesamt	100	100	100
Nachrichtlich: Anteil der Fördermaßnahmen ohne Angabe zum Träger der vorgesehenen externen Qualifizierung	9	6	12

Quelle: Maßnahmedatei, DIW 1997.

5. Beurteilung der Einarbeitungsmaßnahmen

5.1 Beurteilung der Einarbeitungsmaßnahmen aus der Sicht der Frauen

Die folgenden Analysen stützen sich vor allem auf die Auswertung der Zweitbefragung der Berufsrückkehrerinnen, die vier Wochen nach dem Ende der Einarbeitungsmaßnahme durchgeführt wurde. Zum Stichtag der Auswertungen für diesen Bericht konnten von den im modifizierten Modellprogramm geförderten 292 Frauen zwei Frauen aus zeitlichen Gründen nicht mehr befragt werden, weil ihre Einarbeitungsmaßnahme sehr lange dauerte (vgl. dazu Abschnitt 3.1.2). Die Datenbasis der Zweitbefragung sind daher 290 Teilnehmerinnen des modifizierten Modellprogramms. Zum Vergleich wird die Zweitbefragung der geförderten Berufsrückkehrerinnen im alten Modellprogramm (173 Frauen) ausgewertet. Durch den Vergleich der Angaben der befragten Frauen mit den Plänen der Arbeitgeber zu Beginn der Einarbeitungsmaßnahme werden Aussagen darüber möglich, ob die Einarbeitungsmaßnahme wie geplant durchgeführt werden konnte, und ob es Hinweise auf Implementationsprobleme und Mitnahmeeffekte gibt.

Im folgenden geht es zunächst um die Beurteilung der betrieblichen Einarbeitung sowie der externen Qualifizierungsmaßnahmen durch die Berufsrückkehrerinnen. Ihre Zufriedenheit mit der Einarbeitung wird im Zusammenhang mit verschiedenen Merkmalen der Einarbeitungsmaßnahme analysiert. Anschließend wird dargestellt, was aus Sicht der Berufsrückkehrerinnen Voraussetzungen für eine gute Einarbeitungsmaßnahme sind. Die Situation der Berufsrückkehrerinnen am Ende der Einarbeitung wird vor allem hinsichtlich ihrer subjektiven Arbeitsmarktchancen dargestellt.

5.1.1 Die betriebliche Einarbeitung im Urteil der Frauen

Die praktische Einarbeitung im Betrieb wurde von den Berufsrückkehrerinnen mehrheitlich positiv beurteilt[58], aber auch negative Urteile wurden abgegeben (vgl. Abbildung 5.1/1). Dabei gibt es nur sehr geringe Unterschiede zwischen altem und modifiziertem Modellprogramm. Eine Ausnahme bildet das Statement: "Die Einarbeitung ist mir sehr leicht gefallen." Nur 20 vH der Berufsrück-

---

[58] Nicht alle Berufsrückkehrerinnen waren zum Zeitpunkt der Zweitbefragung noch bei dem Arbeitgeber beschäftigt, der für ihre Einarbeitung Fördermittel erhalten hatte. Die hier referierten Urteile beziehen sich aber sämtlich auf die geförderte Einarbeitung. Sieben Frauen haben nicht die geförderte Einarbeitungsmaßnahme, sondern die Einarbeitung nach einem Arbeitgeberwechsel beurteilt, eine Frau hat nicht erkennen lassen, worauf sich das Urteil bezieht; sie sind in die folgenden Analysen nicht einbezogen.

kehrerinnen im modifizierten Modellprogramm (im Vergleich zu 38 vH im alten Modellprogramm) stimmten hier zu.

In Tabelle 5.1/1 wurde diese Beurteilung danach zusammengefaßt, ob sie rein positiv oder rein negativ ausfällt oder ob bei grundsätzlich positiver Beurteilung auch Kritik geäußert wird[59]. Sechs von zehn Berufsrückkehrerinnen beurteilten die betriebliche Einarbeitung ausschließlich positiv, bei einem weiteren Zehntel ging die positive Beurteilung mit Kritik einher. Insgesamt sind rund zwei Drittel der Berufsrückkehrerinnen nach eigenem Urteil in der Einarbeitungsmaßnahme mit allen erforderlichen beruflichen Tätigkeiten vertraut gemacht worden. Dabei ist das Urteil der Berufsrückkehrerinnen in den alten Bundesländern häufiger eindeutig positiv, aber auch häufiger eindeutig negativ als in den neuen Ländern. Dies gilt auch, wenn der unterschiedliche Anteil der fehlenden Angaben berücksichtigt wird.

Abbildung 5.1/1

Beurteilung der praktischen Einarbeitung im Betrieb *)

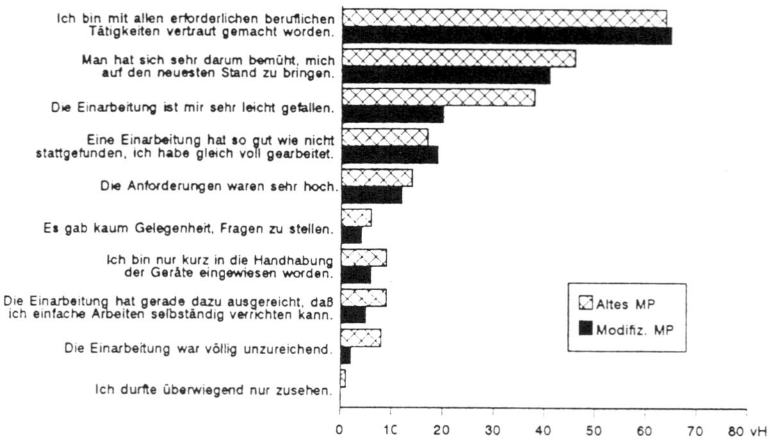

*) Mehrfachnennungen; Angaben in vH der Berufsrückkehrerinnen (ohne Berufsrückkehrerinnen, die eine Einarbeitung nach einem Arbeitgeberwechsel beurteilt haben).
Quellen: Zweitbefragung der Berufsrückkehrerinnen, DIW 1994, 1997.

---

[59] In dieses Gesamturteil wurden die Statements "Die Anforderungen waren sehr hoch" und "Die Einarbeitung ist mir sehr leicht gefallen" nicht mit einbezogen. Diese Statements beschreiben den subjektiven Schwierigkeitsgrad bei der Einarbeitung, der nur teilweise mit der betrieblichen Einarbeitung zusammenhängt. Die Korrelationsanalyse bestätigt den nur geringen Zusammenhang mit den übrigen Statements.

Tabelle 5.1/1

Beurteilung der praktischen Einarbeitung im Betrieb durch die Berufsrückkehrerinnen

(Anteile in vH)

	Altes Modellprogramm	Modifiziertes Modellprogramm		
		Bundesgebiet	West	Ost
Beurteilung der praktischen Einarbeitung				
Positive Urteile	64	60	63	57
Positive und negative Urteile	8	9	7	11
Negative Urteile	20	16	18	14
Keine Angabe[1)]	8	16	13	18
Insgesamt	100	100	100	100
Nachrichtlich: Zahl der Berufsrückkehrerinnen	173	290	142	148

[1)] Einschließlich Frauen, deren Urteil sich nicht auf die geförderte Einarbeitung, sondern auf die Einarbeitung nach einem Arbeitgeberwechsel bezieht; einschließlich Antwortverweigerung bei diesem Fragebogen.
Quellen: Zweitbefragung der Berufsrückkehrerinnen, DIW 1994, 1997.

Aber: rund ein Fünftel der Berufsrückkehrerinnen kritisierte die Einarbeitungsmaßnahmen; die häufigste Kritik ist dabei, daß eine Einarbeitung so gut wie nicht stattgefunden habe (17 vH im alten Modellprogramm, 19 vH im modifizierten Modellprogramm). Wenn diese Einschätzung der Berufsrückkehrerinnen zuträfe, stünde dies im eklatanten Widerspruch zu den Zielen des Modellprogramms.

Tabelle 5.1/2

Förderdauer und Dauer der Einarbeitung im Urteil der Berufsrückkehrerinnen

	Altes Modellprogramm	Modifiziertes Modellprogramm		
		Bundesgebiet	West	Ost
Zahl der Berufsrückkehrerinnen mit durchgeführter Zweitbefragung	173	290	142	148
Durchschnittliche Förderdauer in Wochen[1)]	26	28	31	26
Durchschnittliche Einarbeitungsdauer in Wochen[2)]	18	20	19	20
Vergleich Einarbeitungsdauer/Förderdauer (Anteile in vH)				
- Einarbeitungsdauer kürzer als Förderdauer	50	44	47	41
- Einarbeitungsdauer entspricht Förderdauer	23	16	9	22
- Einarbeitungsdauer länger als Förderdauer	4	9	8	9
- Keine Angabe[3)]	24	32	36	28

[1)] Laut Bewilligung, umgerechnet in Wochen. - [2)] Laut Zweitbefragung der Berufsrückkehrerinnen. - [3)] Einschließlich Frauen, deren Antwort sich nicht auf die geförderte Einarbeitung, sondern auf die Einarbeitung nach einem Arbeitgeberwechsel bezieht; einschließlich Antwortverweigerung bei diesem Fragebogen.
Quellen: Zweitbefragung der Berufsrückkehrerinnen, Maßnahmedatei, DIW 1994, 1997.

Anlaß zur kritischen Prüfung geben auch die Angaben der Frauen zur Dauer der Einarbeitung. Nach den Angaben der Berufsrückkehrerinnen im Fragebogen liegt die durchschnittliche Einarbeitungsdauer deutlich niedriger als die durchschnittliche Förderdauer (vgl. Tabelle 5.1/2). Vergleicht man in jedem Einzelfall die von der Frau angegebene Einarbeitungsdauer mit der jeweiligen Förderdauer, so berichteten 44 vH der Frauen im modifizierten Modellprogramm über eine kürzere Einarbeitungsdauer als nach der Förderdauer zu erwarten war; im alten Modellprogramm liegt dieser Anteil sogar noch etwas höher[60]. 9 vH der geförderten Berufsrückkehrerinnen im modifizierten Modellprogramm gaben eine Einarbeitungsdauer an, die länger als die bewilligte Förderdauer ist; dieser Anteil liegt deutlich höher als im alten Modellprogramm. Ein erheblicher Teil der geförderten Frauen konnte oder wollte zu dieser Frage keine Angaben machen[61].

Diese Diskrepanz zwischen den Angaben der Arbeitgeber vor Beginn der Maßnahmen und den Antworten der Frauen nach dem vorgesehenen Ende der Einarbeitungszeit kann verschiedene Ursachen haben:

- Sie kann erstens daher rühren, daß die betroffenen Frauen sich selbst und ihre Lernfortschritte bei der Einarbeitung überschätzten (und folglich die Dauer der Einarbeitung unterschätzten);

- sie kann zweitens dadurch verursacht sein, daß die erforderliche Einarbeitungsdauer bei der Antragstellung von den Betrieben länger eingeschätzt wurde, als sie später tatsächlich war;

- drittens kann der in den Antragsunterlagen vorgesehene Einarbeitungsplan absichtlich nicht realisiert worden sein.

Zu dem ersten hier angesprochenen Punkt sind auf der Grundlage der Befragungen keine weiteren Aussagen zu treffen. Zumindest bei dem Fünftel der Frauen, nach deren Angaben die Einarbeitungsmaßnahme höchstens eine Woche gedauert oder praktisch nicht stattgefunden hat (alte Länder 18 vH, neue Länder 21 vH), ist es jedoch unwahrscheinlich, daß eine Selbstüberschätzung die Hauptursache für die Diskrepanz zu den Angaben der Arbeitgeber bezüglich der geplanten Einarbeitungsdauer war. Dies ist also als Hinweis auf Mitnahmeeffekte und nicht den Richtlinien entsprechende Einarbeitungsmaßnahmen zu interpretieren. Zu den beiden anderen Punkten vgl. Abschnitt 5.2.

---

[60] Abweichungen bis einschließlich zwei Wochen wurden als Übereinstimmung von Förderdauer und tatsächlicher Einarbeitungsdauer gewertet.

[61] Von den Frauen ohne Angabe zur Dauer der Einarbeitungsmaßnahme hatten sehr viele angegeben, eine Einarbeitung habe so gut wie nicht stattgefunden. Bei Frauen, die keine explizite Angabe zur Einarbeitungsdauer machten, aber angaben, eine Einarbeitung habe so gut wie nicht stattgefunden, wurde eine Einarbeitungsdauer von 4 Wochen unterstellt. Im Vergleich mit der Förderdauer ergibt dies stets eine hinter der Förderdauer zurückbleibende Einarbeitungsdauer. Diese Frauen wurden in der Tabelle entsprechend zugeordnet.

Festzuhalten bleibt weiterhin, daß die Mehrzahl der antwortenden Frauen im modifizierten Modellprogramm (64 vH) die Einarbeitungsdauer im Betrieb für angemessen hielt[62]. Der Anteil liegt bei denjenigen, die eine von der Förderdauer nach unten abweichende Einarbeitungsdauer angegeben haben, niedriger als bei den anderen Berufsrückkehrerinnen. 16 vH der antwortenden Berufsrückkehrerinnen (alte Länder 14 vH, neue Länder 21 vH) hielten die Einarbeitungsdauer für zu kurz.

5.1.2 Ergänzung der innerbetrieblichen Einarbeitung durch außerbetriebliche Qualifizierung

Bei rund der Hälfte der geförderten Einarbeitungsmaßnahmen war - entsprechend den Richtlinien - die Ergänzung der innerbetrieblichen Einarbeitung durch eine außerbetriebliche Qualifizierung erforderlich (vgl. Abschnitt 4.6). In der Befragung vier Wochen nach dem Ende der Einarbeitungszeit haben 47 vH der Berufsrückkehrerinnen im modifizierten Modellprogramm (59 vH in den alten, 35 vH in den neuen Ländern) angegeben, daß sie an externen Qualifizierungsmaßnahmen teilgenommen hatten. Nach den Angaben der Berufsrückkehrerinnen wurden bei rund einem Fünftel der Maßnahmen, in denen im Bewilligungsbescheid außerbetriebliche Qualifizierungsmaßnahmen zur Auflage gemacht worden waren, solche Maßnahmen zumindest während der Förderdauer nicht durchgeführt[63]. Dies kann mit Problemen bei der Belegung von vorgesehenen Kursen zusammenhängen; etliche Arbeitgeber berichteten von ausgefallenen oder ausgebuchten Veranstaltungen. Solche Probleme sind in Ostdeutschland wegen des noch nicht abgeschlossenen Aufbaus der Weiterbildungsinfrastruktur häufiger zu verzeichnen; dazu paßt, daß der Anteil der Förderungsmaßnahmen, bei denen nach den Angaben der Frauen die Auflage der externen Qualifizierung während der Förderdauer nicht erfüllt wurde, in den neuen Ländern höher ist. In der Hälfte dieser Fälle wurde nach den Angaben der Frauen im dritten Fragebogen die vorgeschriebene externe Qualifizierungsmaßnahme zeitlich verschoben und in den sechs Monaten nach Ende der Förderdauer nachgeholt.

---

[62] Ohne die Frauen, deren Antwort sich nicht auf die geförderte Einarbeitung, sondern auf die Einarbeitung nach einem Arbeitgeberwechsel bezieht.

[63] Im alten Modellprogramm waren solche ergänzenden außerbetrieblichen Maßnahmen nicht vorgeschrieben, so daß eine Diskrepanz zu den Auflagen im Bewilligungsbescheid nicht entstehen konnte. - Fälle, in denen die Frauen vier Wochen nach Ende der Einarbeitungsmaßnahme bereits berichteten, den Einarbeitungsbetrieb verlassen zu haben, und in denen entgegen der Auflage solche externen Qualifizierungsmaßnahmen nicht durchgeführt worden waren, wurden hier nicht mitgezählt, da die externe Qualifikation möglicherweise wegen der vorzeitigen Beendigung der Einarbeitungsmaßnahme nicht durchgeführt worden war.

Die Richtlinien des Modellprogramms sahen weiter vor, daß solche außerbetrieblichen Qualifizierungsmaßnahmen während der Arbeitszeit durchgeführt werden sollten oder daß zumindest entsprechender Freizeitausgleich gewährt werden sollte. Von den Frauen, die in der Zweitbefragung am Ende der Einarbeitung über eine betrieblich veranlaßte externe Qualifizierung berichteten, gaben 69 vH an, daß diese Kurse während der Arbeitszeit durchgeführt wurden. 30 vH haben solche externen Qualifizierungsmaßnahmen aber auch in ihrer Freizeit absolviert. Dies entspricht nicht den Vorgaben in den Richtlinien des Modellprogramms.

Bei der Beurteilung der Kurse gab es überwiegend positive Antworten, sowohl hinsichtlich der didaktischen Qualitäten der Unterrichtenden als auch hinsichtlich der Weiterbildungsinhalte (vgl. Tabelle 5.1/3). Die Unterschiede zwischen Berufsrückkehrerinnen in Ost- und Westdeutschland sind nicht sehr ausgeprägt. Auch die Dauer der Kurse wurde mehrheitlich (82 vH) für angemessen gehalten.

Die Mehrzahl (55 vH) derjenigen, die vorgeschriebene ergänzende Qualifizierungsmaßnahmen absolviert haben, schätzte deren Bedeutung für die berufliche Wiedereingliederung genauso hoch ein wie die der betrieblichen Einarbeitung. 39 vH hielten die Einarbeitung im Betrieb für wichtiger. Es überrascht nicht, daß nur vier Berufsrückkehrerinnen die außerbetriebliche Qualifizierung für wichtiger hielten als die innerbetriebliche Einarbeitung; außerbetriebliche Qualifizierungen sollten die betriebliche Einarbeitung ja nur ergänzen.

Unabhängig davon, ob eine außerbetriebliche Weiterbildung durchgeführt wurde, wurden die Frauen am Ende der Einarbeitungszeit auch danach gefragt, ob sie eine Ergänzung der praktischen Einarbeitung am Arbeitsplatz durch Kurse, Seminare o.ä. für erforderlich halten. Zwei Drittel der geförderten Frauen hielten eine solche Ergänzung für erforderlich; diese Zahl ist wesentlich größer als die Zahl derjenigen, die während der Einarbeitungszeit an entsprechenden Weiterbildungsangeboten teilgenommen haben. Knapp ein Fünftel der geförderten Frauen hatte an externer Weiterbildung teilgenommen, hielt aber rückblickend eine solche Ergänzung nicht für erforderlich. Darin spiegelt sich möglicherweise, daß in etlichen Fällen die Weiterbildung nur wegen der Auflagen im Bewilligungsbescheid durchgeführt wurde.

Tabelle 5.1/3

Betrieblich veranlaßte externe Qualifizierung im Urteil der Berufsrückkehrerinnen
(Angaben in vH)

	Modifiziertes Modellprogramm		
	West	Ost	Bundesgebiet
Basis: Frauen mit betrieblich veranlaßter externer Qualifizierung während der Förderdauer	84	52	136
Ich bin fachlich auf den neuesten Stand gebracht worden	47	41	45
Die Unterrichtenden konnten den Stoff gut vermitteln und anschaulich erklären	62	67	64
Ich hatte genügend Zeit, in Übungen das Gelernte anzuwenden	24	22	23
Ich habe mehr fachliches Wissen erworben, als ich jetzt an meinem Arbeitsplatz anwenden kann	18	15	17
Vieles, was ich für meine Arbeit wissen muß, fehlte im Lehrplan	5	4	5
Ich habe kaum etwas dazugelernt	5	9	7
Der Unterricht war zu schwer	3	-	2
Sonstiges	8	7	8
Keine Angabe	-	-	-

Quelle: Zweitbefragung der Berufsrückkehrerinnen, DIW 1997.

5.1.3 Zufriedenheit der Berufsrückkehrerinnen mit der Einarbeitung insgesamt

Ein Drittel der im modifizierten Modellprogramm geförderten Berufsrückkehrerinnen war mit der Einarbeitung insgesamt voll und ganz zufrieden; gut ein weiteres Drittel war zumindest im großen und ganzen zufrieden (vgl. Abbildung 5.1/2). Nur 9 vH der Frauen im modifizierten Modellprogramm haben sich unzufrieden geäußert. Die Unterschiede zum alten Modellprogramm sind nur gering, ebenso wie die Unterschiede zwischen Frauen, die in den alten bzw. in den neuen Ländern eingearbeitet wurden.

In der ersten Befragung - etwa vier Wochen nach Beginn der Einarbeitung - war bereits nach der Zufriedenheit gefragt worden. 65 vH der Frauen in beiden Gebieten waren zu diesem Zeitpunkt voll und ganz zufrieden, und gut ein Fünftel "im großen und ganzen". Die Zufriedenheit mit der Einarbeitungsmaßnahme ist am Ende der Einarbeitung geringer als zu ihrem Beginn. Zwei Fünftel der Frauen waren mit der Einarbeitung unverändert zufrieden, aber ebensoviele waren am Ende der Einarbeitung weniger zufrieden. Nur 12 Frauen (4 vH) waren am Ende der Einarbeitung zufriedener als zu Beginn.

Im folgenden geht es darum, Zusammenhänge zwischen dem Grad der Zufriedenheit mit der Einarbeitung und Merkmalen der Einarbeitungsmaßnahme herauszuarbeiten. Auffällig sind folgende Punkte (vgl. Tabelle 5.1/4):

Abbildung 5.1/2

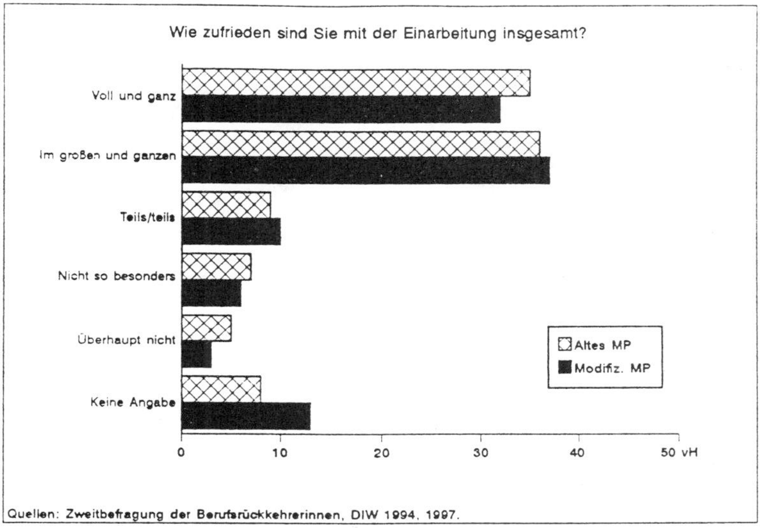

Tabelle 5.1/4

Zufriedenheit der Berufsrückkehrerinnen und Merkmale der Einarbeitungsmaßnahmen

(Modifiziertes Modellprogramm)

Merkmale der Einarbeitungsmaßnahmen	Mit der Einarbeitung zufrieden			Insgesamt[1]
	Voll und ganz	Im großen und ganzen	Teils/teils, nicht so besonders, überhaupt nicht	
Zahl der Berufsrückkehrerinnen mit Urteilen über die geförderte Einarbeitung	93	101	52	290
Durchschnittliche Förderdauer (in Wochen; lt. Bewilligung)	29	29	29	28
Durchschnittliche Einarbeitungsdauer (in Wochen, lt. Zweitbefragung der Berufsrückkehrerinnen)	22	18	12	20
Einarbeitungsdauer kürzer als Förderdauer (lt. Zweitbefragung der Berufsrückkehrerinnen, in vH)	39	48	79	50
Dauer der betrieblichen Einarbeitung angemessen (vH)	94	77	33	74
An externer Qualifizierung teilgenommen (vH)	58	54	38	52
Verwertbarkeit der Einarbeitung sehr hoch (in vH der Berufstätigen)	76	52	15	54
Tätigkeit entspricht nicht/ nur teilweise den beruflichen Zielvorstellungen (in vH der Berufstätigen)	19	36	67	34

[1] Einschließlich Berufsrückkehrerinnen ohne Angaben zur Zufriedenheit mit der Einarbeitungsmaßnahme; einschließlich Frauen, deren Antwort sich nicht auf die geförderte Einarbeitung, sondern auf die Einarbeitung nach einem Arbeitgeberwechsel bezieht.
Quellen: Zweitbefragung der Berufsrückkehrerinnen, Maßnahmedatei, DIW 1997.

- Die durchschnittlich bewilligte Förderdauer variiert nicht mit dem Grad der Zufriedenheit der Berufsrückkehrerinnen am Ende der Maßnahme. Die tatsächliche Einarbeitungsdauer wurde jedoch von den unzufriedenen oder nur teilweise zufriedenen Berufsrückkehrerinnen deutlich geringer als von zufriedenen Berufsrückkehrerinnen angegeben; Diskrepanzen zwischen wahrgenommener Einarbeitungsdauer und Förderdauer treten besonders häufig auf, und die Dauer der betrieblichen Einarbeitung wurde mehrheitlich als zu kurz beurteilt.

- Mit der Einarbeitung unzufriedene Berufsrückkehrerinnen haben deutlich seltener an externen Qualifizierungsmaßnahmen teilgenommen als zufriedene Berufsrückkehrerinnen.

- Die Einarbeitungsmaßnahme bekam vor allem dann schlechte Noten von den Berufsrückkehrerinnen, wenn die im Rahmen der Einarbeitung erworbenen Kenntnisse und Fertigkeiten bei der Berufstätigkeit nicht so gut verwertbar sind.

- Mehrheitlich übten die antwortenden Berufsrückkehrerinnen nach dem Ende der Einarbeitungszeit Tätigkeiten aus, die ihren beruflichen Zielvorstellungen entsprachen[64]. Für die mit der Einarbeitung unzufriedenen Berufsrückkehrerinnen trifft das Gegenteil zu. Der Vergleich mit den Antworten der ersten Befragung (zu Beginn der Einarbeitungsmaßnahme) zeigt, daß zu diesem Zeitpunkt nur ein knappes Drittel dieser Frauen mit den beruflichen Tätigkeiten nur teilweise zufrieden war. Völlig unzufrieden mit den beruflichen Tätigkeiten waren seinerzeit nur zwei Frauen, die aber nach der Einarbeitung damit sehr zufrieden waren.

Unzufriedenheit mit der Einarbeitung äußerten also vor allem die Berufsrückkehrerinnen, die nach eigener Einschätzung zu kurz eingearbeitet wurden; daß diese Frauen tatsächlich vermutlich unzureichend eingearbeitet wurden, wird auch durch die hohe Diskrepanz zwischen Förderdauer und wahrgenommener Einarbeitungsdauer nahegelegt. Damit korrespondiert auch das Urteil über die Verwertbarkeit der Einarbeitung bei der beruflichen Tätigkeit.

Eine andere Quelle der Unzufriedenheit könnte in der Übernahme von Tätigkeiten liegen, die nicht den beruflichen Zielvorstellungen entsprechen. Der Umbruch in den neuen Ländern hat - von den Frauen mehr als von den Männern -

---

[64] Ein Zehntel der antwortenden Berufsrückkehrerinnen war zum Zeitpunkt der zweiten Befragung nicht berufstätig. Zur Bewertung von Abbrüchen und Arbeitgeberwechsel vgl. Kapitel 7.1.

ein enormes Maß beruflicher Mobilität gefordert[65]. Die Erfahrung der Langzeitarbeitslosigkeit, aus der die geförderten Frauen in den neuen Ländern kommen, hat sie vor Beginn der Einarbeitung möglicherweise im Übermaß kompromißbereit gemacht. Die Brüche in den Erwerbsbiographien, die (erzwungene) Aufgabe beruflicher Kontinuität könnte sich aber in zunehmender Unzufriedenheit äußern. Da es zugleich gewollte, von den betroffenen Frauen angestrebte Veränderungen im Vergleich zum früher erlernten und ausgeübten Beruf gibt, läßt sich insgesamt kein Zusammenhang zwischen Berufswechsel[66] und Zufriedenheit mit der Einarbeitungsmaßnahme feststellen. Ein weiteres Argument spricht für die These, daß zu große Kompromißbereitschaft bei der Bewerbung zunächst die Unzufriedenheit mit der beruflichen Tätigkeit überdeckt, im Laufe der Zeit aber brüchig wird: Obwohl nur neun der berufstätigen Frauen im zweiten Fragebogen angegeben hatten, daß sich ihre beruflichen Tätigkeiten verändert haben, waren 55 Frauen mit ihren beruflichen Tätigkeiten weniger zufrieden als ein halbes Jahr zuvor. 11 Frauen berichteten über - im Vergleich zur Situation zu Beginn der Einarbeitungsmaßnahme - bessere Entsprechung von Tätigkeiten und beruflichen Zielvorstellungen.

5.1.4 Voraussetzungen für eine gelungene Einarbeitungsmaßnahme aus Sicht der Berufsrückkehrerinnen

Aus Sicht der im modifizierten Modellprogramm geförderten Berufsrückkehrerinnen waren folgende Punkte die wichtigsten Voraussetzungen für eine gelungene Einarbeitungsmaßnahme: gutes Betriebsklima, ausreichende und gute fachliche Einarbeitung am Arbeitsplatz sowie Lohn/Gehalt schon während der Einarbeitung. Diese Punkte waren von den Teilnehmerinnen am alten Modellprogramm etwas häufiger genannt worden; die Unterschiede sind jedoch relativ gering (vgl. Abbildung 5.1/3). Im Vergleich zum alten Modellprogramm geringere Bedeutung hatten bei den Teilnehmerinnen des modifizierten Modellprogramms familienfreundliche Arbeitszeiten, die Einarbeitung in Teilzeit und Kinderbetreuungsmöglichkeiten, die im modifizierten Modellprogramm nur noch von 30 vH für wichtig gehalten wurden - im alten Modellprogramm lag der Anteil mehr als doppelt so hoch. Wichtiger war der von Anfang an unbefristete Arbeitsvertrag, den im modifizierten Modellprogramm 52 vH der Berufsrückkehrerinnen als eine wichtige Voraussetzung nannten (altes Modellprogramm: 43 vH). Kurse/ Seminare zur beruflichen Qualifizierung (die im alten Modellpro-

---

[65] Vgl. Friederike Behringer: Arbeitsmarktsituation von Frauen in den neuen Bundesländern, a.a.O., S. 593 f.

[66] Gemessen durch den Grad der Übereinstimmung der beruflichen Bildung und des Einarbeitungsberufes einerseits, den Zusammenhang zwischen früher ausgeübten Berufen und dem Einarbeitungsberuf andererseits.

gramm nicht vorgeschrieben und nicht als Antwortvorgabe formuliert waren) hielten 39 vH für eine wichtige Voraussetzung.

Abbildung 5.1/3

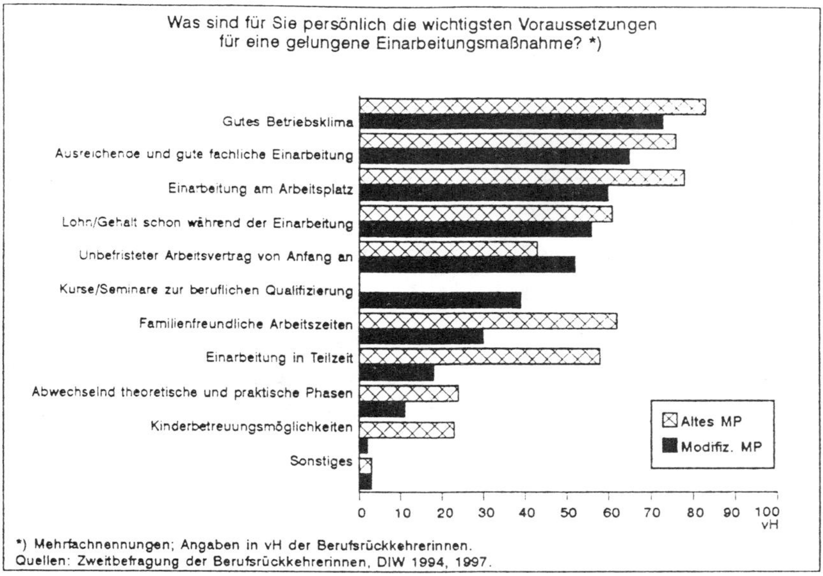

Die Zielgruppe des Modellprogramms wurde durch die Modifizierung verändert: zum einen wurde eine untere Altersgrenze (Vollendung des 40. Lebensjahres) eingeführt, zum anderen waren es in Ostdeutschland vor allem vorher langzeitarbeitslose Frauen, die am Modellprogramm teilnahmen - nur selten die "klassischen" Berufsrückkehrerinnen nach einer Familienphase wie in Westdeutschland (vgl. Abschnitt 3.2). Das Modellprogramm erreichte in Ostdeutschland eine andere Klientel, die geringere Bedeutung von Arbeitszeitverkürzung und familienfreundlicher Lage der Arbeitszeit war daher zu erwarten; sie zeigte sich auch in der Unterschiedlichkeit der Bewertungen der Teilnehmerinnen aus den beiden Gebieten (vgl. Abbildung 5.1/4). Überraschend ist in diesem Zusammenhang aber, daß im modifizierten Modellprogramm Teilnehmerinnen aus West- wie aus Ostdeutschland einhellig Kinderbetreuungsmöglichkeiten nur sehr selten als wichtige Voraussetzung für eine gelungene Einarbeitungsmaßnahme nannten. Dies hängt teilweise mit der veränderten Altersstruktur der geförderten Berufsrückkehrerinnen im modifizierten Modellprogramm zusammen; Berufsrückkehrerinnen unter 40 Jahren hielten im alten Modellprogramm wesentlich häufiger als ältere Frauen die Kinderbetreuungsmöglichkeiten für einen wichtigen Faktor beim beruflichen Wiedereinstieg. Aber auch bei den Berufsrückkehrerinnen im Alter von 40 und mehr Jahren hielten im alten Modellprogramm noch 14 vH dies für wichtig, im Vergleich zu nur noch 2 vH im modifizierten Modellprogramm[67].

Abbildung 5.1/4

Was sind für Sie persönlich die wichtigsten Voraussetzungen für eine gelungene Einarbeitungsmaßnahme? *)
Modifiziertes Modellprogramm

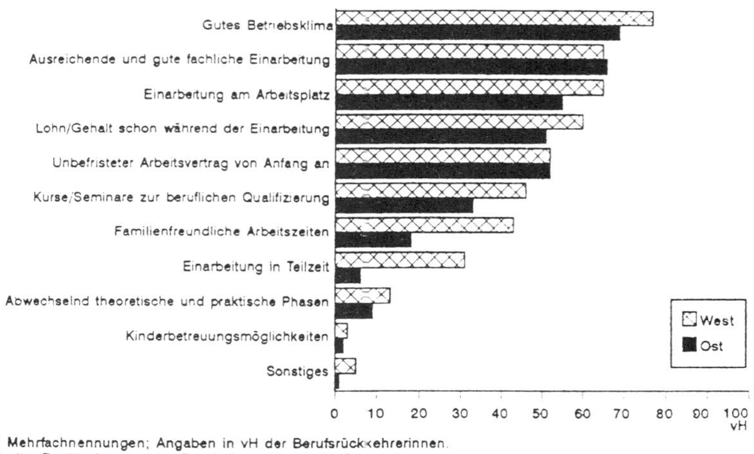

*) Mehrfachnennungen; Angaben in vH der Berufsrückkehrerinnen.
Quelle: Zweitbefragung der Berufsrückkehrerinnen, DIW 1997.

Auffallend ist auch die recht hohe Bedeutung, die Teilnehmerinnen in beiden Gebieten dem unbefristeten Arbeitsvertrag zuschreiben. Im alten Modellprogramm war dies - unabhängig vom Alter der Frauen - noch deutlich seltener als wichtige Voraussetzung genannt worden; der Anteil ist in Westdeutschland von 43 vH im alten Modellprogramm auf 52 vH im modifizierten Modellprogramm

---

[67] Dabei hatten zu Beginn der Einarbeitung von den Teilnehmerinnen des alten Modellprogramms im Alter von 40 und mehr Jahren nur 12 Frauen (15 vH), von den Teilnehmerinnen des modifizierten Modellprogramms in den alten Bundesländern aber immerhin 37 Frauen (26 vH) Kinder bis zu zehn Jahren im Haushalt. In den neuen Bundesländern sind es 15 Frauen (10 vH) (Ergebnisse der Erstbefragung der geförderten Frauen, vgl. Tabelle 3.2/1).

gestiegen. Als Erklärung bietet sich an, daß die auch in Westdeutschland lang anhaltende hohe Arbeitslosigkeit und die Öffnung des Modellprogramms für langzeitarbeitslose Frauen die Bedeutung eines unbefristeten Arbeitsverhältnisses stärker in das Bewußtsein gerückt haben.

Kurse/Seminare zur beruflichen Qualifizierung wurden von den geförderten Frauen in den alten Bundesländern häufiger für eine wichtige Voraussetzung einer gelungenen Einarbeitungsmaßnahme gehalten als von den geförderten Frauen in den neuen Ländern. Dies hängt damit zusammen, daß geförderte Berufsrückkehrerinnen in den neuen Ländern häufiger bereits vor der Einarbeitungsmaßnahme an einer beruflichen Qualifizierung teilgenommen hatten. Für die geförderten Berufsrückkehrerinnen, die nach eigenen Angaben während der Einarbeitungsmaßnahme eine außerbetriebliche Qualifizierungsmaßnahme besucht hatten, waren diese Kurse mehrheitlich (54 vH) eine wichtige Voraussetzung für eine gelungene Einarbeitung.

5.1.5 "Ich bin froh, daß ich in meinem Alter noch Arbeit habe." Zur Situation der Berufsrückkehrerinnen am Ende der Einarbeitung

Die im modifizierten Modellprogramm geförderten Berufsrückkehrerinnen äußerten sich überwiegend zufrieden mit der betrieblichen Einarbeitung, mit einer z.T. durchgeführten ergänzenden außerbetrieblichen Qualifizierung sowie mit der Einarbeitung insgesamt. Allerdings wurde von rund einem Fünftel der Frauen Kritik an der praktischen Einarbeitung im Betrieb geäußert, die sich zumeist darauf bezog, daß eine Einarbeitung so gut wie nicht stattgefunden habe.

Dieses überwiegend positive Bild ist jedoch in zweierlei Hinsicht zu relativieren: Zum einen haben 10 vH der geförderten Frauen den Fragebogen nach dem Ende der Einarbeitungszeit nicht beantwortet, zum anderen gibt es auch in den ausgewerteten Fragebogen weitere Hinweise auf weniger positive Sachverhalte.

Wie oben bereits dargestellt, lagen für die Analysen 253 Fragebogen vor. Von diesen Frauen haben 36 angegeben, nicht mehr im Einarbeitungsbetrieb beschäftigt zu sein. Von 14 Frauen, von denen kein Fragebogen in die Auswertung einbezogen werden konnte, ist darüber hinaus bekannt (aus der Arbeitgeberbefragung, aus schriftlichen Mitteilungen der Arbeitgeber an das DIW oder das BMFSFJ oder aus den Sachberichten der Arbeitgeber), daß sie nicht mehr im Einarbeitungsbetrieb beschäftigt sind. Es kann vermutet werden, daß diese Berufsrückkehrerinnen mehrheitlich mit der Einarbeitung nicht völlig zufrieden waren; zu den Ursachen des Weggangs aus dem Einarbeitungsbetrieb und zum Verbleib der "Abbrecherinnen" vgl. Kapitel 7.1.

Bei knapp einem Drittel der Berufsrückkehrerinnen, deren Fragebogen ausgewertet werden konnte, entsprach die Tätigkeit nicht oder nur teilweise den beruflichen Zielvorstellungen. Auch in den (z.T. ausführlichen) Kommentaren der Berufsrückkehrerinnen zeigt sich dies, z.B. mit Äußerungen wie "Ein Wechsel in meinen jetzigen Beruf hätte nicht stattgefunden, bei einem vorhandenen Arbeitsplatz in meinem erlernten Beruf". Als berufliches Ziel nannten 78 vH der antwortenden Berufsrückkehrerinnen einen sicheren Arbeitsplatz; es ist damit das mit deutlichem Abstand am häufigsten genannte Ziel. Die Angst vor (erneuter) Arbeitslosigkeit, das Gefühl, mit der Teilnahme am Modellprogramm Glück gehabt zu haben - auch um den Preis eines Berufswechsels - zieht sich durch eine Reihe von Kommentaren. Drei Beispiele aus den schriftlichen Kommentaren der Frauen:

> "Ich bin froh, daß ich in meinem Alter noch Arbeit habe. Der Konkurrenzkampf ... ist groß, da kann man nie genau sagen, wie lange sich ein einzelner Laden noch halten kann. Aber noch besteht Hoffnung."
> (45 Jahre alt, Tätigkeit in einem früheren Beruf, aber nicht mehr in leitender Funktion; neue Bundesländer)

> "Es kann immer sein, daß man arbeitslos wird. Der Platz ist nicht sicher, davor habe ich Angst, weil ich nicht mehr die jüngste bin."
> (43 Jahre alt, Tätigkeit in einem der Ausbildung eng verwandten Beruf; neue Bundesländer)

> "Im Falle, ich würde diesen Arbeitsplatz verlieren, wäre es für mich eine Katastrophe. Ich würde mich schwer tun, mich in einem anderen Betrieb zu bewerben (Altersgründe; sich wieder neu einarbeiten zu müssen; Zweifel, ob das erworbene Wissen und die Fertigkeiten in einem anderen Betrieb ausreichen würden)."
> (55 Jahre alt, Wechsel in einen weniger anspruchsvollen Beruf; neue Bundesländer)

18 vH der Berufsrückkehrerinnen im modifizierten Modellprogramm, die den Fragebogen kurz nach dem Ende der geförderten Einarbeitungszeit beantwortet haben, hielten den Verlust ihres Arbeitsplatzes in den nächsten zwei Jahren für wahrscheinlich oder waren zum Zeitpunkt der Befragung bereits arbeitslos gemeldet. 78 vH der antwortenden Berufsrückkehrerinnen befürchteten Schwierigkeiten bei der evtl. erforderlichen Suche nach einem neuen Arbeitsplatz. Auf die Frage[68] "Wenn Sie Ihre jetzige Stelle verlieren würden, wäre es für Sie leicht, schwierig oder praktisch unmöglich, wieder eine mindestens gleichwertige Stelle zu finden?" antworteten 64 vH mit "schwierig", und 14 vH

---

[68] Für zum Zeitpunkt der Befragung nicht berufstätige Frauen wurde die Frageformulierung leicht modifiziert.

sogar mit "praktisch unmöglich". Als leicht schätzten die Arbeitssuche nur 18 vH ein - ganz überwiegend Frauen in den alten Bundesländern. Abbildung 5.1/5 zeigt rechts die Beurteilung der eigenen Arbeitsmarktchancen durch die geförderten Berufsrückkehrerinnen, die zum Zeitpunkt der Befragung beschäftigt waren.

Abbildung 5.1/5

Wenn Sie Ihre jetzige Stelle verlieren würden, wäre es für Sie leicht, schwierig oder praktisch unmöglich, wieder eine mindestens gleichwertige Stelle zu finden?

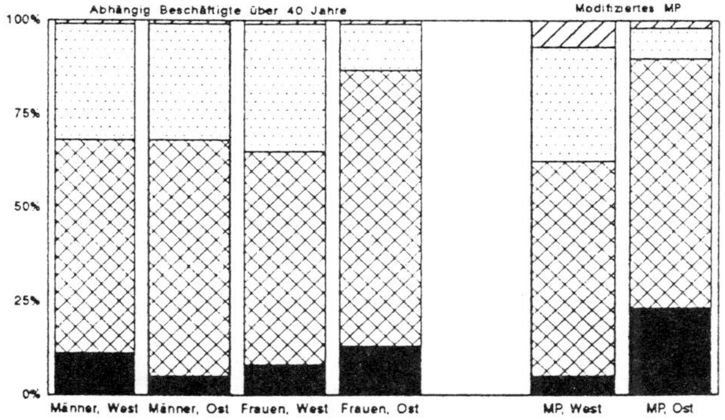

	Männer, West	Männer, Ost	Frauen, West	Frauen, Ost		MP, West	MP, Ost
Keine Angabe	1	1	1	1		7	2
Leicht	31	31	34	12		31	8
Schwierig	57	63	57	74		56	67
Prakt. unmöglich	11	5	8	13		5	23

Quellen: Das Sozio-oekonomische Panel, Querschnittauswertung 1994 (abhängig Beschäftigte über 40 J.) Zweitbefragung der Berufsrückkehrerinnen (nur beschäftigte Berufsrückkehrerinnen), DIW 1997.

Die Gründe für eine skeptische Beurteilung der eigenen Position auf dem Arbeitsmarkt liegen in erster Linie in der allgemeinen Situation auf dem Arbeitsmarkt, aber auch in der Einschätzung der wirtschaftlichen Entwicklung des eigenen Arbeitgebers sowie in der Beurteilung der eigenen Qualifikation. Ein schlechteres Urteil über die eigenen Arbeitsmarktchancen bei den geförderten Berufsrückkehrerinnen in den neuen Bundesländern war daher zu erwarten: Die allgemeine Arbeitsmarktsituation für Frauen ist dort nach wie vor schlecht, die Betriebe vieler Zuwendungsempfänger stecken noch in den "Kinderschuhen" (vgl. Abschnitt 3.3.1) und sind daher gefährdeter als alteingeführte Unternehmen.

Zu Vergleichszwecken wurden Sonderauswertungen des Sozio-oekonomischen Panels (SOEP)[69] durchgeführt. Ausgewertet wurden die Einschätzungen der abhängig Beschäftigten[70] im Alter von 40 bis zu 65 Jahren, die mit identischer Frageformulierung im Frühjahr 1994 erhoben wurden. In der Abbildung 5.1/5 sind diese Angaben den Antworten der geförderten Berufsrückkehrerinnen gegenübergestellt. Generell schätzen die Frauen in Ostdeutschland (realistischerweise) die eigenen Arbeitsmarktchancen signifikant schlechter ein als Frauen in Westdeutschland oder als Männer in Ost- wie in Westdeutschland. Die geförderten Berufsrückkehrerinnen in Westdeutschland unterscheiden sich in ihrer Einschätzung der eigenen Arbeitsmarktchancen kaum von allen abhängig beschäftigten Frauen ihrer Altersgruppe. Anders ist dies bei den geförderten Frauen in Ostdeutschland: Sie sind deutlich pessimistischer. Auch hierfür liegen die Gründe auf der Hand: Die geförderten Frauen hatten zwar (gemäß Auflage im Bewilligungsbescheid) einen unbefristeten Arbeitsvertrag - einen Schutz vor betriebsbedingter Kündigung stellt dies jedoch nicht dar. Und in solchen Fällen sind die geförderten Frauen wegen ihrer nur kurzen Dauer der Betriebszugehörigkeit gefährdeter als Belegschaftsmitglieder mit längerer Dauer der Betriebszugehörigkeit. Die wirtschaftliche Situation der Betriebe in Ostdeutschland ließ die geförderten Frauen dort pessimistischer in die Zukunft blicken als Frauen in Westdeutschland.

5.2 Sicht der Arbeitgeber

5.2.1 Zuständigkeiten und Erwartungen

Vier Wochen nach dem Einarbeitungsende wurden die Arbeitgeber in einer Zweitbefragung gebeten, die Einarbeitungsmaßnahme zu beurteilen. Diese Zweitbefragung liegt für insgesamt 179 Frauen im alten Modellprogramm und 276 Frauen im modifizierten Modellprogramm vor.

Zentraler Punkt des Modellprogramms zur Wiedereingliederung von Frauen ist die qualifizierte Einarbeitung im Betrieb. Betriebe, die an diesem Modellprogramm teilnehmen wollten, hatten zuvor anhand von Einarbeitungsplänen darzulegen, welche Inhalte die Einarbeitungsmaßnahme haben sollte und welcher Zeitraum dafür vorgesehen war. Bei Einarbeitungsplänen, die von dem Betrieb selbst erstellt wurden, war zu vermuten, daß diese stärker auf betriebs-

[69] Das SOEP ist eine empirische Längsschnittuntersuchung, die seit 1984 in den alten und seit 1990 auch in den neuen Ländern durchgeführt wird. Vgl. Projektgruppe Sozio-ökonomisches Panel: Das Sozio-oekonomische Panel (SOEP) im Jahre 1994. In: Vierteljahrshefte zur Wirtschaftsforschung 1/1995, S. 5 ff.

[70] Ohne Auszubildende, Praktikanten und Umschüler.

spezifische Belange und auf die konkreten Anforderungen des Arbeitsplatzes in diesem Betrieb abgestellt waren als Einarbeitungspläne, die unter Beteiligung externer Institutionen für mehrere Arbeitsplätze in verschiedenen Betrieben erstellt wurden. Die Frage, ob bei der Konzeption der Einarbeitungspläne mit anderen Institutionen zusammengearbeitet wurde, bejahte in der Erstbefragung im alten Modellprogramm nur jeder achte Arbeitgeber, im modifizierten Modellprogramm bereits jeder fünfte (Tabelle 5.2/1). Zumeist wurde Rat bei der zuständigen Kammer oder dem Berufsverband, in einigen Fällen auch bei Weiterbildungseinrichtungen geholt. Die Zusammenarbeit beschränkte sich in den meisten Fällen auf die externen Qualifizierungsmaßnahmen. Da im modifizierten Modellprogramm externe Qualifizierungsmaßnahmen durchgeführt werden mußten, wenn die Frau nicht zuvor an einer einschlägigen Fortbildungsmaßnahme teilgenommen hatte, war zu vermuten, daß der Beratungsbedarf der Arbeitgeber vermutlich bereits aus diesem Grunde höher als im alten Modellprogramm sein würde.

Tabelle 5.2/1

Konzeption der Einarbeitungspläne

- in vH der Maßnahmen -

Haben Sie bei der Konzeption der Einarbeitungspläne mit anderen Institutionen zusammengearbeitet?	Altes Modellprogramm	Modifiziertes Modellprogramm		
		Bundesgebiet	West	Ost
Nein	88	81	84	78
Ja	12	19	16	22
Ja, mit				
-Arbeitsamt	5	1	1	1
-Kammer	4	8	8	9
-Sonstiges	3	9	7	11
-Keine Angabe	1	1	1	1

Quellen: Erstbefragung der Betriebe, DIW 1994, 1997.

An dem Modellprogramm beteiligten sich zumeist Selbständige und Kleinbetriebe. In solchen Betrieben war der Inhaber zumeist auch für die Ausarbeitung und die Umsetzung des Einarbeitungsplans verantwortlich. Dies trifft auch für die hier beteiligten Arbeitgeber zu. In zwei von drei Betrieben des modifizierten Modellprogramms hatte der Inhaber oder Geschäftsführer selbst den Einarbeitungsplan ausgearbeitet. In über 40 vH der Fälle war dieser auch für die Einarbeitung selber zuständig. In jedem zehnten Fall hatte zwar der Inhaber oder Geschäftsführer den Einarbeitungsplan ausgearbeitet, die Einarbeitung selber aber an die Kollegin(nen) der neuen Mitarbeiterin delegiert (Tabelle 5.2/2). Da der Anteil der Kleinbetriebe und Selbständigen im modifizierten Modellprogramm in Ostdeutschland höher ist als in Westdeutschland, ist auch der Anteil der Inhaber größer, die für die Ausarbeitung und Durchführung der Einarbeitung verantwortlich waren. Dagegen ist in Westdeutschland der Anteil derjenigen Arbeitgeber größer, die zwar den Einarbeitungsplan ausgearbeitet, die Einarbeitung selber aber an die Kollegen und Kolleginnen delegiert haben.

Bereits im alten Modellprogramm war zumeist der direkte Vorgesetzte sowohl für die Ausarbeitung des Einarbeitungsplans als auch für die Einarbeitung an sich zuständig. In jedem achten Fall hatte der direkte Vorgesetzte den Einarbeitungsplan ausgearbeitet, die Einarbeitung selber erfolgte dann jedoch durch die Kollegin(nen). Im alten Modellprogramm wurde nicht direkt nach der Beteiligung des Inhabers oder Abteilungsleiters bei der Ausarbeitung des Einarbeitungsplanes und der Einarbeitung gefragt.

Tabelle 5.2/2

Zuständigkeiten im Rahmen der Einarbeitung

Zuständig 1) \ Ausgearbeitet 1)	Den Einarbeitungsplan hat ausgearbeitet ... Personal-abteilung	Ausbil-der/in	Dir.Vor-gesetzte/r	Abteilgs.-leiter	Inhaber/ Geschf.	Sonstige	Keine Angabe	Ins-gesamt
Für die Einarbeitung ist zuständig...	Altes Modellprogramm							
Ausbilder/in	5	25	12	-	-	2	-	44
Direkte/r Vorgesetzte/r	38	15	81	-	-	18	1	153
Kolleginnen/Kollegen	30	9	33	-	-	12	-	84
Sonstige	-	-	1	-	-	2	-	3
Insgesamt	73	49	127	-	-	34	1	284
	Modifiziertes Modellprogramm - Bundesgebiet							
Ausbilder/in	2	12	2	-	5	-	-	21
Direkte/r Vorgesetzte/r	8	1	35	3	26	3	-	76
Abteilungsleiter/in	8	2	5	14	17	1	-	47
Inhaber/in, Geschäftsführer/in	3	4	4	5	186	7	-	209
Kolleginnen/Kollegen	1	3	11	1	50	8	-	74
Sonstige	1	-	6	2	21	10	-	40
Insgesamt	23	22	63	25	305	29	-	467
	Modifiziertes Modellprogramm - Westdeutschland							
Ausbilder/in	1	6	2	-	1	-	-	10
Direkte/r Vorgesetzte/r	7	1	17	2	11	2	-	40
Abteilungsleiter/in	7	1	3	7	8	-	-	26
Inhaber/in, Geschäftsführer/in	3	-	1	-	77	6	-	87
Kolleginnen/Kollegen	1	3	8	1	28	5	-	46
Sonstige	1	-	2	1	9	8	-	21
Insgesamt	20	11	33	11	134	21	-	230
	Modifiziertes Modellprogramm - Ostdeutschland							
Ausbilder/in	1	6	-	-	4	-	-	11
Direkte/r Vorgesetzte/r	1	-	18	1	15	1	-	36
Abteilungsleiter/in	1	1	2	7	9	1	-	21
Inhaber/in, Geschäftsführer/in	-	4	3	5	109	1	-	122
Kolleginnen/Kollegen	-	-	3	-	22	3	-	28
Sonstige	-	-	4	1	12	2	-	19
Insgesamt	3	11	30	14	171	8	-	237

1) Mehrfachnennungen.
Quellen: Erstbefragung der Betriebe, DIW 1994, 1997.

Tabelle 5.2/3

Unterschiede zur üblichen Einarbeitung
- Erwartungen zu Beginn der Einarbeitung -
- in vH 1) -

	Altes Modell-programm	Modifiziertes Modellprogramm		
		Bundes-gebiet	West	Ost
Wenn Sie die geplante Einarbeitungsmaßnahme für die neue Mitarbeiterin mit der sonst üblichen Einarbeitung in Ihrem Betrieb/Unternehmen vergleichen: Worin liegen die Unterschiede? 2)				
Wir rechnen damit, daß ...				
es keine Unterschiede gibt.	7	20	18	21
die Einarbeitung mehr Zeit erfordert, weil die neue Mitarbeiterin lange nicht im Beruf war	41	35	43	27
die Einarbeitung schneller geht, weil die Motivation der neuen Mitarbeiterin sehr groß ist.	21	26	25	27
wir mehr Kenntnisse als sonst vermitteln müssen, weil das Wissen veraltet ist oder sich die Anforderungen verändert haben.	31	26	27	25
wir mehr Kenntnisse als sonst vermitteln müssen, weil die neue Mitarbeiterin keine einschlägige Ausbildung hat.	-	21	23	19
wir mehr soziale Kompetenz vermitteln müssen.				
es andere Unterschiede gibt	10	10	6	13
Nicht mehr im Betrieb	-	-	1	-
Keine Angabe	2	1	-	1

1) Bezogen auf die Zahl der Nennungen der Betriebe.- 2) Mehrfachnennungen.
Quellen: Erstbefragung der Betriebe, DIW 1994, 1997.

Am Anfang der Einarbeitung wurden die Arbeitgeber nach den inhaltlichen Schwerpunkten der Einarbeitung befragt, die angesichts des breiten Berufsspektrums entsprechend vielfältig waren. Es wurde zusätzlich nach den erwarteten Unterschieden zur sonst üblichen Einarbeitung gefragt. In diesem Punkt zeigen sich deutliche Unterschiede zwischen altem und neuem Modellprogramm. Während im alten Modellprogramm rund 7 vH der Arbeitgeber zu Beginn der Einarbeitung erwarteten, daß es keine Unterschiede zur sonst üblichen Einarbeitung geben werde, war jeder fünfte Arbeitgeber des modifizierten Modellprogramms dieser Meinung. In Ostdeutschland war der Anteil etwas höher als in Westdeutschland. Im alten Modellprogramm erwarteten rund 30 vH und im modifizierten Modellprogramm fast die Hälfte der Arbeitgeber, daß sie mehr Kenntnisse vermitteln müssten, weil sich die Anforderungen verändert haben oder weil die neue Mitarbeiterin keine einschlägige Ausbildung hatte (Tabelle 5.2/3). Daß dies sich nur teilweise in der Erwartung einer längeren Einarbeitungszeit niederschlug, zeigt sich daran, daß im modifizierten Modellprogramm jeder dritte Arbeitgeber mit einer längeren als der üblichen Einarbeitungszeit rechnete. Dies liegt vor allem an der Einschätzung der ostdeutschen Arbeitgeber, bei denen nur jeder vierte eine längere Einarbeitungszeit erwartete.

5.2.2 Zufriedenheit mit dem Verlauf der Einarbeitung und Beurteilung der externen Kurse

Nach dem Ende der Einarbeitungsmaßnahme, die nach Angaben der Arbeitgeber in der weit überwiegenden Zahl der Fälle rund ein halbes Jahr dauerte, wurde in einer zweiten Befragung nach der Zufriedenheit mit dem Verlauf der Einarbeitung, nach Änderungen während der Einarbeitung, nach etwaigen Schwierigkeiten während der Einarbeitung und danach gefragt, ob die anfänglichen Erwartungen sich bestätigt haben.

Fast die Hälfte der Arbeitgeber war am Ende der Einarbeitung "voll und ganz" mit dem Verlauf der Einarbeitungsmaßnahme zufrieden. Reichlich ein weiteres Drittel der Arbeitgeber war "im großen und ganzen" zufrieden (Abbildung 5.2/1). Die Beurteilung unterscheidet sich nicht zwischen Betrieben, die - wie im alten Modellprogramm oder im modifizierten Modellprogramm in Westdeutschland - vornehmlich die "klassischen" Berufsrückkehrerinnen eingearbeitet haben, und denjenigen Betrieben, die vorwiegend Frauen nach einer längeren Phase der Arbeitslosigkeit eingearbeitet haben. Recht unzufrieden waren nur wenige Betriebe.

Abbildung 5.2/1

Zufriedenheit mit dem Verlauf der Einarbeitung 1)

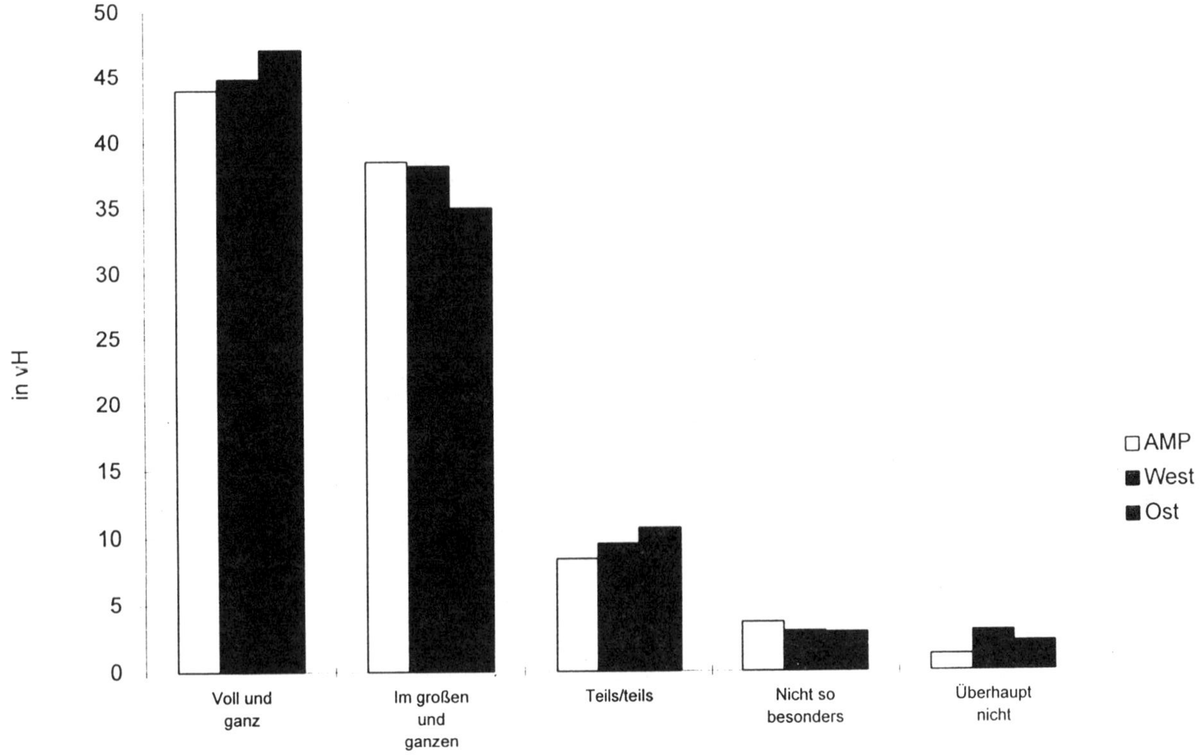

1) Nennungen bezogen auf die Zahl der beurteilten Frauen (Altes Modellprogramm=166, Modifiziertes Modellprogramm -West=136, -Ost=140).

Quellen: Zweitbefragung der Betriebe, DIW 1994, 1997.

Es war zu vermuten, daß es in diesen Fällen überdurchschnittlich häufig zu einer Beendigung des Arbeitsverhältnisses kommen würde. Insgesamt liegt im modifizierten Modellprogramm für 46 Frauen, die während der Einarbeitungszeit (24) oder in den sechs Monaten nach der Einarbeitung (22) den Betrieb verlassen haben, von den Arbeitgebern eine Beurteilung der Einarbeitung vor. In weiteren 11 Fällen erfolgte keine Befragung der Arbeitgeber mehr, weil der Abbruch bereits so frühzeitig erfolgte, daß mit den Betrieben lediglich ein Abschlußinterview geführt werden konnte[71]. Die Zufriedenheit mit dem Verlauf der Einarbeitung dieser "Abbrecherinnen" unterscheidet sich von der allgemeinen Beurteilung deutlich. In über der Hälfte der Fälle, in denen die Berufsrückkehrerin den Einarbeitungsbetrieb verlassen hat, war der Arbeitgeber mit dem Verlauf der Einarbeitung nur teilweise zufrieden oder unzufrieden. Bei den übrigen Frauen wurde diese Einschätzung nur zu 9 vH abgegeben. Im alten Modellprogramm waren die Unterschiede genauso groß.

Bei rund jeder vierten (altes Modellprogramm) bzw. fünften (modifiziertes Modellprogramm) Einarbeitungsmaßnahme wurde die Einarbeitung nicht wie geplant, sondern mit Änderungen durchgeführt. In wenigen Fällen (2 bzw. 5) wurde die Einarbeitung verkürzt oder eine längere Zeit dafür angesetzt (6 bzw. 12), zumeist wurden jedoch die Inhalte der Einarbeitung verändert (Tabelle 5.2/4). Die inhaltlichen Änderungen bezogen sich zumeist auf die externen Qualifizierungsmaßnahmen.

Auf der Grundlage der Angaben der Arbeitgeber in der Erst- und Zweitbefragung können die erwarteten Unterschiede zur üblichen Einarbeitung zum Einarbeitungsbeginn mit den Erkenntnissen am Ende der Einarbeitung verglichen werden. Global betrachtet weicht die Struktur der Erwartungen kaum von der Struktur der Einschätzung nach der Einarbeitung ab. Für die einzelnen Einarbeitungsmaßnahmen war die Einschätzung jedoch oftmals nicht stabil. Von den Arbeitgebern, die am Anfang einen höheren Zeitbedarf für die Einarbeitung erwarteten, blieben im modifizierten Modellprogramm nur rund 30 vH bei dieser Einschätzung, 38 vH gaben die Notwendigkeit einer größeren Wissensvermittlung an und in 11 vH der Fälle ging die Einarbeitung sogar schneller (Tabelle 5.2/5). Mit rund 40 vH hat sich am häufigsten die Erwartung bestätigt, daß mehr Kenntnisse vermittelt werden müssen. In 25 bis 30 vH der Fälle, bei denen eine größere Wissensvermittlung erwartet wurde, mußte mehr Zeit als üblich für die Einarbeitung angesetzt werden, in jedem zehnten Fall ging die Einarbeitung trotz der erwarteten stärkeren Vermittlung von Kenntnissen schneller.

[71] Zu den Abbrecherinnen und zu den Ursachen für den Weggang aus dem Einarbeitungsbetrieb vgl. Kapitel 7.

Tabelle 5.2/4

Zufriedenheit mit dem Verlauf und planmäßige Durchführung der Einarbeitung

Haben Sie die Einarbeitungsmaßnahme wie geplant durchgeführt?	Zufriedenheit mit dem Verlauf der Einarbeitung						
	Voll und ganz	Im großen und ganzen	Teils/ teils	Nicht so besonders	Überhaupt nicht	Keine Angabe	Insgesamt
	Altes Modellprogramm						
Ja	53	36	5	1	1	-	96
Nein	21	13	6	3	-	-	43
darunter 1):							
Einarbeitung verlängert	2	1	3	-	-	-	6
Einarbeitung verkürzt	-	-	-	2	-	-	2
Einarbeitungsplan inhaltlich geändert	19	12	3	1	-	-	35
Keine Angabe	10	17	7	1	2	3	40
Insgesamt	84	66	18	5	3	3	179
	Modifiziertes Modellprogramm - Bundesgebiet						
Ja	113	82	20	4	3	-	222
Nein	14	19	8	4	4	-	49
darunter 1):							
Einarbeitung verlängert	-	5	4	2	1	-	12
Einarbeitung verkürzt	5	-	-	-	-	-	5
Einarbeitungsplan inhaltlich geändert	12	17	6	4	4	-	43
Keine Angabe	-	-	-	-	-	5	5
Insgesamt	127	101	28	8	7	5	276
	Modifiziertes Modellprogramm - Westdeutschland						
Ja	54	41	11	2	1	-	109
Nein	7	11	2	2	3	-	25
darunter 1):							
Einarbeitung verlängert	-	2	1	1	1	-	5
Einarbeitung verkürzt	2	-	-	-	-	-	2
Einarbeitungsplan inhaltlich geändert	6	10	2	2	3	-	23
Keine Angabe	-	-	-	-	-	2	2
Insgesamt	61	52	13	4	4	2	136
	Modifiziertes Modellprogramm - Ostdeutschland						
Ja	59	41	9	2	2	-	113
Nein	7	8	6	2	1	-	24
darunter 1):							
Einarbeitung verlängert	-	3	3	1	0	-	7
Einarbeitung verkürzt	3	-	-	-	-	-	3
Einarbeitungsplan inhaltlich geändert	6	7	4	2	1	-	20
Keine Angabe	-	-	-	-	-	3	3
Insgesamt	66	49	15	4	3	3	140

1) Mehrfachnennungen.
Quellen: Zweitbefragung der Betriebe, DIW 1994, 1997.

Tabelle 5.2/5

Unterschiede zur üblichen Einarbeitung
Erwartungen und Realität
- in vH -

Erwartungen / Realität	Erwartete Unterschiede zur üblichen Einarbeitung								
	Keine Unterschiede	Mehr Zeit für Einarbeitung	Einarbeitung geht schneller	Mehr Kenntnisse vermitteln: Wissen ist veraltet	Mehr Kenntnisse vermitteln: Ohne einschlägige Ausbildg.	Mehr soziale Kompetenz vermitteln	Andere Unterschiede	Keine Angabe/ Trifft nicht zu	Insgesamt
Einarbeitungsmaßnahme im Vergleich zu üblichen Einarbeitungen									
Altes Modellprogramm									
Es gab keine Unterschiede	17	11	10	2	-	-	-	-	6
Einarbeitung erforderte mehr Zeit	11	18	20	30	-	43	18	-	22
Einarbeitung ging schneller	17	26	35	12	-	14	20	-	21
Mehr Kenntnisse vermitteln - das Wissen war veraltet	-	17	16	32	-	14	20	-	21
Weniger Kenntnisse vermitteln - Fähigkeiten aus Familientätigk. von Nutzen	22	14	10	4	-	-	12	-	10
Mehr soziale Kompetenz vermitteln	6	3	2	6	-	-	10	-	5
Weniger soziale Kompetenz vermitteln	11	4	2	7	-	14	10	-	6
Andere Unterschiede	17	7	4	7	-	14	10	-	8
Keine Angabe / Trifft nicht zu	-	-	-	-	-	-	-	-	-
Insgesamt	100	100	100	100	-	100	100	-	100
Modifiziertes Modellprogramm - Bundesgebiet									
Es gab keine Unterschiede	26	9	18	7	6	-	6	11	11
Einarbeitung erforderte mehr Zeit	18	30	15	31	25	29	19	44	25
Einarbeitung ging schneller	22	11	31	11	9	-	19	-	16
Mehr Kenntnisse vermitteln - das Wissen war veraltet	15	21	14	26	14	-	13	-	18
Mehr Kenntnisse vermitteln - keine einschlägige Ausbildung	5	17	6	13	31	43	19	22	16
Mehr soziale Kompetenz vermitteln	4	4	3	5	5	29	4	-	4
Weniger soziale Kompetenz vermitteln	-	-	7	2	2	-	-	-	2
Andere Unterschiede	4	5	5	4	6	-	15	-	6
Keine Angabe / Trifft nicht zu	5	1	2	1	2	-	4	22	2
Insgesamt	100	100	100	100	100	100	100	100	100
Modifiziertes Modellprogramm - Westdeutschland									
Es gab keine Unterschiede	32	10	16	6	10	-	20	-	12
Einarbeitung erforderte mehr Zeit	18	30	14	33	22	33	20	50	26
Einarbeitung ging schneller	21	12	30	10	14	-	7	-	15
Mehr Kenntnisse vermitteln - das Wissen war veraltet	15	19	10	22	6	-	-	-	15
Mehr Kenntnisse vermitteln - keine einschlägige Ausbildung	6	16	6	11	30	33	20	25	15
Mehr soziale Kompetenz vermitteln	6	5	4	7	6	33	13	-	6
Weniger soziale Kompetenz vermitteln	-	-	8	4	2	-	-	-	2
Andere Unterschiede	-	5	8	6	8	-	20	-	6
Keine Angabe / Trifft nicht zu	3	2	4	1	2	-	-	25	2
Insgesamt	100	100	100	100	100	100	100	100	100
Modifiziertes Modellprogramm - Ostdeutschland									
Es gab keine Unterschiede	21	9	19	8	2	-	-	20	10
Einarbeitung erforderte mehr Zeit	18	30	15	27	28	-	19	40	24
Einarbeitung ging schneller	23	11	33	12	4	-	25	-	17
Mehr Kenntnisse vermitteln - das Wissen war veraltet	15	25	17	33	22	-	19	-	22
Mehr Kenntnisse vermitteln - keine einschlägige Ausbildung	5	19	6	16	32	100	19	20	17
Mehr soziale Kompetenz vermitteln	3	2	2	2	4	-	-	-	2
Weniger soziale Kompetenz vermitteln	-	-	6	-	2	-	-	-	1
Andere Unterschiede	8	5	2	2	4	-	13	-	5
Keine Angabe / Trifft nicht zu	8	-	-	-	2	-	6	20	2
Insgesamt	100	100	100	100	100	100	100	100	100

Quellen: Erst- und Zweitbefragung der Betriebe, DIW 1994, 1997.

Da in Ostdeutschland zumeist arbeitslose Frauen eingearbeitet wurden, deren Erwerbsunterbrechung wesentlich kürzer war als die der Frauen in Westdeutschland mit einer familienbedingten Unterbrechung der Berufstätigkeit, ist in Ostdeutschland der Anteil der Arbeitgeber höher, die keine Unterschiede zur üblichen Einarbeitung erwarteten. Die Erwartungen wurden jedoch nicht immer erfüllt. Nur ungefähr jeder fünfte Arbeitgeber blieb bei seiner Einschätzung, jeder dritte Arbeitgeber mußte mehr Kenntnisse vermitteln oder die Einarbeitungszeit verlängern. Bei den übrigen Einschätzungen unterscheiden sich die Entwicklungen kaum von denen in Westdeutschland.

Ähnliche Strukturverschiebungen zwischen den Erwartungen bezüglich der Inhalte und der Zeit der Einarbeitung und der Einschätzung nach Beendigung der Einarbeitung waren auch im alten Modellprogramm zu beobachten. Hier bestätigte sich die Vermutung, daß die Einarbeitung länger dauern werde, nur in jedem fünften Fall. Oftmals mußten mehr Kenntnisse vermittelt werden. Angesichts der Möglichkeit von Mehrfachnennungen dürfen diese Verschiebungen jedoch nicht überinterpretiert werden.

Nach den Förderrichtlinien wurden im modifizierten Modellprogramm Einarbeitungsmaßnahmen gefördert, die neben der betrieblichen Einarbeitung am Arbeitsplatz eine externe Qualifizierung bei einem anerkannten Weiterbildungsträger vorsahen. Auf eine qualifizierende Maßnahme konnte nur verzichtet werden, wenn die Frau innerhalb der letzten 12 Monate vor Beginn der Einarbeitung an einer einschlägigen beruflichen Fortbildungs- oder Umschulungsmaßnahme teilgenommen hatte. Im alten Modellprogramm war der Besuch externer Kurse zwar nicht explizit gefordert, aber mit der Konstruktion qualifizierender Modellträger beabsichtigt. Sowohl im alten als auch im modifizierten Modellprogramm wurden in über der Hälfte der Fälle nach Angaben der Arbeitgeber während der Einarbeitung externe Kurse durchgeführt (Tabelle 5.2/6). Bei ostdeutschen Arbeitgebern besuchte in rund 46 vH der Einarbeitungsmaßnahmen die neue Mitarbeiterin externe Kurse, in Westdeutschland waren es rund zwei Drittel (modifiziertes Modellprogramm). Die Unterschiede erklären sich aus der verschiedenen Erwerbsbiographien der Frauen in Ost- und Westdeutschland. Im Zuge der Umstrukturierung der Wirtschaft wurden in den neuen Bundesländern viele Frauen arbeitslos. Oftmals besuchten diese Frauen Umschulungs- und Fortbildungsmaßnahmen. Eine externe Qualifizierung brauchte in diesen Fällen nicht durchgeführt werden. Vermutlich haben sich die Arbeitgeber auch gezielt solche Frauen aus den Bewerberinnen ausgesucht.

Tabelle 5.2/6

Externe Qualifizierung und die Auswirkungen auf die betriebliche Einarbeitung

	Altes Modell-programm	Modifiziertes Modellprogramm		
		Bundes-gebiet	West	Ost
Wurden externe Qualifizierungsmaßnahmen durchgeführt?				
Ja	93	153	89	64
Nein	86	118	45	73
Keine Angabe	0	5	2	3
Vorgesehen laut Bewilligungsbescheid: Von den Einarbeitungsmaßnahmen mit externer Qualifizierung 1)				
Abstimmung auf spezifische Belange des Betriebes/Unternehmens				
-Sehr gut abgestimmt	17	124	72	52
-Der Unterricht war zu theoretisch	9	18	11	7
-Erworbene Kenntnisse waren im Betrieb kaum zu verwenden	6	2	0	2
-Keine Angabe	3	6	3	3
Auswirkungen auf die Einarbeitung im Betrieb 2)				
-Wesentlich weniger Zeit	4	26	17	9
-Wäre im Betrieb nicht möglich gewesen	3	46	23	23
-Beschränkung auf direkte Einweisung am Arbeitsplatz	15	49	28	21
-Fast keine Auswirkungen	14	33	21	12
-Sonstiges	1	15	10	5
-Keine Angabe	0	1	1	0
Gehört zur üblichen Einarbeitung				
-Ja	6	68	36	32
-Nein	26	83	51	32
-Keine Angabe	3	2	2	0
Beurteilung der Dauer				
-Zu kurz	0	13	4	9
-Angemessen	0	131	79	52
-Zu lang	0	3	0	3
-Keine Angabe	0	6	6	0

1) Altes Modellprogramm nur Einarbeitungsmaßnahmen mit qualifizierenden Modellträgern oder externer Qualifizierung bei der Industrie-und Handelskammer (N=35).- 2) Mehrfachnennungen.
Quellen: Zweitbefragung der Betriebe, DIW 1994,1997.

Die Beurteilung der externen Kurse und deren Auswirkungen auf die betriebliche Einarbeitung unterscheiden sich zwischen dem alten und dem modifizierten Modellprogramm deutlich. Im modifizierten Modellprogramm gaben über 80 vH der Arbeitgeber an, daß die externe Qualifizierung sehr gut auf die betrieblichen Belange abgestimmt war. Im alten Modellprogramm war nur jeder zweite Arbeitgeber dieser Auffassung.

Während im alten Modellprogramm noch 40 vH der Arbeitgeber angaben, daß der Besuch externer Kurse keine Auswirkungen auf die betriebliche Einarbeitung hatte, teilte diese Einschätzung im modifizierten Modellprogramm nur noch jeder fünfte Arbeitgeber. Diese Einschätzung wurde in Westdeutschland häufiger angegeben als in Ostdeutschland. In Ostdeutschland gehört jedoch der Besuch externer Kurse öfter zur üblichen Einarbeitung als in Westdeutschland (50 vH zu 40 vH). In diesen Fällen sahen die Arbeitgeber vermutlich keine über das übliche Maß hinausgehenden Auswirkungen der Kurse auf die betriebliche Einarbeitung. Auch hier gibt es deutliche Differenzen zum alten Modellprogramm, bei dem lediglich 17 vH der Arbeitgeber angaben, daß der Besuch externer Kurse zur sonst üblichen Einarbeitung gehört. Dies könnte jedoch auch auf die veränderten Modalitäten des modifizierten Modellprogramms zurückzuführen sein. Der Besuch externer Kurse war hier eine Fördervoraussetzung, und es könnten sich deshalb auch verstärkt Betriebe am Modellprogramm beteiligt haben, die Erfahrungen mit einer solchen Art der Einarbeitung hatten. Die Dauer der Kurse wurde in den meisten Fällen als angemessen angesehen, nur in einigen Fällen wurde diese als zu lang oder als zu kurz bezeichnet. Der Unterschied zwischen West- und Ostdeutschland ist nicht wesentlich. Im alten Modellprogramm wurde die Beurteilung der Dauer der externen Qualifizierung nicht erfragt.

5.2.3 Schwierigkeiten während der Einarbeitung sowie inhaltliche und organisatorische Änderungen

Aus der Sicht der Arbeitgeber hatten 55 vH der Wiedereinsteigerinnen sowohl im alten als auch im modifizierten Modellprogramm keine Schwierigkeiten während der Einarbeitung (Tabelle 5.2/7). Rund 30 vH (altes Modellprogramm) bzw. 27 vH (modifiziertes Modellprogramm) hatten aus Arbeitgebersicht Anlaufschwierigkeiten. Teilweise Schwierigkeiten bei der Einarbeitung an neuen technischen Geräten hatten im alten Modellprogramm mit rund 36 vH wesentlich mehr Frauen als im modifizierten Modellprogramm mit 20 vH. Die Einschätzung der Arbeitgeber in Ost- und Westdeutschland fällt unterschiedlich aus. Während in Ostdeutschland nach Einschätzung der Arbeitgeber ein etwas größerer Anteil der Frauen den Anforderungen während der Einarbeitung gewachsen war als in Westdeutschland, hatte ein größerer Anteil in Westdeutschland anfängliche Schwierigkeiten. Dies dürfte auch an der unterschiedlichen Erwerbsbiographie der Frauen in West- und Ostdeutschland liegen. In Westdeutschland ist der Anteil der Frauen mit einer längeren - zumeist familienbedingten - Erwerbsunterbrechung höher, in Ostdeutschland ist der Anteil der Frauen größer, der vor der Teilnahme am Modellprogramm Fortbildungs- und Umschulungsmaßnahmen besucht hatte. Während im alten Modellprogramm etwa jeder sechsten Frau erhebliche Wissenslücken bescheinigt wurden, spielte dies bei den westdeutschen Frauen im neuen Modellprogramm kaum noch eine Rolle.

Etwa 80 vH der Frauen waren nach dem Ende der Einarbeitung mit den gleichen Tätigkeiten betraut, für die sie eingestellt und eingearbeitet wurden. Hierbei gibt es keine merklichen Unterschiede zwischen Ost- und Westdeutschland und zum alten Modellprogramm.

Tabelle 5.2/7

Schwierigkeiten während der Einarbeitung

- in vH 1) -

Fragen Antwortvorgaben	Altes Modell-programm	Modifiziertes Modellprogramm		
		Bundes-gebiet	West	Ost
Hatte Ihre neue Mitarbeiterin während der Einarbeitung besondere Schwierigkeiten? 2)				
Nein, sie war den Anforderungen gewachsen	55	55	51	58
Sie hatte Anlaufschwierigkeiten	30	27	30	24
Sie hatte teilweise Schwierigkeiten an neuen technischen Geräten	36	20	21	19
Es gab Schwierigkeiten im zwischenmenschlichen Bereich	12	10	13	6
Sie hatte erhebliche Schwierigkeiten, die Wissenslücken waren recht groß	17	11	8	14
Sie hatte hohe Fehlzeiten	2	3	4	1
Nicht mehr im Betrieb	1	-	-	-
Keine Angabe	1	3	3	-
Ist Ihre neue Mitarbeiterin mit den gleichen Tätigkeiten betraut, für die sie eingestellt und eingearbeitet wurde?				
Ja	84	79	84	81
Nein	12	4	6	5
Nicht mehr im Betrieb	2	15	8	12
Keine Angabe	2	2	2	2

1) Bezogen auf die Zahl der beurteilten Frauen.- 2) Mehrfachnennungen
Quellen: Zweitbefragung der Betriebe, DIW 1994, 1997.

Da die meisten Arbeitgeber mit dem Verlauf der Einarbeitung zumindest "im großen und ganzen" zufrieden waren, sahen auch rund zwei Drittel der Arbeitgeber keinen Anlaß, die Einarbeitung anders zu organisieren oder inhaltlich zu ändern. Etwa jeder fünfte Arbeitgeber würde rückblickend mehr Zeit für die betriebliche Einarbeitung ansetzen, ein etwas geringerer Teil der Arbeitgeber würde nach den Erkenntnissen der Einarbeitung mehr Kenntnisse vermitteln, die über das engere Arbeitsgebiet hinausgehen, einige Arbeitgeber würden ein stärkeres Gewicht auf die Einarbeitung an den technischen Geräten legen und nur wenige würden die inhaltlichen Schwerpunkte verändern (Tabelle 5.2/8). In bezug auf die Organisation der Einarbeitung hätte rund jeder fünfte Arbeitgeber rückblickend mehr Zeit für die Einarbeitung angesetzt, in einigen Fällen hätten die Arbeitgeber zusätzlich den Besuch externer Kurse veranlaßt.

Bereits im alten Modellprogramm war der Großteil der Arbeitgeber der Ansicht, daß sich der Einarbeitungsplan bewährt hat und somit - auch im nachhinein betrachtet - keine inhaltlichen oder organisatorischen Änderungen notwendig gewesen seien (Tabelle 5.2/9). Gut ein Viertel hätte mehr Zeit für die Einarbeitung eingesetzt, jeder fünfte hätte mehr Kenntnisse vermittelt, die über das engere Arbeitsgebiet hinausgehen.

Die Erkenntnis, daß die Einarbeitung inhaltlich oder organisatorisch anders gestaltet hätte werden müssen, schlägt sich teilweise auch in der Einschätzung der Leistungen der neuen Mitarbeiterin nieder. Diejenigen Arbeitgeber, die angaben, daß die neue Mitarbeiterin während der Einarbeitung erhebliche Schwierigkeiten hatte, weil die Wissenslücken recht groß waren, gingen nur etwa zur Hälfte davon aus, daß sich der Einarbeitungsplan voll und ganz bewährt hat (Tabelle 5.2/10). In den Fällen, bei denen die Frauen den Anforderungen gewachsen waren, würden die Arbeitgeber jedoch zu über 70 vH den Einarbeitungsplan nicht ändern. Von den Arbeitgebern, deren neue Mitarbeiterin Schwierigkeiten bei der Einarbeitung an neuen technischen Geräten hatte, gab etwa jeder vierte an, daß er rückblickend die Frau stärker an solchen Geräten einarbeiten würde. In je einem Drittel der Fälle, in denen die neue Mitarbeiterin Anlaufschwierigkeiten oder Schwierigkeiten mit der Einarbeitung an neuen technischen Geräten hatte, würden die Arbeitgeber im Nachhinein mehr Zeit für die Einarbeitung ansetzen. Die Einschätzungen der Arbeitgeber unterscheiden sich zwischen West- und Ostdeutschland kaum.

Tabelle 5.2/8

Änderungsvorstellungen über Inhalte und Organisation der Einarbeitung

- in vH -

Inhaltliche und organisatorische Änderungsvorstellungen	Zufriedenheit mit der Einarbeitung – Modifiziertes Modellprogramm								
	Bundesgebiet 3)			Westdeutschland			Ostdeutschland		
	"Voll und ganz" oder "Im großen und ganzen" 1)	Übrige Ausprägungen 2)	Keine Angabe 3)	"Voll und ganz" oder "Im großen und ganzen" 1)	Übrige Ausprägungen 2)	Keine Angabe 3)	"Voll und ganz" oder "Im großen und ganzen" 1)	Übrige Ausprägungen 2)	Keine Angabe 3)
Organisatorische Änderungsvorstellungen 4):									
Ich würde mehr Zeit für die Einarbeitung ansetzen	22	33	-	23	19	-	21	48	-
Ich würde die Einarbeitungsmaßnahme verkürzen	1	2	-	1	5	-	1	-	-
Ich würde die ergänzenden außerbetrieblichen Kurse / Lehrgänge weglassen	2	10	-	1	10	-	3	10	-
Ich würde die betriebliche Einarbeitung durch außerbetriebliche Kurse / Lehrgänge ergänzen	6	21	-	7	10	-	6	33	-
Sonstiges	4	14	-	4	14	-	5	14	-
Nein, ich würde an der Organisation nichts ändern	72	45	-	72	52	-	73	38	-
Keine Angabe	-	-	100	1	-	100	-	-	100
Inhaltliche Änderungsvorstellungen 4):									
Ich würde die neue Mitarbeiterin in bezug auf die Handhabung der technischen Ausstattung gründlicher einarbeiten	7	17	-	6	3	-	9	4	-
Ich würde mehr Kenntnisse vermitteln, die über das engere Arbeitsgebiet hinausgehen	17	26	-	18	2	-	19	9	-
Ich würde die inhaltlichen Schwerpunkte des Einarbeitungsplans verändern	6	10	-	7	2	-	6	2	-
Nein, der Einarbeitungsplan hat sich voll und ganz bewährt	76	55	-	82	14	-	83	9	-
Keine Angabe	3	2	5	4	1	2	2	-	3

1) Nennungen bezogen auf die Zahl der Betriebe (West=109, Ost=109).- 2) Nennungen bezogen auf die Zahl der Betriebe (West=21, Ost=21).- 3) Betriebe ohne Angabe (West=2, Ost=3).- 4) Mehrfachnennungen.

Quelle: Zweitbefragung der Betriebe, DIW 1997.

5.2.4 Beurteilung der Arbeitsleistung und des Verhältnisses zu Kolleginnen und Vorgesetzten

In rund 50 vH der Fälle waren die Arbeitgeber des modifizierten Modellprogramms nach dem Ende der Einarbeitung mit der Arbeitsleistung ihrer neuen Mitarbeiterin "voll und ganz" zufrieden (Tabelle 5.2/11). Bei einem weiteren Drittel der Frauen gaben die Arbeitgeber an, "im großen und ganzen" mit der Arbeitsleistung zufrieden zu sein. Die wenigen (6) unzufriedenen Arbeitgeber hatten ihren Betriebsstandort je zur Hälfte in West- und Ostdeutschland. Auch sonst unterscheidet sich die Einschätzung der Arbeitgeber zwischen West- und Ostdeutschland kaum.

Tabelle 5.2/9

Änderungsvorstellungen über Inhalte und Organisation der Einarbeitung

Altes Modellprogramm

- in vH -

Inhaltliche und organisatorische Änderungsvorstellungen	
Organisatorische Änderungsvorstellungen 1):	
Keine Änderung der Organisation	54
Mehr Zeit für die betriebliche Einarbeitung	24
Weniger Zeit für die betriebliche Einarbeitung	1
Mehrere Frauen gleichzeitig einarbeiten	10
Externe Kurse weglassen	1
Zusätzliche externe Kurse	7
Einarbeitung durch externe Träger	1
Sonstiges	2
Inhaltliche Änderungsvorstellungen 2):	
Keine inhaltlichen Änderungen	57
Gründlichere Einarbeitung an Geräten	8
Kenntnisse vermitteln, die über das engere Arbeitsgebiet hinausgehen	20
Stärkere sozial/psychologische Begleitung	4
Geringere sozial/psychologische Begleitung	-
Andere inhaltliche Schwerpunkte	10
Für Betrieb mit externer Qualifizierung	
Organisatorische Änderungsvorstellungen bezüglich der externen Qualifizierung 3):	
Externe Qualifizierung als Blockveranstaltung vor der betrieblichen Einarbeitung	38
Gleichzeitigkeit von externer Qualifizierung und betrieblicher Einarbeitung	28
Externe Qualifizierung außerhalb der üblichen wöchentlichen Arbeitszeit	17
Sonstige Änderungen	17

1) Nennungen auf die Zahl der Betriebe = 181.- 2) Nennungen auf die Zahl der Betriebe = 203.- 3) Nennungen auf die Zahl der Betriebe = 29.
Quelle: Zweitbefragung der Betriebe, DIW 1994.

Tabelle 5.2/10

Organisatorische sowie inhaltliche Änderungen und Schwierigkeiten bei der Einarbeitung

Horizontalstruktur in vH 1)

Schwierigkeiten während der Einarbeitung	Aus heutiger Sicht würden die Arbeitgeber die											
	Einarbeitung anders organisieren							Inhalte der betrieblichen Einarbeitungsmaßnahme verändern				
	Mehr Zeit für Einarbeitung ansetzen	Einarbeitung verkürzen	Kurse/ Lehrgänge weglassen	Kurse/ Lehrgänge ergänzen	Sonstiges	Nichts ändern	Keine Angabe	An techn. Geräten gründlicher einarbeiten	Mehr Kenntnisse über Arbeitsgebiet hinaus	Inhaltliche Schwerpunkte verändern	Nichts ändern	Keine Angabe
Modifiziertes Modellprogramm - Bundesgebiet												
Sie war den Anforderungen gewachsen	19	1	2	5	3	72	1	3	14	6	77	3
Sie hatte Anlaufschwierigkeiten	31	1	4	12	7	60	-	13	29	9	56	1
Schwierigkeiten an neuen technischen Geräten	31	-	4	13	13	54	-	24	15	9	57	6
Schwierigkeiten im zwischenmenschlichen Bereich	33	-	7	19	11	48	-	15	22	15	48	-
Erhebliche Schwierigkeiten, da die Wissenslücken recht groß waren	26	-	10	19	23	48	-	19	26	10	52	-
Sie hatte hohe Fehlzeiten	29	-	14	29	14	43	-	14	14	14	43	14
Keine Angabe	-	-	-	14	-	14	-	-	-	-	-	-
Modifiziertes Modellprogramm - Westdeutschland												
Sie war den Anforderungen gewachsen	17	1	1	6	1	73	1	-	11	4	81	4
Sie hatte Anlaufschwierigkeiten	27	2	2	5	5	66	-	15	22	10	61	2
Schwierigkeiten an neuen technischen Geräten	36	-	-	7	11	57	-	18	14	14	57	7
Schwierigkeiten im zwischenmenschlichen Bereich	28	-	-	11	11	56	-	11	17	22	50	-
Erhebliche Schwierigkeiten, da die Wissenslücken recht groß waren	9	-	9	18	36	45	-	27	-	18	55	-
Sie hatte hohe Fehlzeiten	40	-	-	40	20	40	-	20	20	20	40	-
Keine Angabe	-	-	-	25	-	25	-	-	-	-	-	-
Modifiziertes Modellprogramm - Ostdeutschland												
Sie war den Anforderungen gewachsen	20	1	2	4	5	70	-	5	16	7	73	1
Sie hatte Anlaufschwierigkeiten	35	-	6	21	9	53	-	12	38	9	50	-
Schwierigkeiten an neuen technischen Geräten	27	-	8	19	15	50	-	31	15	4	58	4
Schwierigkeiten im zwischenmenschlichen Bereich	44	-	22	33	11	33	-	22	33	-	44	-
Erhebliche Schwierigkeiten, da die Wissenslücken recht groß waren	35	-	10	20	15	50	-	15	40	5	50	-
Sie hatte hohe Fehlzeiten	-	-	50	-	-	50	-	-	-	-	50	50
Keine Angabe	-	-	-	-	-	-	-	-	-	-	-	-

1) Bezogen auf die beurteilten Frauen. Mehrfachnennungen bei beiden Ausprägungen.
Quelle: Zweitbefragung der Betriebe, DIW 1997.

Tabelle 5.2/11

Zufriedenheit mit der Arbeitsleistung
in vH

Zufriedenheit und Erwartungen	Altes Modell-programm	Modifiziertes Modellprogramm		
		Bundes-gebiet	West	Ost
Zufriedenheit mit der Arbeitsleistung				
Voll und ganz	55	49	51	47
Im großen und ganzen	30	33	31	34
Teils/teils	8	10	9	11
Nicht so besonders	1	3	3	4
Recht unzufrieden	3	2	2	2
Nicht mehr im Betrieb	1	1	3	-
Keine Angabe	2	2	1	2
Erwartungen der beruflichen Leistung				
Wir erwarten, daß die neue Mitarbeiterin ...				
-nach der Einarbeitung die gleichen Leistungen erbringt wie andere	52	47	46	47
-noch einige Zeit Unterstützung braucht	26	28	29	26
-durch spezielle Einarbeitung höhere Leistungen erbringt	15	17	13	20
-nach der Einarbeitung die gleichen Leistungen erbringt wie andere, aber noch einige Zeit Unterstützung braucht	1	-	1	-
-noch einige Zeit Unterstützung braucht, aber durch spezielle Einarbeitung höhere Leistung bringt	1	-	-	-
Nicht mehr im Betrieb	3	5	7	4
Keine Angabe	3	3	4	3

Quelle: Zweitbefragung der Betriebe, DIW 1994, 1997.

Im Vergleich zum alten Modellprogramm war die Beurteilung der Arbeitsleistung im neuen Modellprogramm etwas schlechter. Die damaligen Arbeitgeber waren zu rund 55 vH "voll und ganz" sowie zu rund 30 vH "im großen und ganzen" zufrieden. Eine schlechte Beurteilung war aber auch hier recht selten.

Die Zufriedenheit der Arbeitgeber mit der Arbeitsleistung ihrer neuen Mitarbeiterin hängt davon ab, ob die Berufsrückkehrerin während der Einarbeitung Schwierigkeiten hatte. Von den Fällen, in denen die neue Mitarbeiterin allen Anforderungen gewachsen war, waren 97 vH (Westdeutschland) bzw. 100 vH (Ostdeutschland) mit der Arbeitsleistung zufrieden (Tabelle 5.2/12). Mit der Arbeitsleistung der Frauen, die Schwierigkeiten an technischen Geräten hatten, waren rund 65 vH (Westdeutschland) bzw. 70 vH (Ostdeutschland) zufrieden. Wesentlich schlechter ist die Beurteilung bei den Frauen mit erheblichen Wissenslücken.

Die Zufriedenheit der Arbeitgeber mit der neuen Mitarbeiterin kommt auch in der Erwartung bezüglich der beruflichen Leistung zum Ausdruck. Etwa jeder zweite Arbeitgeber erwartete die gleichen Leistungen wie von den Kollegen und Kolleginnen und jeder sechste erwartete durch die spezielle Einarbeitung höhere Leistungen. Die Rangfolge der Antworten ist zwischen west- und ostdeutschen Arbeitgebern gleich. Dennoch sind in der Häufigkeit der Nennungen Unterschiede festzustellen. Daß die Berufsrückkehrerin höhere Leistungen erbringt, erwarteten in Westdeutschland 13 vH der Arbeitgeber, in Ostdeutschland jeder fünfte. Im Vergleich zum alten Modellprogramm war die Einschätzung in Westdeutschland schlechter. So erwarteten rund 46 vH der westdeutschen Arbeitgeber, daß die neue Mitarbeiterin die gleichen Leistungen erbringen würde; im alten Modellprogramm waren es 52 vH. Auch die Erwartung, daß die neue Mitarbeiterin noch einige Zeit Unterstützung brauchen werde, war mit 29 vH in Westdeutschland sowohl zu Ostdeutschland (26 vH) als auch zum alten Modellprogramm (26 vH) etwas höher.

Für den Erfolg der beruflichen Wiedereingliederung ist neben den fachlichen Fähigkeiten und Fertigkeiten das Verhältnis zu den anderen Mitarbeiterinnen und Mitarbeitern sowie zum Vorgesetzten wichtig. Nach dem Urteil der Arbeitgeber war das Verhältnis der neuen Mitarbeiterin sowohl zu den Vorgesetzten (89 vH) als auch zu den Kolleginnen und Kollegen (84 vH) gut (Tabelle 5.2/13). Probleme gab es nur in wenigen Fällen, häufiger mit den Vorgesetzten als mit den Kolleginnen und Kollegen. Ein Zusammenhang mit der Einschätzung der Arbeitsleistung ist nicht erkennbar. Die Einschätzung war im Vergleich zum alten Modellprogramm etwas besser. Im alten Modellprogramm gaben je rund 6 vH der Arbeitgeber an, daß die Berufsrückkehrerin Probleme mit den Vorgesetzten oder den Kolleginnen und Kollegen hatte und 84 vH wurde ein gutes Verhältnis zum Vorgesetzten bescheinigt.

Tabelle 5.2/12

Schwierigkeiten während der Einarbeitung

Modifiziertes Modellprogramm

- in vH der beurteilten Frauen -

Hatte Ihre neue Mitarbeiterin während der Einarbeitung besondere Schwierigkeiten? 1)	Bundesgebiet			Westdeutschland			Ostdeutschland		
	Zufriedenheit mit Arbeitsleistung								
	Ja	Teilweise, nein	Keine Angabe 2)	Ja	Teilweise, nein	Keine Angabe 2)	Ja	Teilweise, nein	Keine Angabe 2)
Nein, sie war den Anforderungen gewachsen	99	1	1	97	1	1	100	-	-
Sie hatte Anlaufschwierigkeiten	64	33	3	66	29	5	62	38	-
Sie hatte teilweise Schwierigkeiten an neuen technischen Geräten	67	28	6	64	25	11	69	31	-
Es gab Schwierigkeiten im zwischenmenschlichen Bereich	48	44	7	44	44	11	56	44	-
Sie hatte erhebliche Schwierigkeiten, die Wissenslücken waren recht groß	23	74	3	27	64	9	20	80	-
Sie hatte hohe Fehlzeiten	43	57	-	40	60	-	50	50	-
Keine Angabe 2)	29	-	71	50	-	50	-	-	100

1) Mehrfachnennungen.- 2) Einschließlich: Nicht mehr im Betrieb.

Quelle: Zweitbefragung der Betriebe, DIW 1997.

Tabelle 5.2/13

Verhältnis zu Kolleginnen und Kollegen sowie Vorgesetzten
in vH

Verhältnis zu	Altes Modell-programm	Modifiziertes Modellprogramm		
		Bundes-gebiet	West	Ost
Kolleginnen und Kollegen 1)				
Trifft nicht zu, sie hat keine	4	7	5	9
Kaum Kontakte zu den anderen	2	3	2	4
Kommt gut mit den anderen aus	84	84	84	84
Kommt nicht gut mit den anderen aus	2	1	3	-
Es gibt Probleme	6	4	4	3
Keine Angabe	1	2	1	2
Nicht mehr im Betrieb	-	-	1	-
Vorgesetzten 1)				
Das Verhältnis ist gut	84	89	87	91
Anfangs gab es Schwierigkeiten	5	4	5	2
Sie hat öfter Ärger und Konflikte	4	3	3	2
Es gibt Probleme	6	5	6	4
Keine Angabe	1	2	1	3

1) Mehrfachnennungen.
Quellen: Zweitbefragung der Betriebe, DIW 1994, 1997.

Die Einschätzungen der Betriebe wurden durch die Angaben der Berufsrückkehrerinnen bestätigt. In den Fällen, in denen die Arbeitgeber von einem guten Verhältnis der neuen Mitarbeiterin zu den Kolleginnen und Kollegen ausgingen, gab auch die überwiegende Mehrheit der Berufsrückkehrerinnen an, daß das Verhältnis gut sei, sie Unterstützung von den anderen Mitarbeiterinnen erhalte und von diesen akzeptiert werde. Für die Frauen gehörte der Kontakt zu den Kolleginnen und Kollegen zu den wichtigsten Vorzügen der Berufstätigkeit. Die Einschätzungen unterscheiden sich zwischen alten und modifizierten Modellprogramm sowie zwischen West- und Ostdeutschland nicht nennenswert (Tabelle 5.2/14).

Tabelle 5.2/14

Verhältnis zu Kolleginnen und Kollegen

Beurteilung aus der Sicht der Arbeitgeber und Berufsrückkehrerinnen
- in vH 1) -

Angaben der Betriebe 2) / Angaben der Frauen 2)	Keine Kollegen	Kaum Kontakte	Kommt gut aus	Kommt nicht gut aus	Es gibt Probleme	Keine Angabe 3)
	Altes Modellprogramm					
Kaum Kontakte	-	-	4	-	-	-
Komme gut aus	-	25	85	25	70	100
Es gibt öfter Konflikte	-	-	-	-	-	-
Werde unterstützt	-	25	74	25	70	100
Werde als vollwertige Fachkraft akzeptiert	-	25	73	25	40	100
Werde nicht ganz als vollw. Fachkraft angesehen	-	-	-	-	-	-
Kollegen glauben, daß ich zu viele Vorteile habe	-	-	7	-	10	-
Kontakt zu Koll. wichtiger Vorzug der Berufstätigkeit	-	-	48	-	50	50
Keine Angabe 3)	-	-	12	-	-	-
	Modifiziertes Modellprogramm - Bundesgebiet					
Kaum Kontakte	-	25	2	-	20	-
Komme gut aus	21	25	73	50	30	17
Es gibt öfter Konflikte	-	-	2	25	10	17
Werde unterstützt	11	13	42	50	10	17
Werde als vollwertige Fachkraft akzeptiert	11	13	47	25	20	33
Werde nicht ganz als vollw. Fachkraft angesehen	-	13	5	-	-	-
Kollegen glauben, daß ich zu viele Vorteile habe	-	-	-	25	-	-
Kontakt zu Koll. wichtiger Vorzug der Berufstätigkeit	5	-	31	-	20	33
Keine Angabe 3)	79	63	21	25	40	67
	Modifiziertes Modellprogramm - Westdeutschland					
Kaum Kontakte	-	67	3	-	17	-
Komme gut aus	29	67	75	-	33	-
Es gibt öfter Konflikte	-	-	-	-	-	33
Werde unterstützt	14	33	42	-	-	-
Werde als vollwertige Fachkraft akzeptiert	14	33	47	-	17	33
Werde nicht ganz als vollw. Fachkraft angesehen	-	33	3	-	-	-
Kollegen glauben, daß ich zu viele Vorteile habe	-	-	-	-	-	-
Kontakt zu Koll. wichtiger Vorzug der Berufstätigkeit	14	-	27	-	17	33
Keine Angabe 2)	143	67	24	-	17	67
	Modifiziertes Modellprogramm - Ostdeutschland					
Kaum Kontakte	-	-	1	-	25	-
Komme gut aus	17	-	71	-	25	33
Es gibt öfter Konflikte	-	-	3	-	25	-
Werde unterstützt	8	-	42	-	25	33
Werde als vollwertige Fachkraft akzeptiert	8	-	46	-	25	33
Werde nicht ganz als vollw. Fachkraft angesehen	-	-	8	-	-	-
Kollegen glauben, daß ich zu viele Vorteile habe	-	-	-	-	-	-
Kontakt zu Koll. wichtiger Vorzug der Berufstätigkeit	-	-	35	-	25	33
Keine Angabe 3)	42	60	18	-	75	67

1) Bezogen auf die Zahl der Nennungen der Betriebe.- 2) Mehrfachnennungen. - 3) Einschließlich: Nicht mehr im Betrieb.
Quellen: Zweitbefragung der Frauen und Betriebe, DIW 1994, 1997.

Das gute Verhältnis zu den Vorgesetzten wurde ebenfalls von den Frauen bestätigt. Zumeist wurde angegeben, daß die Vorgesetzten sie unterstützen und den Berufsrückkehrerinnen genauso viel zutrauen wie den anderen Mitarbeitern. Ärger und Konflikte wurden auch von den Frauen recht selten genannt. Die Unterschiede zwischen altem und modifiziertem Modellprogramm sind geringfügig (Tabelle 5.2/15).

Zusätzlich wurde die Beurteilung der praktischen Einarbeitung im Betrieb durch die Berufsrückkehrerinnen der Zufriedenheit der Arbeitgeber gegenübergestellt, um einen weiteren Hinweis auf die Übereinstimmung der Einschätzungen der Frauen und die der Unternehmen zu erhalten. Die Angaben stimmen vielfach überein. Bei den Betrieben, die zumindest im großen und ganzen zufrieden waren, beurteilten auch die Frauen zu über 80 vH die Einarbeitung positiv. Unterschiede zwischen alten und modifizierten Modellprogramm gibt es kaum. Von den Frauen wurde am häufigsten genannt, daß sie mit allen beruflichen Tätigkeiten vertraut gemacht worden seien (rund 70 vH altes Modellprogramm bzw. 77 vH modifiziertes Modellprogramm), gefolgt von der Einschätzung, daß man sich sehr um die Vermittlung des neuesten Standes bemüht habe (rund 50 vH). Während im alten Modellprogramm über 40 vH der Frauen angaben, daß ihnen die Einarbeitung leichtgefallen sei, waren es im modifizierten Modellprogramm nur 20 vH. Unterschiede zwischen West- und Ostdeutschland gibt es hingegen nicht (Tabelle 5.2/16).

In einer Reihe von Fällen unterscheiden sich die Sichtweisen der Frauen und der Betriebe voneinander. Während die Betriebe zumindest "im großen und ganzen" zufrieden waren, gaben 15 vH der Frauen im alten und 18 vH im modifizierten Modellprogramm an, daß eine Einarbeitung in diesen Betrieben so gut wie nicht stattgefunden habe, in weiteren 7 vH (altes Modellprogramm) bzw. 4 vH (modifiziertes Modellprogramm) der Einarbeitungsmaßnahmen wurden die Berufsrückkehrerinnen nach eigenen Angaben nur kurz in die Handhabung von Geräten eingearbeitet und in einigen Fällen beurteilten die Frauen die Einarbeitung als völlig unzureichend (modifiziertes Modellprogramm). Zu beachten ist hier jedoch, daß Mehrfachnennungen vorliegen. Zu der unterschiedlichen Sichtweise kann auch beigetragen haben, daß die Frauen eine gezielte und gründliche Einarbeitung erwartet, die Arbeitgeber jedoch eher von vornherein auf die Mitarbeit im Betrieb Wert gelegt hatten.

Tabelle 5.2/15

Verhältnis zu Vorgesetzten

Beurteilung aus der Sicht der Arbeitgeber und der Berufsrückkehrerinnen
- in vH 1) -

Angaben der Betriebe 2) / Angaben der Frauen 2)	Gut	Anfangs-schwierig-keiten	Öfter Ärger und Konflikte	Es gibt Probleme	Keine Angabe 3)
	Altes Modellprogramm				
Werde unterstützt	83	44	-	30	100
Mir wird genauso viel zugetraut wie Kolleginnen	71	56	25	40	100
Mir werden mehr unangenehme oder langweilige Arbeiten übertragen als meinen Kolleginnen	3	-	-	10	-
Habe öfter Ärger und Konflikte	3	-	13	30	-
Muß mich wieder daran gewöhnen, Vorgesetzte zu haben	7	11	-	10	-
Keine Angabe 3)	10	-	-	-	-
	Modifiziertes Modellprogramm - Bundesgebiet				
Werde unterstützt	64	20	29	36	67
Mir wird genauso viel zugetraut wie Kolleginnen	53	50	29	36	33
Mir werden mehr unangenehme oder langweilige Arbeiten übertragen als meinen Kolleginnen	-	20	-	21	-
Habe öfter Ärger und Konflikte	2	20	14	14	-
Keine Angabe 3)	8	-	29	-	33
	Modifiziertes Modellprogramm - Westdeutschland				
Werde unterstützt	67	14	50	25	50
Mir wird genauso viel zugetraut wie Kolleginnen	56	43	25	38	50
Mir werden mehr unangenehme oder langweilige Arbeiten übertragen als meinen Kolleginnen	1	29	-	25	-
Habe öfter Ärger und Konflikte	1	29	-	13	-
Keine Angabe 3)	3	-	25	-	50
	Modifiziertes Modellprogramm - Ostdeutschland				
Werde unterstützt	62	33	-	50	75
Mir wird genauso viel zugetraut wie Kolleginnen	50	67	33	33	25
Mir werden mehr unangenehme oder langweilige Arbeiten übertragen als meinen Kolleginnen	-	-	-	17	-
Habe öfter Ärger und Konflikte	2	-	33	17	-
Keine Angabe 3)	13	-	33	-	25

1) Bezogen auf die Nennungen der Betriebe.- 2) Mehrfachnennungen.- 3) Einschließlich: Nicht mehr im Betrieb.
Quellen: Zweitbefragung der Frauen und Betriebe, DIW 1994, 1997.

Tabelle 5.2/16

Beurteilung der Einarbeitungsmaßnahme

Frauen 1) / Betriebe	"Voll und ganz" oder "Im großen und ganzen"	Übrige Ausprägungen 2)	Nicht mehr im Betrieb oder keine Angabe	"Voll und ganz" oder "Im großen und ganzen"	Übrige Ausprägungen 2)	Nicht mehr im Betrieb oder keine Angabe
	Altes Modellprogramm			Modifiziertes Modellprogramm - Bundesgebiet -		
Wie zufrieden sind Sie mit der Einarbeitung insgesamt?						
Voll und ganz	59	2	-	84	5	3
Im großen und ganzen	56	7	1	93	8	-
Teils/teils	11	4	1	16	11	-
Nicht so besonders	3	5	-	12	3	-
Überhaupt nicht	5	2	-	4	3	-
Keine Angabe	3	3	-	5	2	-
Wie beurteilen Sie die praktische Einarbeitung im Betrieb?						
Man hat sich sehr darum bemüht, mich auf den neuesten Stand zu bringen.	75	6	-	103	12	1
Ich bin mit allen erforderlichen beruflichen Tätigkeiten vertraut gemacht worden.	95	13	2	165	13	3
Die Einarbeitung hat gerade dazu ausgereicht, daß ich einfache Arbeiten selbständig verrichten kann.	8	6	-	5	7	1
Ich durfte überwiegend nur zusehen.	-	1	-	-	1	-
Eine Einarbeitung hat so gut wie nicht stattgefunden, ich habe gleich voll gearbeitet.	21	6	-	39	12	-
Es gab kaum Gelegenheit, Fragen zu stellen.	4	5	-	7	4	-
Die Einarbeitung ist mir sehr leicht gefallen.	59	5	1	45	11	1
Die Anforderungen waren sehr hoch.	19	5	-	27	5	1
Ich bin nur kurz in die Handhabung der Geräte eingewiesen worden.	10	4	-	9	5	-
Die Einarbeitung war völlig unzureichend.	-	-	-	5	1	-
Sonstiges	10	2	1	17	4	-
Keine Angabe	1	-	-	-	-	-
	Modifiziertes Modellprogramm - Westdeutschland -			Modifiziertes Modellprogramm - Ostdeutschland -		
Wie zufrieden sind Sie mit der Einarbeitung insgesamt?						
Voll und ganz	45	4	1	39	1	2
Im großen und ganzen	47	6	-	46	2	-
Teils/teils	7	3	-	9	8	-
Nicht so besonders	7	2	-	5	1	-
Überhaupt nicht	2	2	-	2	1	-
Keine Angabe	1	1	-	4	1	-
Wie beurteilen Sie die praktische Einarbeitung im Betrieb?						
Man hat sich sehr darum bemüht, mich auf den neuesten Stand zu bringen.	55	6	-	48	6	1
Ich bin mit allen erforderlichen beruflichen Tätigkeiten vertraut gemacht worden.	83	8	1	82	5	2
Die Einarbeitung hat gerade dazu ausgereicht, daß ich einfache Arbeiten selbständig verrichten kann.	3	5	1	2	2	-
Ich durfte überwiegend nur zusehen.	-	-	-	-	1	-
Eine Einarbeitung hat so gut wie nicht stattgefunden, ich habe gleich voll gearbeitet.	17	5	-	22	7	-
Es gab kaum Gelegenheit, Fragen zu stellen.	5	3	-	2	1	-
Die Einarbeitung ist mir sehr leicht gefallen.	23	7	-	22	4	1
Die Anforderungen waren sehr hoch.	10	3	1	17	2	-
Ich bin nur kurz in die Handhabung der Geräte eingewiesen worden.	6	2	-	3	3	-
Die Einarbeitung war völlig unzureichend.	3	-	-	2	1	-
Sonstiges	13	3	-	4	1	-

1) Mehrfachnennungen.- 2) "Teils/teils", "nicht so besonders", "überhaupt nicht".
Quellen: Zweitbefragung der Frauen und der Betriebe, DIW 1994, 1997.

Für die Beurteilung einer gelungenen Integration ist u.a. wichtig, daß nicht nur die Arbeitgeber mit der Arbeitsleistung ihrer neuen Mitarbeiterin zufrieden sind, sondern daß auch die Frauen mit ihrer Arbeit zufrieden sind und diese positiv beurteilen. Für die Frauen, die noch im Einarbeitungsbetrieb beschäftigt waren, wurde die Einschätzung der Arbeitgeber der Beurteilung der Frauen gegenübergestellt. Von den Frauen, bei denen die Arbeitgeber zumindest "im großen und ganzen" mit der Arbeitsleistung zufrieden waren, gaben sowohl im alten als auch im modifizierten Modellprogramm rund die Hälfte an, "voll und ganz" mit der jetzigen Arbeit zufrieden zu sein, weitere 36 vH (altes Modellprogramm) bzw. 40 vH (modifiziertes Modellprogramm) waren "im großen und ganzen" zufrieden (Tabelle 5.2/17). Die Bewertung fällt bei den Frauen, bei denen die Arbeitgeber mit der Arbeitsleistung nur teilweise zufrieden oder unzufrieden waren, wesentlich schlechter aus. Hier waren nur 33 vH (modifiziertes Modellprogramm) bzw. 7 vH (altes Modellprogramm) der Frauen mit ihrer Arbeit zufrieden. Von diesen Frauen wurde relativ häufig genannt, daß die Arbeit monoton oder mit hoher nervlicher Anspannung verbunden sei.

Unterschiede ergeben sich auch bei der Beurteilung der Arbeit. Von den Frauen, bei denen der Arbeitgeber mit der Arbeitsleistung zufrieden war, gaben 89 vH (altes Modellprogramm) bzw. 83 vH (modifiziertes Modellprogramm) an, gerne in diesem Beruf zu arbeiten. Von den Frauen, bei denen der Arbeitgeber unzufrieden war, gab dies lediglich jede dritte (altes Modellprogramm) bzw. jede zweite (modifiziertes Modellprogramm) an.

Tabelle 5.2/17

Zufriedenheit mit der Arbeitsleistung der Berufsrückkehrerin und Beurteilung aus der Sicht der Frau

- in vH 1) -

Betriebe / Frauen	"Voll und ganz" oder "Im großen und ganzen"	Übrige Ausprägungen 2)	Nicht mehr im Betrieb oder keine Angabe	"Voll und ganz" oder "Im großen und ganzen"	Übrige Ausprägungen 2)	Nicht mehr im Betrieb oder keine Angabe
	Altes Modellprogramm			Modifiziertes Modellprogramm - Bundesgebiet -		
Wie zufrieden sind Sie mit Ihrer jetzigen Arbeit?						
Voll und ganz	48	7	-	49	33	-
Im großen und ganzen	36	20	-	39	42	50
Teils/teils	7	13	-	9	17	50
Nicht so besonders	2	-	-	3	8	-
Überhaupt nicht	1	7	-	-	-	-
Nicht mehr im Betrieb	3	-	-	-	-	-
Keine Angabe	4	7	-	1	-	-
Entsprechen Ihre jetzigen Tätigkeiten Ihren beruflichen Zielvorstellungen?						
Ja, voll und ganz	63	13	-	65	42	-
Teils/teils	26	20	-	29	50	50
Nein	2	7	-	5	8	-
Nicht mehr im Betrieb	3	-	-	-	-	-
Keine Angabe	6	13	-	1	-	50
Wie beurteilen Sie Ihre jetzige Arbeit?						
Ich arbeite gern in diesem Beruf	89	33	-	82	50	50
Ich kann bei der Arbeit immer wieder etwas hinzulernen, was für mein berufliches Fortkommen nützlich ist	72	40	-	62	33	50
Meine Arbeit ist mit hoher nervlicher Anspannung verbunden	24	13	-	21	33	-
Meine Arbeit ist körperlich schwer	2	7	-	2	8	-
Ich kann den Ablauf und die Durchführung meiner Arbeit selbständig gestalten	59	13	-	50	25	-
Meine Tätigkeit ist ziemlich monoton	4	7	-	2	8	-
Vieles, was ich durch meine frühere Berufstätigkeit gelernt habe, brauche ich jetzt nicht mehr	21	7	-	19	42	-
Ich würde gern anspruchsvollere Tätigkeiten übernehmen	22	13	-	11	25	50
Ich kann vieles aus meiner früheren beruflichen Tätigkeit jetzt verwenden	-	-	-	37	25	50
	Modifiziertes Modellprogramm - Westdeutschland -			Modifiziertes Modellprogramm - Ostdeutschland -		
Wie zufrieden sind Sie mit Ihrer jetzigen Arbeit?						
Voll und ganz	46	40	-	49	29	-
Im großen und ganzen	43	40	50	35	43	-
Teils/teils	6	-	50	11	29	-
Nicht so besonders	1	20	-	5	-	-
Überhaupt nicht	-	-	-	-	-	-
Keine Angebe	1	-	-	-	-	-
Entsprechen Ihre jetzigen Tätigkeiten Ihren beruflichen Zielvorstellungen?						
Ja, voll und ganz	66	60	-	65	29	-
Teils/teils	28	20	50	30	71	-
Nein	4	20	-	6	-	-
Keine Angabe	2	-	50	-	-	-
Wie beurteilen Sie Ihre jetzige Arbeit?						
Ich arbeite gern in diesem Beruf	83	40	50	82	57	-
Ich kann bei der Arbeit immer wieder etwas hinzulernen, was für mein berufliches Fortkommen nützlich ist	63	40	50	61	29	-
Meine Arbeit ist mit hoher nervlicher Anspannung verbunden	19	40	-	23	29	-
Meine Arbeit ist körperlich schwer	-	-	-	5	14	-
Ich kann den Ablauf und die Durchführung meiner Arbeit selbständig gestalten	48	40	-	51	14	-
Meine Tätigkeit ist ziemlich monoton	-	-	-	3	14	-
Vieles, was ich durch meine frühere Berufstätigkeit gelernt habe, brauche ich jetzt nicht mehr	18	60	-	19	29	-
Ich würde gern anspruchsvollere Tätigkeiten übernehmen	16	20	50	7	29	-
Ich kann vieles aus meiner früheren beruflichen Tätigkeit jetzt verwenden	40	20	50	34	29	-

1) Bezogen auf die Nennungen der Frauen.- 2) "Teils/teils", "nicht so besonders", "überhaupt nicht".
Quellen: Zweitbefragung der Frauen und Betriebe, DIW 1994, 1997.

5.2.5 Vor- und Nachteile von Berufsrückkehrerinnen im allgemeinen

Nach ihrer generellen Beurteilung von "Wiedereinsteigerinnen" mittleren Alters gefragt, sah die überwiegende Mehrzahl der Arbeitgeber keine Probleme, sondern vielmehr Vorteile bei der Einstellung dieser Arbeitnehmerinnengruppe. Am häufigsten wurde diesen Frauen zugeschrieben, daß sie stärker motiviert seien. 83 vH der Arbeitgeber im alten Modellprogramm, 79 vH in Ostdeutschland und 87 vH in Westdeutschland im modifizierten Modellprogramm nannten diesen Vorteil (Abbildung 5.2/2). Oftmals wurde den Wiedereinsteigerinnen bescheinigt, daß sie zuverlässiger seien (72 vH in West-, 69 vH in Ostdeutschland und 61 vH im alten Modellprogramm), nicht so häufig den Arbeitsplatz wechselten (rund 63 vH in West-, 47 vH in Ostdeutschland und 69 vH im alten Modellprogramm) und zum guten Betriebsklima beitrugen (32 vH in West-, 44 vH in Ostdeutschland und 69 vH im alten Modellprogramm). Rund ein Drittel der westdeutschen Arbeitgeber bestätigen, daß Wiedereinsteigerinnen zielstrebiger und selbständiger seien. Von den ostdeutschen Arbeitgebern nannten dies rund 40 vH. Insbesondere in bezug auf die Zielstrebigkeit unterscheiden sich die Angaben der Arbeitgeber des alten Modellprogramms von denen des modifizierten Modellprogramms. Bildet man eine Rangfolge der einzelnen Vorteile, so steht die Zielstrebigkeit mit 66 vH im alten Modellprogramm an dritter Stelle, gefolgt von der Zuverlässigkeit und der Selbständigkeit (49 vH). "Wiedereinsteigerinnen bewahren in Streßsituationen besser die Ruhe" und "sind allgemein belastbarer" bejahte jeder vierte Arbeitgeber im modifizierten Modellprogramm. Diese Einschätzung wurde im alten Modellprogramm ebenfalls wesentlich häufiger genannt. Dagegen wurde von etwa jedem sechsten Arbeitgeber in Westdeutschland, aber lediglich von jedem zwölften Arbeitgeber in Ostdeutschland und im alten Modellprogramm angegeben, daß mit der Einstellung solcher Frauen keine besonderen Vorteile verbunden seien.

Abbildung 5.2/2

Besondere Vorteile von Berufsrückkehrerinnen im allgemeinen

Welche Vorteile sind nach Ihrer Ansicht mit der Einstellung von Berufsrückkehrerinnen im Vergleich zu anderen Arbeitnehmerinnen / Arbeitnehmern verbunden (Mehrfachnennungen) 1)

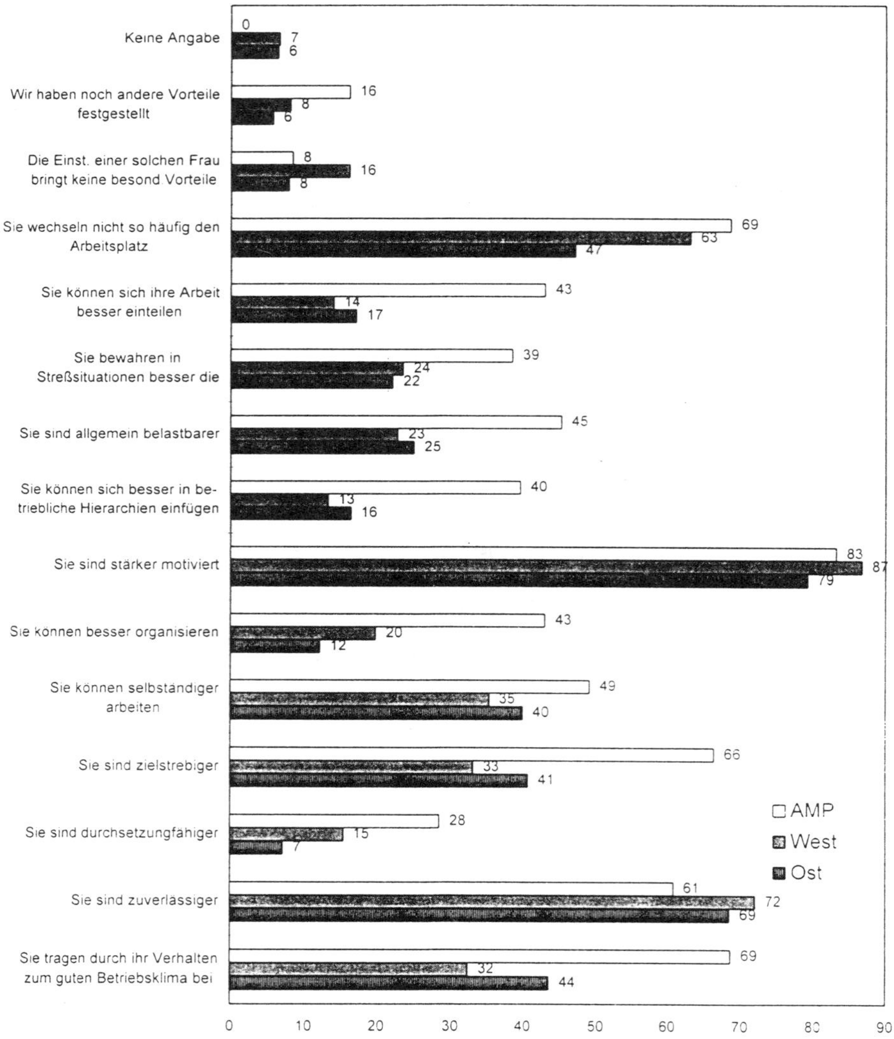

1) Nennungen bezogen auf die Zahl der beurteilten Frauen (AMP=179. Mod MP -West=136 -Ost=140)

Quellen. Zweitbefragung der Betriebe. DIW 1994,1997

Abbildung 5.2/3

Besondere Probleme von Berufsrückkehrerinnen im allgemeinen

Welche besonderen Probleme sind mit der Einstellung von Berufsrückkehrerinnen im allgemeinen verbunden? (Mehrfachnennungen) 1)

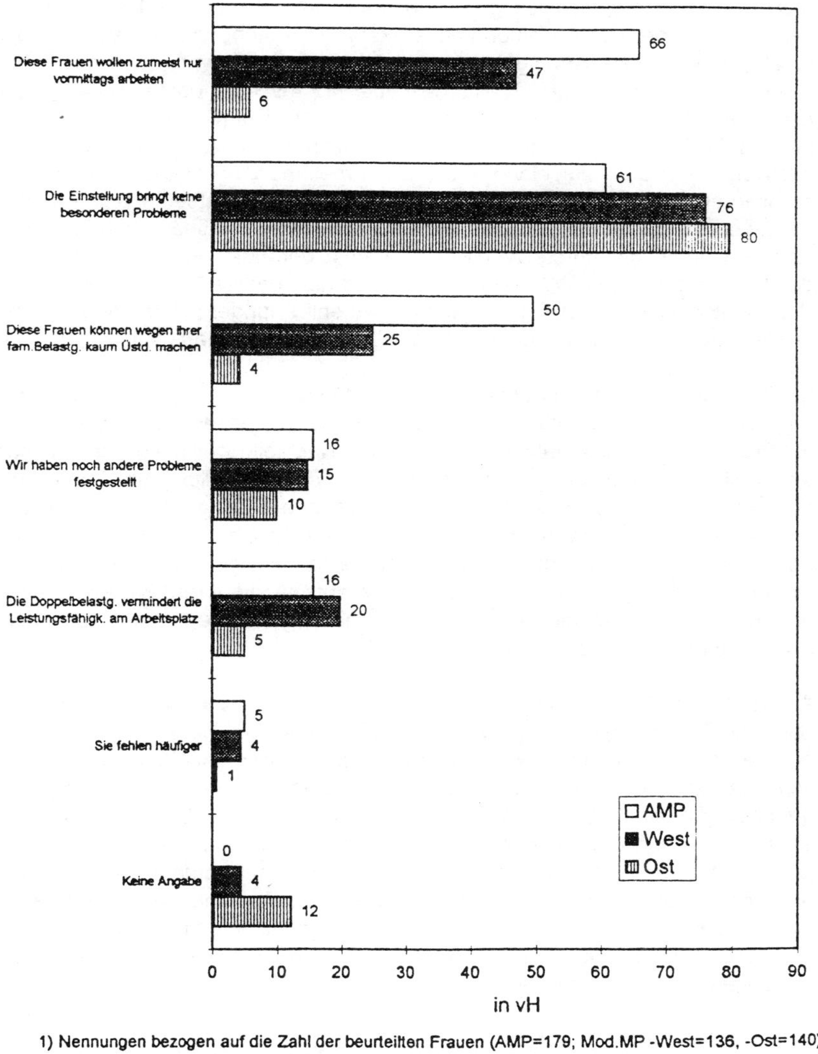

1) Nennungen bezogen auf die Zahl der beurteilten Frauen (AMP=179; Mod.MP -West=136, -Ost=140)

Quellen: Zweitbefragung der Betriebe, DIW 1994, 1997.

Dazu passen auch die unterschiedlichen Einschätzungen der Arbeitgeber bezüglich der Probleme, die im allgemeinen mit der Einstellung von Wiedereinsteigerinnen verbunden sind. "Diese Frauen wollen nur vormittags arbeiten" wurde von zwei Drittel der Arbeitgeber des alten Modellprogramms, im modifizierten Modellprogramm von fast jedem zweiten westdeutschen, aber nur von 6 vH der ostdeutschen Arbeitgeber genannt. Ähnlich sieht die Differenzierung bei der Aussage "Diese Frauen können kaum Überstunden machen" aus. Dies bejahte jeder zweite Arbeitgeber im alten Modellprogramm, im neuen tat dies jeder vierte westdeutsche Arbeitgeber, aber nur 4 vH der ostdeutschen Arbeitgeber (Abbildung 5.2/3). Dies hängt sicherlich auch damit zusammen, daß die beteiligten Frauen in Ostdeutschland überwiegend Vollzeit erwerbstätig sind, während in Westdeutschland die Teilnehmerinnen in Teilzeitbeschäftigung dominieren. Aber auch andere Probleme wurden von ostdeutschen Arbeitgebern weniger häufig gesehen als von westdeutschen. Dies läßt sich vermutlich teilweise durch die unterschiedliche Erwerbsbiographie und Familiensituation der Teilnehmerinnen in West- und Ostdeutschland erklären. Teilnehmerinnen in Westdeutschland weisen im Durchschnitt erheblich längere Unterbrechungszeiten auf und haben auch noch häufiger jüngere Kinder im Haushalt.

Ein Teil der Arbeitgeber hat bereits früher Erfahrungen mit der Wiedereingliederung von Frauen nach einer Erwerbsunterbrechung gesammelt. Es stellt sich die Frage, ob die Einschätzung der Vor- und Nachteile zwischen den Arbeitgebern mit und ohne frühere Erfahrungen mit der Einstellung solcher Frauen differiert. Es zeigen sich jedoch kaum Unterschiede in der genannten Rangfolge der Vorteile. Allerdings stimmten die Arbeitgeber ohne Erfahrungen mit Wiedereinsteigerinnen wesentlich häufiger den einzelnen genannten Vorteilen zu. Da diese Arbeitgeber vorwiegend in Ostdeutschland ihren Betriebsstandort haben, ergeben sich hier keine über die oben genannten regionalen Unterschiede hinausgehenden Erklärungshinweise.

Am Ende der Einarbeitung wurden die Arbeitgeber danach gefragt, ob sich durch die Erfahrungen mit der Wiedereingliederung ihre Meinung über Wiedereinsteigerinnen geändert hat. 80 vH der westdeutschen und 86 vH der ostdeutschen Arbeitgeber im modifizierten Modellprogramm haben ihre Meinung nicht geändert (Tabelle 5.2/18). Aufgrund der überwiegend guten Erfahrungen mit der Einarbeitung und der Zufriedenheit mit der Arbeitsleistung der neuen Mitarbeiterin würden rund 90 vH sowohl der west- als auch der ostdeutschen Arbeitgeber sich bei einer erneuten Einstellung wiederum für eine Wiedereinsteigerin entscheiden. Rund 94 vH der Arbeitgeber in Ostdeutschland und rund 89 vH in Westdeutschland würden auch anderen Arbeitgebern die Einstellung einer Wiedereinsteigerin empfehlen.

Auf diese Fragen hatten die Arbeitgeber im alten Modellprogramm in ähnlicher Weise geantwortet. Bereits im alten Modellprogramm hatten rund 80 vH der Arbeitgeber durch die Erfahrungen mit der Einarbeitung ihre Meinung über Berufsrückkehrerinnen nicht geändert und rund 90 vH hätten sich wieder für eine Berufsrückkehrerin entschieden, ebenso viele hätten anderen Arbeitgebern die Einstellung einer solchen Arbeitnehmerin empfohlen. Die Betriebe, die vorher keine Erfahrungen mit der Einarbeitung von Berufsrückkehrerinnen gemacht hatten, gaben im alten Modellprogramm etwas ungünstigere Einschätzungen ab.

Tab 5.2/18

Frühere Erfahrungen mit und Meinungen zu Wiedereinsteigerinnen
- in vH -

	Altes Modell-programm 1)		Modifiziertes Modellprogramm								
			Bundesgebiet			Westdeutschland			Ostdeutschland		
	Haben Sie frühere Erfahrungen . . .										
	Ja	Nein	Ja	Nein	K.A.	Ja	Nein	K.A.	Ja	Nein	K.A.
Haben Sie Ihre Meinung durch die Beteiligung am Modellprogramm geändert?											
Ja	8	8	4	7	-	5	6	-	2	9	-
Nein	37	44	27	59	1	37	49	1	17	68	1
Keine Angabe	-	2	-	2	-	1	1	-	-	3	-
Würden Sie sich nach den Erfahrungen wieder für eine Berufsrückkehrerin entscheiden?											
Ja	44	47	29	62	1	40	50	1	18	74	1
Nein	2	6	2	5	-	2	6	-	1	4	-
Keine Angabe	-	1	-	1	-	1	-	-	-	2	-
Würden Sie anderen Unternehmen die Einstellung einer Berufsrückkehrerin empfehlen?											
Ja	44	47	28	62	1	38	50	1	18	74	1
Nein	2	6	1	3	-	2	3	-	1	2	-
Keine Angabe	-	1	1	3	-	3	3	-	-	3	-

1) Ein Betrieb ohne Angabe.
Quellen: Zweitbefragung der Betriebe, DIW 1994, 1997.

6 Strategien zur Bewältigung des Problems der Vereinbarkeit von Beruf und Privatleben

Da sich die traditionelle Arbeitsteilung zwischen den Geschlechtern - wenn überhaupt - nur sehr langsam ändert, sind Frauen noch immer weit stärker als Männer durch die Familien- und Hausarbeit belastet. Dies gilt auch dann, wenn Frauen erwerbstätig sind, und in den alten wie in den neuen Bundesländern[72]. Zwar haben Frauen oder auch Männer mit Aufgaben und Verpflichtungen im sogenannten privaten Bereich keineswegs immer die Freiheit, die für sie geeigneten Strategien zu wählen, aber "im Prinzip" gibt es folgende Möglichkeiten, den Konflikt zwischen den zeitlichen Anforderungen beider Lebensbereiche zu lösen:

- Die Erwerbsarbeitszeit wird im Vergleich zu derjenigen bei Normalarbeitsverhältnissen verkürzt;
- die Familien- und Hausarbeit wird an andere delegiert;
- die Freizeit wird eingeschränkt;
- die eigenen Ansprüche an Qualität und Umfang der übernommenen Aufgaben werden vermindert.

Von Frauen, die an dem Modellprogramm teilnahmen, wurden diese Strategien in unterschiedlicher Häufigkeit gewählt, was angesichts der voneinander abweichenden Lebenssituationen und -bedingungen nicht anders zu erwarten war.

Im folgenden wird über die Struktur des Kreises von geförderten Berufsrückkehrerinnen berichtet, die zum jeweiligen Befragungszeitpunkt angaben, noch berufstätig zu sein, da sich das Vereinbarkeitsproblem ja für die übrigen Frauen nicht oder nicht in gleicher Weise stellt[73]. Das impliziert jedoch, daß die Aussagen nicht auf die Zahl aller Befragten bezogen werden können, also die Fälle "mit Antwortverweigerung" zum größten Teil als Basis für die Berechnung von Häufigkeitsziffern nicht berücksichtigt werden.

---

[72] Vgl. Frank Bauer, Hermann Groß und Gabi Schilling: Arbeitszeit '95, Arbeitszeitstrukturen, Arbeitszeitwünsche und Zeitverwendung der abhängig Beschäftigten in West- und Ostdeutschland. Hrsg.: ISO Institut zur Erforschung sozialer Chancen, Ministerium für Arbeit, Gesundheit und Soziales des Landes Nordrhein-Westfalen. Düsseldorf 1996, S. 283 und S. 309.

[73] Auf die Zahl der Frauen, die bei der Zweit- und Drittbefragung angegeben hatten, nicht mehr im Beruf zu sein, wird in Kapitel 7 eingegangen.

Schon zu Beginn der Einarbeitung nahmen die westdeutschen Frauen sowohl im alten als auch im modifizierten Modellprogramm weit überwiegend das Angebot zur Teilzeitbeschäftigung an, wie im Abschnitt 4.1 (Tabelle 4.1/2) ausgeführt wurde. Teilzeitarbeit gehört in den alten Bundesländern zu den weitgehend allgemein anerkannten Möglichkeiten der Vereinbarkeit von Familie und Beruf. Da die meisten geförderten Frauen aus Westdeutschland sich im Anschluß an eine familienbedingte, nahezu vollständige Unterbrechung der Erwerbstätigkeit an dem Modellprogramm beteiligt hatten, ist es leicht vorstellbar, daß sie auch nach dem Wiedereinstieg in den Beruf die zuvor übernommenen Aufgaben weitgehend beibehalten hatten und einen (zeitlichen) Kompromiß zwischen häuslicher Tätigkeit und Erwerbsarbeit suchten. Teilzeitarbeit war ihnen vermutlich auch deshalb möglich, weil die finanzielle Situation dies erlaubte (Kapitel 3.2). Alle damit angesprochenen Voraussetzungen für die hohe Akzeptanz von Teilzeitbeschäftigung waren bei den ostdeutschen Teilnehmerinnen ungleich seltener gegeben, abgesehen davon, daß diese Beschäftigungsform in den neuen Bundesländern traditionell und noch während der Laufzeit der Modellversuche weit weniger verbreitet war als in Westdeutschland. Es ist daher nicht verwunderlich, daß unter allen berufstätigen Frauen mit Antworten auf die entsprechenden Fragen vier Wochen nach Ende der Einarbeitungszeit drei Viertel bis vier Fünftel der westdeutschen Berufsrückkehrerinnen teilzeitbeschäftigt waren, während das nicht einmal für jede vierte ostdeutsche Teilnehmerin zutraf; im Vergleich zur Struktur des Bestands an allen weiblichen sozialversicherungspflichtig Beschäftigten war der Anteil derjenigen mit Teilzeitarbeit am Kreis der geförderten westdeutschen Frauen weit überdurchschnittlich, während die ostdeutschen Teilnehmerinnen nicht nennenswert häufiger als der Durchschnitt in Teilzeitarbeit tätig waren (vgl. Tabellen 6/1 und 6/2).

Tabelle 6/1

Tatsächliche und gewünschte Arbeitszeit

Vier Wochen nach Ende der Einarbeitung

Frage: Arbeiten Sie Vollzeit oder Teilzeit?	Frage: Wenn sie den Umfang Ihrer Arbeitszeit selbst wählen könnten und dabei berücksichtigen, daß sich Ihr Verdienst entsprechend der Arbeitszeit ändern würde: Wie viele Stunden würden Sie dann am liebsten arbeiten?					
	Insgesamt	Gewünschte Arbeitszeit... gleich wie ...tatsächliche Arbeitszeit	länger als	kürzer als	Antwortverweigerung bei dieser(m) Frage	Fragebogen
	Altes Modellprogramm[1)]					
	Zahl der Frauen					
Insgesamt	173	67	22	35	37	5
Nicht berufstätig	7	x	x	x	x	.
Berufstätig[2)]	156	67	22	35	32	.
Vollzeit	35	13	2	16	4	.
Teilzeit	121	54	20	19	28	.
Antwortverweigerung	10	-	-	-	5	5
	Nennungen in vH der berufstätigen Frauen[2)]					
Berufstätig[2)]	100	43	14	22	21	.
Vollzeit	22	8	1	10	3	.
Teilzeit	78	35	13	12	18	.
	Modifiziertes Modellprogramm: Westdeutschland[1)]					
	Zahl der Frauen					
Insgesamt	138	80	14	18	3	9
Nicht berufstätig	14	x	x	x	x	.
Berufstätig[2)]	115	80	14	18	3	.
Vollzeit	20	6	1	11	2	.
Teilzeit	95	74	13	7	1	.
Antwortverweigerung	9	-	-	-	-	9
	Nennungen in vH der berufstätigen Frauen[2)]					
Berufstätig[2)]	100	70	12	16	3	.
Vollzeit	17	5	1	10	2	.
Teilzeit	83	64	11	6	1	.
	Modifiziertes Modellprogramm: Ostdeutschland[1)]					
	Zahl der Frauen					
Insgesamt	152	89	17	13	2	20
Nicht berufstätig	11	x	x	x	x	.
Berufstätig[2)]	120	88	17	13	2	.
Vollzeit	92	74	3	13	2	.
Teilzeit	28	14	14	-	-	.
Antwortverweigerung	21	1	-	-	-	20
	Nennungen in vH der berufstätigen Frauen[2)]					
Berufstätig[2)]	100	73	14	11	2	.
Vollzeit	77	62	3	11	2	.
Teilzeit	23	12	12	-	-	.

1) Aufgrund etwas voneinander abweichender Antwortvorgaben sind die Ergebnisse der Befragungen im alten und modifizierten Modellprogramm nicht exakt miteinander zu vergleichen. - 2) Mit Antwort auf die Frage nach Vollzeit/

Quellen: Zweitbefragung der Berufsrückkehrerinnen, DIW 1994, 1997.

Tabelle 6/2

Sozialversicherungspflichtig Beschäftigte[1] im Bundesgebiet nach Wirtschaftszweigen und Teilzeitbeschäftigung 1996

Wirtschaftszweige	Insgesamt			Frauen			
	in 1000	darunter Teilzeit in 1000	darunter Teilzeit in vH aller Beschäftigten	in 1000	darunter Teilzeit in 1000	darunter Teilzeit in vH aller Frauen	darunter Teilzeit in vH aller Teilzeitbesch.
Westdeutschland							
Land- u. Forstwirtschaft, Fischerei	**201.0**	**13.8**	**6.9**	**57.7**	**11.3**	**19.5**	**81.3**
Produzierendes Gewerbe	**9169.0**	**401.3**	**4.4**	**2148.7**	**362.8**	**16.9**	**90.4**
Energiewirtschaft u. Wasserversorgung	376.6	14.3	3.8	53.4	12.9	24.1	90.0
Verarbeitendes Gewerbe	7280.7	338.2	4.6	1933.3	308.1	15.9	91.1
Baugewerbe	1511.7	48.7	3.2	162.0	41.8	25.8	85.9
Dienstleistungsbereich	**12022.8**	**2405.9**	**20.0**	**6783.2**	**2191.7**	**32.3**	**91.1**
Handel	3195.3	623.1	19.5	1722.5	591.0	34.3	94.9
Verkehr, Nachrichtenübermittlung	1113.1	164.5	14.8	328.9	121.8	37.0	74.1
Kreditinstitute und Versicherungen	950.1	124.9	13.1	509.9	120.7	23.7	96.6
Sonstige Dienstleistungen	4737.8	989.0	20.9	3047.3	893.6	29.3	90.4
Gaststätten u. Beherbergungsgewerbe	392.1	114.7	29.2	295.8	105.7	35.7	92.2
Reinigung, Körperpflege	1033.8	313.0	30.3	653.3	265.5	40.6	84.8
Wissenschaft, Bildung, Kunst	1618.9	383.1	23.7	1322.6	367.3	27.8	95.9
Gesundheits- u. Veterinärwesen	1175.6	136.6	11.6	621.0	123.3	19.8	90.2
Rechts- und Steuerberatung	517.5	41.6	8.0	154.6	31.8	20.6	76.4
Übrige Dienstleistungen	965.5	194.4	20.1	649.8	167.9	25.8	86.3
Organisationen ohne Ewerbszweck, private Haushalte	618.3	192.5	31.1	412.1	172.3	41.8	89.5
Gebietskörperschaften u. Sozialversicherungen	1408.3	311.9	22.2	762.5	292.2	38.3	93.7
Gebietskörperschaften	224.9	38.7	17.2	150.4	37.8	25.1	97.6
Sozialversicherungen	1184.4	273.3	23.1	613.1	254.5	41.5	93.1
Insgesamt	**22361.1**	**3016.6**	**13.5**	**9641.8**	**2734.7**	**28.4**	**90.7**
Ostdeutschland							
Land- u. Forstwirtschaft, Fischerei	**173.5**	**9.3**	**5.3**	**63.9**	**6.9**	**10.8**	**74.1**
Produzierendes Gewerbe	**1912.6**	**53.7**	**2.8**	**424.2**	**45.7**	**10.8**	**85.1**
Energiewirtschaft u. Wasserversorgung	106.0	3.3	3.1	30.5	2.8	9.2	84.1
Verarbeitendes Gewerbe	1009.7	34.6	3.4	305.6	30.4	10.0	88.0
Baugewerbe	796.9	15.8	2.0	88.1	12.5	14.1	79.0
Dienstleistungsbereich	**3324.8**	**527.1**	**15.9**	**2050.7**	**467.7**	**22.8**	**88.7**
Handel	593.0	118.9	20.0	342.5	114.5	33.4	96.3
Verkehr, Nachrichtenübermittlung	357.9	37.5	10.5	114.8	29.6	25.8	79.0
Kreditinstitute und Versicherungen	102.2	6.4	6.3	73.5	6.2	8.4	97.0
Sonstige Dienstleistungen	193.4	26.6	13.7	142.8	24.0	16.8	90.4
Gaststätten u. Beherbergungsgewerbe	131.2	41.6	31.7	101.4	39.2	38.6	94.2
Reinigung, Körperpflege	396.9	77.7	19.6	248.5	64.4	25.9	82.9
Wissenschaft, Bildung, Kunst	313.0	42.0	13.4	269.4	40.5	15.0	96.4
Gesundheits- u. Veterinärwesen	252.2	14.7	5.8	136.5	12.7	9.3	86.5
Rechts- und Steuerberatung	148.3	11.5	7.7	40.4	7.6	18.8	66.3
Übrige Dienstleistungen	1435.1	214.1	14.9	938.9	188.4	20.1	88.0
Organisationen ohne Ewerbszweck, private Haushalte	208.9	52.9	25.3	140.4	43.5	31.0	82.1
Gebietskörperschaften u. Sozialversicherungen	624.8	96.1	15.4	438.5	84.3	19.2	87.8
Gebietskörperschaften	549.0	92.1	16.8	378.3	80.6	21.3	87.5
Sozialversicherungen	75.8	5.0	6.6	61.2	4.8	7.8	95.8
Insgesamt	**5410.9**	**591.0**	**10.9**	**2539.8**	**521.2**	**20.5**	**88.2**

1) Ergebnisse der Beschäftigten - Statistik. Stand 30. Juni.

Quellen: Statistisches Bundesamt, Fachserie 1, Reihe 4.2.1, 1996; Berechnungen des DIW.

Dem Bild in der Gesamtwirtschaft ebenfalls entsprechend, waren im Modellprogramm die ostdeutschen Frauen relativ selten an einer Verkürzung ihrer tatsächlichen Arbeitszeit interessiert (nur 13 von 92 Frauen bzw. 14 vH der Vollzeitbeschäftigten, vgl. Tabelle 6/1); die Hälfte des kleinen Kreises von Teilzeitbeschäftigten übte diese offenbar unfreiwillig aus. Dagegen wollten unter den geförderten Westdeutschen die Vollzeitbeschäftigten meistens ihre Arbeitszeit verkürzen, während bei den Teilzeitbeschäftigten die tatsächliche Erwerbsarbeitszeit (weit) überwiegend der gewünschten entsprach oder sogar auch noch möglichst verkürzt werden sollte[74]. Allerdings gibt es auch in dieser Gruppe Frauen, die gern länger arbeiten wollten.

Eine Wochenarbeitszeit von unter 35 Stunden übten die westdeutschen Frauen überdurchschnittlich häufig dann aus, wenn das jüngste Kind im Haushalt noch nicht zehn Jahre alt war. Aber die Teilzeitquote war auch nicht wesentlich niedriger, wenn die Kinder älter waren. Die Notwendigkeit und der Wunsch, Kinder gut zu betreuen und zu erziehen, ist wohl die wichtigste Ursache für die aus der Zeitknappheit resultierenden Probleme berufstätiger Frauen mit Familie. Dem Alter der Teilnehmerinnen entsprechend spielt die Pflege erwachsener betreuungsbedürftiger Angehöriger noch keine große Rolle. Auch waren von den noch nicht selbständigen Kindern die meisten schon in der Schule: Selbst im alten Modellprogramm, an dem auch Frauen im Alter von unter 40 Jahren teilnahmen, traf dies auf etwa acht von zehn Müttern betreuungsbedürftiger Kinder zu, im modifizierten Modellprogramm war der entsprechende Anteil noch größer. Aber in Westdeutschland hören die Schwierigkeiten, Beruf und Familie zugleich zu bewältigen, im allgemeinen auch mit der Einschulung nicht auf, weil die Betreuungszeiten in der Schule selbst bei reduzierter Erwerbsarbeitszeit häufig zu kurz und außerdem unregelmäßig sind. Symptomatisch für die Strategien, die ein größerer Kreis der Teilnehmerinnen zur Bewältigung dieser Schwierigkeiten ergriff, ist ein "Betreuungs-Mix": Die Mütter haben vielfältige Kombinationen von Betreuung durch die Schule einerseits, (Schwieger-) Eltern und andere Verwandte, auch Bekannte und Nachbarn andererseits angegeben, oder die Kinder waren nachmittags allein zu Hause. Unter den gegebenen Rahmenbedingungen kostet es Zeit und Kraft, die Versorgung der Kinder zu organisieren, und vermutlich wird dies, wie das meistens der Fall ist, weniger die Väter der Kinder als die Teilnehmerinnen belastet haben. Allerdings hatte offenbar immerhin etwa jede zehnte westdeutsche Berufsrückkehrerin mit noch nicht selbständigen Schulkindern einen (Ehe-) Partner, der auch einen Teil der Betreuung übernahm; bis auf einige Ausnahmen fanden diese Mütter übrigens alle, daß das sowohl für sie selbst als auch für die Kinder eine gute Lösung sei.

---

[74] Im alten Modellprogramm ist der Anteil derjenigen Teilnehmerinnen, auf die diese Aussage zutrifft, deutlich kleiner und der Anteil der Antwortverweigerungen deutlich größer als im modifizierten Modellprogramm (vgl. Tabelle 6/1).

Dieses positive Urteil über die gefundenen Betreuungsformen hatte auch die Mehrheit aller Mütter mit noch nicht selbständigen Kindern bereits bei der Erstbefragung - zu 70 bis 80 vH - angegeben, und der entsprechende Anteil war bei der Zweitbefragung nur bei den Teilnehmerinnen des alten Modellprogramms nennenswert kleiner geworden (knapp 70 vH statt knapp 80 vH). Insgesamt gab unter allen hier betrachteten Gruppen weniger als jede fünfte Mutter an, daß die - nicht von ihr selbst wahrgenommene - Kinderbetreuung für sie eine Belastung oder gar nur eine Notlösung sei oder daß die Kinder nicht einverstanden seien. Die insgesamt sieben Frauen, die bei der Zweitbefragung den Begriff "Notlösung" zutreffend fanden, kamen alle aus Westdeutschland.

Welche weiteren Strategien zur zeitlichen Vereinbarkeit von Erwerbstätigkeit und Privatleben lassen sich aus den Antworten der Berufsrückkehrerinnen erkennen? Auf die Frage, ob es ihnen gelinge, Berufstätigkeit und Privatleben zeitlich miteinander in Einklang zu bringen, antworteten nach dem Ende der Einarbeitungszeit nur wenige Frauen, sie hätten damit ernsthafte Probleme (Tabellen 6/3 und 6/4). Von den Teilnehmerinnen des alten Modellprogramms hatte die Minderheit sowohl kurz nach Ende der Einarbeitung als auch ein halbes Jahr später geantwortet, daß das Vereinbarkeitsproblem nur so einigermaßen und die alltäglichen Aufgaben nur auf Kosten der Freizeit zu lösen seien. Das traf sechs Monate nach der Einarbeitung noch auf weitere Frauen zu, die zunächst angegeben hatten, gut mit diesem Problem fertig zu werden. Dafür bewältigte offenbar aber eine andere, größere Gruppe von Berufsrückkehrerinnen, die noch zur Zeit der Zweitbefragung berichtet hatte, beide Lebensbereiche seien nur so einigermaßen in Einklang zu bringen, die daraus folgenden Aufgaben zum späteren Befragungszeitpunkt besser.

Tabelle 6/3

Zeitliche Vereinbarkeit von Berufstätigkeit und Privatleben
Altes Modellprogramm

Vier Wochen bzw. sechs Monate nach Ende der Einarbeitung

Frage: Gelingt es Ihnen, Ihre Berufstätigkeit zeitlich mit Ihrem Privatleben in Einklang zu bringen?	Befragungszeitpunkt 4 Wochen nach Ende der Einarbeitung		6 Monate nach Ende der Einarbeitung	
	absolut	in vH	absolut	in vH
Insgesamt	**173**		**171**	
Trifft nicht zu (nicht berufstätig)	6		14	
Berufstätige, mit Antwort, davon:	158		144	
Ja, es gelingt mir gut, ich habe auch noch genug Freizeit.	**77**	**100**	**75**	**100**
Begründung (Mehrfachnennungen):				
Meine Kinder kommen zu kurz.		1		3
Ich bin gelassener geworden.		68		72
Ich kann meine Verpflichtungen gegenüber anderen Menschen nicht mehr genügend erfüllen.		5		7
Ich bin mit der Hausarbeit jetzt schneller fertig.		55		67
Mein Haushalt kommt zu kurz.		10		12
Ich will keine perfekte Hausfrau mehr sein.		58		68
Ich muß auf einiges verzichten, was ich früher gerne gemacht habe.		26		16
Ich kann meine Zeit jetzt besser einteilen.		69		77
Meine Freunde/Bekannten kommen zu kurz.		17		17
Ich bin fast immer in Zeitnot.		4		7
Ich habe gelernt, mir Freiräume zu schaffen.		78		91
Sonstiges		9		5
Es geht so einigermaßen, aber ich kann den alltäglichen Aufgaben nur auf Kosten meiner Freizeit gerecht werden	**79**	**100**	**65**	**100**
Begründung (Mehrfachnennungen):				
Meine Kinder kommen zu kurz.		29		28
Ich bin gelassener geworden.		44		49
Ich kann meine Verpflichtungen gegenüber anderen Menschen nicht mehr genügend erfüllen.		42		58
Ich bin mit der Hausarbeit jetzt schneller fertig.		41		45
Mein Haushalt kommt zu kurz.		56		58
Ich will keine perfekte Hausfrau mehr sein.		67		66
Ich muß auf einiges verzichten, was ich früher gerne gemacht habe.		71		88
Ich kann meine Zeit jetzt besser einteilen.		39		48
Meine Freunde/Bekannten kommen zu kurz.		59		60
Ich bin fast immer in Zeitnot.		51		42
Ich habe gelernt, mir Freiräume zu schaffen.		48		40
Sonstiges		6		6
Ich habe ernsthafte Probleme.	**2**	*)	**3**	*)
Jede dieser Frauen gab alle folgenden Gründe an:				
Ich kann meine Verpflichtungen gegenüber anderen Menschen nicht mehr genügend erfüllen.				
Mein Haushalt kommt zu kurz.				
Ich muß auf einiges verzichten, was ich früher gerne gemacht habe				
Meine Freunde/Bekannten kommen zu kurz.				
Ich bin fast immer in Zeitnot.				
Außerdem nannten einige:				
Meine Kinder kommen zu kurz.				
Ich bin gelassener geworden.				
Ich will keine perfekte Hausfrau mehr sein.				
Ich kann meine Zeit jetzt besser einteilen.				
Keine Angabe	7		14	

*) Aufgliederung nicht sinnvoll (vgl. Vorspalte).

Quelle: Zweit- und Drittbefragung der Berufsrückkehrerinnen, DIW 1994

Tab 6/4

Zeitliche Vereinbarkeit von Berufstätigkeit und Privatleben

Vier Wochen nach Ende der Einarbeitung

Modifiziertes Modellprogramm

Frage: Gelingt es Ihnen, Ihre Berufstätigkeit zeitlich mit Ihrem Privatleben in Einklang zu bringen?	Westdeutschland		Ostdeutschland	
	absolut	in vH	absolut	in vH
Insgesamt	**138**		**152**	
Nicht berufstätig	14		11	
Berufstätig mit Antwort, davon:	**112**		**119**	
A. Das war für mich nie eine Frage	16		51	
B. Ja, es gelingt mir gut, ich habe auch noch genug Freizeit	51		44	
C. Es geht so einigermaßen, aber ich kann den alltäglichen Aufgaben nur auf Kosten meiner Freizeit gerecht werden	42		23	
D. Ich habe ernsthafte Probleme	3		1	
Zusammen (C.+D.)	**45**	**100**	**24**	**100**
Begründung (Mehrfachnennungen):				
Mein Kind/meine Kinder kommen zu kurz	8	18	8	33
Ich kann meine Verpflichtungen gegenüber anderen Menschen nicht mehr genügend erfüllen	5	11	8	33
Der Haushalt kommt zu kurz	31	69	12	50
Meine Freunde/Bekannten kommen zu kurz	23	51	10	42
Ich bin fast immer in Zeitnot	20	44	7	29
Sonstiges	7	16	6	25
Keine Angabe	12		22	

Quelle: Zweitbefragung der Berufsrückkehrerinnen, DIW 1997.

Insgesamt antwortete im alten Modellprogramm bei der Drittbefragung reichlich jede zweite der berufstätigen Frauen, daß es ihr gut gelinge, Privatleben und Berufstätigkeit miteinander zu vereinbaren und daß sie auch noch genügend Freizeit hätte. Von dieser Gruppe gaben fast alle an, daß sie gelernt hätten, "sich mehr Freiräume zu schaffen". Wie der Tabelle 6/3 zu entnehmen ist, liegen offensichtlich die wichtigsten Strategien zur Bewältigung des Vereinbarkeitsproblems in einer besseren Zeiteinteilung und in einer rascheren Erledigung der Hausarbeit. Sehr wichtig dürften jedoch auch die weiteren, häufig genannten Gründe sein, nämlich Änderungen in der Einstellung: Meistens berichteten die Berufsrückkehrerinnen, sie seien gelassener geworden oder sie stellten an sich nicht mehr den Anspruch, eine perfekte Hausfrau zu sein.

Letzteres traf zwar fast ebenso häufig auf diejenigen Frauen zu, die Berufstätigkeit und Privatleben nur auf Kosten ihrer Freizeit in Einklang bringen konnten. Trotzdem hatten sie das Problem, daß sie - gemessen an ihren eigenen Ansprüchen - ihre Verpflichtung gegenüber anderen Menschen nicht mehr genügend erfüllen konnten. Vom Kreis dieser Frauen berichteten deutlich weniger, daß sie "gelassener" geworden seien, die Mehrheit fand, daß der Haushalt zu kurz käme. Daß nur so wenige meinten, die Berufstätigkeit ginge auf Kosten der Zeit für Kinder, liegt vermutlich daran, daß die Kinder meistens schon etwas älter waren, aber sicherlich auch daran, daß die Mütter ihre Freizeit eingeschränkt haben und - das war bei dieser Gruppe der am häufigsten genannte Grund - auf einiges von dem verzichteten, was sie früher gern getan hatten. Etliche Frauen gaben auch an: "Ich bin fast immer in Zeitnot".

Da die Teilnehmerinnen des modifizierten Modellprogramms bei der Befragung älter waren als die des früheren, war davon ausgegangen worden, daß die Vereinbarkeit von Privatleben und Beruf nicht problematisch sei, und daher war nicht mehr explizit nach den Bewältigungsstrategien gefragt worden. Tatsächlich hat auch ein deutlich kleinerer Kreis der Frauen berichtet, daß dies nur auf Kosten der Freizeit zu bewältigen sei (Tabelle 6/4). Deutlich wird wieder der Unterschied zwischen den Lebensbedingungen von Teilnehmerinnen aus den alten und aus den neuen Bundesländern: Daß es für sie nie eine Frage gewesen sei, ob es gelinge, Berufstätigkeit und Privatleben zeitlich in Einklang zu bringen, gab ein relativ großer Kreis der Ostdeutschen, aber nur eine Minderheit der Westdeutschen an. Und trotz der Teilzeitbeschäftigung mußten von diesen eine größere Zahl ihre Freizeit einschränken als von jenen.

Nachdem die geförderten Frauen bereits zu Beginn der Einarbeitung gefragt worden waren, wie sich die Verteilung der Hausarbeit in der Familie durch die Rückkehr in den Beruf verändert hatte, wurde diese Frage noch zweimal wiederholt. In den zu unterschiedlichen Zeitpunkten abgegebenen Antworten zeigten sich das erhebliche Verharrungsvermögen der offenbar eingeschliffenen Arbeitsteilung, aber auch Änderungstendenzen (Tabelle 6/5). Nachdem noch bei der ersten Befragung eine deutliche Mehrheit vor allem unter den westdeutschen Frauen berichtet hatte, daß die Hausarbeit nach ihrem beruflichen Wiedereinstieg in größerem Umfang von anderen übernommen würde, war der Anteil dieser positiven Stimmen bis zur Abschlußbefragung deutlich zurückgegangen. Zwar hatte ein nennenswerter Kreis sowohl bei der ersten als auch bei der dritten Befragung von einer verbesserten Arbeitsteilung berichtet, aber es hatte auch in erheblichem Umfang Wechsel zwischen positiven und negativen Stellungnahmen gegeben[75].

---

[75] Auf die Darstellung der vorliegenden Längsschnittergebnisse wird hier verzichtet, da die Fallzahl für eine aussagekräftige, detaillierte Verlaufsanalyse zu klein ist.

Tabelle 6/5

Veränderung in der Verteilung der Hausarbeit in der Familie

Zu Beginn und sechs Monate nach Ende der Einarbeitung

Frage: Hat sich die Verteilung der Hausarbeit in Ihrer Familie durch Ihre Berufstätigkeit geändert?	Altes Modellprogramm			Modifiziertes Modellprogramm					
				West			Ost		
	Erst-befragung	Dritt-befragung	Dritt- wie Erst-befragung	Erst-befragung	Dritt-befragung	Dritt- wie Erst-befragung	Erst-befragung	Dritt-befragung	Dritt- wie Erst-befragung
	in vH[1]								
Trifft nicht zu, ich wohne allein.	*)	*)	*)	3	9	3	8	9	6
Nein	24	33	10	22	42	14	34	58	28
Ja	69	65	48	73	47	39	56	33	27
Keine Angabe	7	1	-	1	2	-	2	-	-
Wenn ja (Mehrfachnennungen):	in vH[2]								
Mein Mann/Partner beteiligt sich jetzt mehr an der Hausarbeit.	59	40	29	72	28	23	81	35	35
Nach anfänglicher Unterstützung läßt mein Mann/Partner mich jetzt doch wieder im Stich.[3]	x	6	x	x	8	x	x	2	x
Mein Kind/meine Kinder machen mehr.	57	29	16	60	18	11	44	23	18
Meine Kinder haben mir zuerst Hilfe versprochen, jetzt bleibt aber doch wieder alles an mir hängen.[3]	x	9	x	x	7	x	x	2	x
Andere Familienangehörige helfen.	9	7	1	8	3	1	7	2	2
Ich habe meine eigenen Ansprüche an die Hausarbeit reduziert.[3]	x	46	x	x	20	x	x	7	x
Ich habe jetzt eine Hilfe für Arbeiten im Haushalt.	4	6	2	1	-	-	-	-	-
Es bleibt schon 'mal etwas liegen.	67	51	40	72	43	33	39	30	18

[1] Bezogen auf die Zahl aller berufstätigen Frauen bei der Drittbefragung. Altes Modellprogramm: N = 144, modifiziertes Modellprogramm (West): N = 98; (Ost): N = 109. - [2] Bezogen auf die Zahl der Frauen, die bei der Erstbefragung angegeben hatten, daß sich die Verteilung der Hausarbeit verändert hatte.-
[3] Diese Antwort war nur bei der Drittbefragung vorgegeben worden.
*) Diese Antwort war im alten Modellprogramm nicht vorgegeben worden.

Quellen: Erst- und Drittbefragung der Berufsrückkehrerinnen, DIW 1994, 1997.

Fast keine der geförderten Frauen gab an, eine Haushaltshilfe eingestellt zu haben. Offenbar hatten alle versucht, die Hausarbeit innerhalb der engeren Familie umzuschichten.

Da eine partnerschaftliche Arbeitsteilung zwischen Männern und Frauen als eine auch auf gesellschaftlicher Ebene unverzichtbare Voraussetzung dafür anzusehen ist, daß die Chancen der Frauen im Beruf verbessert werden, erscheint es interessant, die Aussagen der Berufsrückkehrerinnen über die Beteiligung ihrer (Ehe-) Partner an der Hausarbeit zu betrachten. Während zunächst noch die deutliche Mehrheit der Frauen berichtet hatte, ihr Partner beteilige sich nun stärker an der Hausarbeit, gab bei der Drittbefragung nur noch eine Minderheit eine entsprechende Antwort. Aber immerhin berichteten nur wenige, daß ihr Mann oder Partner sie nun mit der Hausarbeit "doch wieder im Stich" lasse. Eine noch deutlichere Abkehr von den ursprünglichen Vorstellungen war bei der Mitarbeit der Kinder zu beobachten. Von ihnen zogen sich offenbar noch mehr, als dies bei den Vätern der Fall war, aus der Hausarbeit zurück. Auch die Antworten der Teilnehmerinnen über das Verhalten der Kinder zeigen ein differenziertes Bild. Kinder, die sich zunächst nicht an der Hausarbeit beteiligt hatten, taten dies nach Auskunft der Mütter zu späteren Befragungszeitpunkten; aber die Fälle, bei denen die umgekehrte Entwicklung eintrat, überwogen. Keineswegs alle Frauen scheinen daraufhin die Strategie entwickelt zu haben, die eigenen Ansprüche an die Hausarbeit zu reduzieren.

Obwohl es also offenbar für einige Berufsrückkehrerinnen in dieser Hinsicht durchaus auch positive Veränderungen gab, erlebten mehr Frauen, daß sich die Arbeitsteilung in der Familie wieder zu ihren Lasten veränderte. So ist es verständlich, daß die Berufsrückkehrerinnen, die mit der Verteilung der Arbeit in der Familie schon bei der Erstbefragung meistens - zwischen 60 vH und 85 vH - nur "im großen und ganzen" oder weniger zufrieden waren, im Lauf der beobachtbaren Zeit damit noch häufiger unzufrieden wurden. Wie die Tabelle 6/6 zeigt, war schon kurz nach Beginn der Einarbeitung ein nur kleiner Kreis der Frauen voll und ganz mit der Arbeitsteilung in der Familie zufrieden; am größten war dieser Anteil mit einem Drittel bei den ostdeutschen Teilnehmerinnen. Aber sechs Monate nach Ende der Einarbeitung war das in allen hier betrachteten Gruppen deutlich seltener der Fall. Es gab zwar auch positive Veränderungen: Einige Frauen wurden mit der Arbeitsteilung zufriedener, aber bei einer größeren Anzahl war eine entgegengesetzte Entwicklung zu beobachten. Dennoch blieb die Zahl der Berufsrückkehrerinnen, die bei der Drittbefragung mit der Arbeitsteilung in der Familie überhaupt nicht einverstanden waren, mit höchstens 5 vH (altes Modellprogramm) gering.

Tabelle 6/6

Zufriedenheit mit der Arbeitsteilung in der Familie

Nur Frauen, die zur Zeit der Drittbefragung noch berufstätig waren

in vH [1]

Frage: Sind Sie mit der gegenwärtigen Arbeitsverteilung in Ihrer Familie zufrieden?

Zu Beginn der Einarbeitung	Sechs Monate nach Ende der Einarbeitung Antwortvorgaben: Insgesamt	Voll und ganz	Im großen und ganzen	Teils/ teils	Nicht so besonders	Überhaupt nicht	Trifft nicht zu, ich wohne allein [2]	Keine Angabe
	Altes Modellprogramm							
Insgesamt	100	17	42	17	15	5	x	3
Voll und ganz	26	11	[illegible]1	1	1	-	x	1
Im großen und ganzen	40	5	[illegible]9	9	4	1	x	1
Teils / teils	15	1	7	3	2	2	x	-
Nicht so besonders	12	-	2	3	6	1	x	-
Überhaupt nicht	3	-	1	-	1	1	x	1
Keine Angabe	5	1	1	1	1	1	x	-
	Modifiziertes Modellprogramm: Westdeutschland							
Insgesamt	100	7	38	27	16	2	6	3
Voll und ganz	14	3	5	2	1	-	2	-
Im großen und ganzen	60	4	27	20	5	-	1	2
Teils / teils	7	-	3	1	1	-	2	-
Nicht so besonders	15	-	2	3	7	1	1	-
Überhaupt nicht	3	-	-	1	-	1	-	1
Keine Angabe	1	-	-	-	1	-	-	-
	Modifiziertes Modellprogramm: Ostdeutschland							
Insgesamt	100	28	48	16	4	-	3	1
Voll und ganz	35	20	[illegible]2	2	-	-	1	-
Im großen und ganzen	36	6	24	5	-	-	-	1
Teils / teils	15	-	7	5	3	-	-	-
Nicht so besonders	7	-	1	4	1	-	1	-
Überhaupt nicht	1	-	1	-	-	-	-	-
Keine Angabe	6	2	3	-	-	-	1	-

[1] Bezogen auf die Zahl aller (bei der Drittbefragung) berufstätigen Frauen, die zu Beginn der Einarbeitung angegeben hatten, nicht allein zu wohnen. Altes Modellprogramm: N=144; modifiziertes Modellprogramm (West): N=95; (Ost): N=100.

[2] Diese Antwort war im alten Modellprogramm nicht vorgegeben worden.

Quelle: Erst- und Drittbefragung der Berufsrückkehrerinnen, DIW 1994, 1997.

7. Integration in das Erwerbsleben

Für die Beurteilung des Integrationserfolges sind aus der Sicht der geförderten Frauen und der Arbeitgeber verschiedene Kriterien wichtig. Ein Hauptkriterium für den Erfolg der Einarbeitungsmaßnahmen ist die stabile Wiedereingliederung in qualifizierte Beschäftigung. Aus Sicht der Berufsrückkehrerinnen ist die Integration gelungen, wenn sie am Arbeitsplatz ihrer Qualifikation und Einarbeitung entsprechend eingesetzt sind und mit ihrer Arbeit sowie ihrer Lebenssituation insgesamt sechs Monate nach Einarbeitungsende zufrieden sind. Darüber hinaus könnte die Beurteilung des Integrationserfolges auch davon abhängen, ob die ausgeübte berufliche Tätigkeit den Zielvorstellungen der Berufsrückkehrerinnen entspricht und ob der Arbeitsplatz längerfristig sicher ist (die Frau also nicht erwartet, entlassen zu werden). Aus der Sicht der Arbeitgeber ist die berufliche Wiedereingliederung erfolgreich, wenn die neue Mitarbeiterin die Einarbeitung nicht abgebrochen hat, als vollwertige Arbeitskraft eingesetzt werden kann, sie sich gut in das bestehende Team integriert hat und längerfristig im Betrieb beschäftigt werden kann. Dabei muß die Beurteilung des Integrationserfolges aus der Sicht der Frauen nicht zwangsläufig mit derjenigen der Arbeitgeber übereinstimmen. Deshalb werden im folgenden beide Sichtweisen getrennt erörtert.

7.1 Abbruch der Qualifizierung und Weggang aus dem Einarbeitungsbetrieb: Fehlstart bei der Rückkehr in den Beruf?

7.1.1 Der Verbleib im Einarbeitungsbetrieb - Zur Häufigkeit des Scheiterns bei der Rückkehr in den Beruf

Ein Fünftel der geförderten Frauen im modifizierten Modellprogramm war sechs Monate nach Ende der geförderten Einarbeitung nicht mehr beim ursprünglichen Arbeitgeber beschäftigt; im alten Modellprogramm war es sogar fast ein Drittel der geförderten Frauen. Obwohl der Weggang aus dem Einarbeitungsbetrieb für sich allein genommen noch keinen Hinweis auf Erfolg oder Mißerfolg der Wiedereingliederung der Frauen darstellt, hat der hohe Anteil zunächst überrascht, vor allem vor dem Hintergrund, daß nach den Richtlinien und Nebenbestimmungen des modifizierten Modellprogramms die Fördermittel in der Regel zu erstatten waren, wenn das Arbeitsverhältnis innerhalb von 12 Monaten nach dem Ende der Einarbeitungszeit durch Kündigung des Arbeitsgebers beendet wurde[76]. In dieser Ergänzung der Richtlinien im Rahmen der Modifizie-

[76] Vgl. Bundesministerium für Frauen und Jugend: Richtlinien des Bundesministeriums für Frauen und Jugend für die Vergabe von Zuschüssen zur Wiedereingliederung von Frauen in das Erwerbsleben nach einer Familienphase/bzw. nach einer Arbeitslosigkeit (Wiedereingliederungszuschuß für Frauen-RL

rung des Modellprogramms dürfte auch ein Grund für den gesunkenen Anteil der geförderten Frauen liegen, die sechs Monate nach Ende der Förderdauer nicht mehr im Einarbeitungsbetrieb tätig waren: Diese Bestimmungen in den Richtlinien dürften einen dämpfenden Effekt auf arbeitgeberseitige Kündigungen während der Beobachtungsdauer ausgeübt haben. Hinzu kommt, daß bei solchen Kündigungen, sofern nicht Ausnahmeregelungen anzuwenden waren, die Fördermittel vom BMFSFJ gänzlich zurückgefordert wurden. In insgesamt 17 Fällen wurden auf der Grundlage eines Förderbescheides Einarbeitungsmaßnahmen begonnen, die nach einiger Zeit abgebrochen wurden und für die entweder keine Fördermittel ausbezahlt wurden oder für die ausgezahlte Fördermittel zurückgefordert wurden. Fälle, in denen die Förderung rückwirkend aufgehoben wurde oder keine Förderung ausbezahlt wurde, sind in unseren Analysen nicht enthalten[77].

Basis für die Aussagen über den Weggang vom ursprünglichen Arbeitgeber sind dabei einerseits die von den Frauen beantworteten Fragebogen, andererseits Angaben der Betriebe in schriftlichen und telefonischen Befragungen und in Meldungen an das BMFSFJ. In einigen Fällen wurden auch telefonische Abschlußinterviews mit den Frauen durchgeführt. Durch die Kombination der verschiedenen Informationsquellen sind nicht nur genauere Angaben zum Zeitpunkt und zu den Gründen des Weggangs möglich; schon die Häufigkeit des Weggangs vom Arbeitgeber läßt sich nur auf der Grundlage der verschiedenen Datenquellen zuverlässig bestimmen. So gaben nur 44 Frauen im modifizierten Modellprogramm und 38 Frauen im alten Modellprogramm selbst an, den Arbeitgeber gewechselt zu haben, nicht mehr berufstätig zu sein oder sich selbständig gemacht zu haben. Das sind drei Viertel (modifiziertes Modellprogramm) bzw. knapp zwei Drittel (altes Modellprogramm) der Frauen, die nicht mehr im Einarbeitungsbetrieb beschäftigt sind. Von den übrigen fehlen entsprechende Angaben, oder die Beantwortung des Fragebogens wurde verweigert[78].

WZ/F) vom 26.09.1989 in der geänderten Fassung vom 01.01.1994.- Bundesministerium für Frauen und Jugend: Nebenbestimmungen für die Vergabe von Zuschüssen zur Wiedereingliederung von Frauen in das Erwerbsleben nach einer Familienphase bzw. nach einer Arbeitslosigkeit (NBest-WZ/F).
Ausnahmen galten für Kündigungen, bei denen der Arbeitgeber zur fristlosen Kündigung berechtigt war.

[77] Eine Einbeziehung dieser Fälle in die Berechnung des Anteils der Frauen, die zum Ende des Beobachtungszeitraums nicht mehr im Einarbeitungsbetrieb beschäftigt sind, führt zu einer Steigerung auf 25 vH.

[78] Von allen Frauen, die die Beantwortung der Fragebogen verweigerten, waren im modifizierten Modellprogramm 44 vH und im alten Modellprogramm 57 vH nicht mehr beim ursprünglichen Arbeitgeber beschäftigt. Analysen, die sich nur auf die beantworteten Fragebogen der Frauen stützen, kommen damit zu verzerrten Ergebnissen. Bei Vergleichen mit den Ergebnissen der wissenschaftlichen Begleitung für die sozial- und gesundheitspflegerischen Berufe ist dies zu beachten.Vgl. dazu Friederike Behringer, Ellen Kirner und Erika Schulz: Beruflicher Wiedereinstieg nach der Familienphase mit Hilfe von Einarbeitungsmaßnahmen. Ergebnisse der wissenschaftlichen Begleitung des Modellprogramms des Bundesministeriums für Familie, Senioren, Frauen und Jugend zur Wiedereingliederung von Frauen nach der Familienphase in das Erwerbsleben. In: Vierteljahrshefte zur Wirtschaftsforschung 1/1995, S. 81 ff.

In Einzelfällen haben die Berufsrückkehrerinnen auch angegeben, noch beim ursprünglichen Arbeitgeber beschäftigt gewesen zu sein, obwohl vom Arbeitgeber oder aus den Unterlagen bekannt war, daß das nicht zutraf.

Im modifizierten Modellprogramm waren die geförderten Frauen in den neuen Ländern am Ende der Beobachtungszeit (d.h. sechs Monate nach dem Ende der geförderten Einarbeitung) etwas häufiger noch im Einarbeitungsbetrieb beschäftigt als Frauen in den alten Ländern; die Anteile der nicht mehr dort Beschäftigten betragen 23 vH (Westdeutschland) bzw. 16 vH (Ostdeutschland).

Im modifizierten Modellprogramm haben 30 Frauen (das sind 10 vH aller geförderten Frauen) die **Qualifizierungsmaßnahme abgebrochen**, d.h. während der Einarbeitung kam es zur Kündigung durch die Frau (10 Fälle) oder durch den Arbeitgeber (16 Fälle), in drei weiteren Fällen wurde ein Aufhebungsvertrag geschlossen. Im alten Modellprogramm waren es 23 Frauen (das sind 12 vH der geförderten Frauen). Nach Auskunft der Arbeitgeber war im alten Modellprogramm die Kündigung durch die Berufsrückkehrerinnen (17 Fälle) weitaus häufiger als die Kündigung durch den Arbeitgeber (3). Zwei Frauen hatten zwar die Qualifikation abgebrochen, blieben aber weiter im Einarbeitungsbetrieb beschäftigt; eine Frau ging erneut in Erziehungsurlaub. Der Abbruch während der Förderdauer erfolgte im modifizierten Modellprogramm meist rasch; durchschnittlich vergingen 3,3 Monate (vgl. Tabelle 7.1/1). Im alten Modellprogramm wurden die Frauen, die eine Qualifizierungsmaßnahme während der Förderdauer abbrachen, mit durchschnittlich 5,7 Monaten deutlich länger gefördert.

Tabelle 7.1/1

Zeitpunkt des Weggangs aus dem Einarbeitungsbetrieb

	Altes Modellprogramm				Modifiziertes Modellprogramm			
	Zahl der Berufsrück-kehrerinnen	Struktur in vH	Anteil an den geförderten Berufsrück-kehrerinnen in vH	Durchschnitt-licher Zeitraum bis zum Weggang in Monaten	Zahl der Berufsrück-kehrerinnen	Struktur in vH	Anteil an den geförderten Berufsrück-kehrerinnen in vH	Durchschnitt-licher Zeitraum bis zum Weggang in Monaten
Abbruch der Qualifizierung während der Förderdauer 1)	16	27	8	5,7	27	47	9	3,3
Abbruch der Qualifizierung nach Ende der Förderdauer	7	12	4	18,1	3	5	1	10,3
Kündigung zum Ende der Förderdauer	5	8	3	8,4	8	14	3	8,1
Weggang nach de Ende der Einarbeitungsmaß-nahme	32	53	17	12,0	15	26	5	10,7
Keine Angabe zum Zeitpunkt des Weggangs	-	-	-	-	4	7	1	11,5
Insgesamt 2)	60	100	31	11,2	57	100	20	6,9

1) Darunter 2 Frauen, die ihre Qualifizierung abgebrochen haben, aber ihr Beschäftigungsverhältnis mit dem Arbeitgeber fortgesetzt haben.
2) Im modifizierten Modellprogramm einschließlich 4 Frauen, bei denen der Zeitpunkt des Weggangs aus dem Einarbeitungsbetrieb nicht ermittelt werden konnte.
Quellen: Maßnahmedatei, DIW 1994, 1997.

Im modifizierten Modellprogramm waren acht Frauen mit **Auslaufen der Förderung** aus dem Einarbeitungsbetrieb ausgeschieden; darunter waren drei Frauen, denen die Arbeitgeber nach eigener Auskunft gekündigt haben. In zwei Fällen geschah dies aus wirtschaftlichen Gründen, in einem Fall aus Gründen, die auch zu einer fristlosen Kündigung berechtigt hätten. Auf Mitnahmeeffekte deutet dies nicht hin. Im alten Modellprogramm waren fünf Frauen mit dem Auslaufen der Förderung aus dem Einarbeitungsbetrieb ausgeschieden. In drei Fällen wurde diesen Frauen nach Auskunft der Arbeitgeber gekündigt; dabei hatte ein Unternehmen Konkurs angemeldet, ein anderes Unternehmen mußte Personal abbauen. Der dritte Arbeitgeber hatte angegeben, dies sei von vornherein so beabsichtigt gewesen. Der vom Arbeitgeber genannte Kündigungsgrund legt nur in diesem letzten Fall Mitnahmeeffekte nahe; der Arbeitgeber argumentierte jedoch, daß er die Chancen der Berufsrückkehrerinnen verbessern wollte, aus einem Arbeitsverhältnis heraus und mit den in der Einarbeitung erworbenen oder aufgefrischten Qualifikationen bei einem anderen Arbeitgeber eine Stelle zu finden. Folgt man der Argumentation des Arbeitgebers, so ist in diesem Fall eine ähnliche Motivation des Arbeitgebers anzunehmen wie bei der Ausbildung von Lehrlingen, die in vielen Unternehmen über den eigenen Bedarf hinaus erfolgt.

Im modifizierten Modellprogramm haben 5 vH der geförderten Frauen den Einarbeitungsbetrieb in den ersten sechs Monaten nach dem Ende der Einarbeitungsmaßnahme verlassen. Kündigungen durch die geförderten Frauen und durch die Arbeitgeber hielten sich dabei in etwa die Waage. Bei den Kündigungen durch die Arbeitgeber dominieren wirtschaftliche Gründe; nur in einzelnen Fällen hat es verhaltensbedingte Kündigungen gegeben. Durchschnittlich waren die geförderten Frauen fast 11 Monate im Einarbeitungsbetrieb beschäftigt, das ist fast vier Monate länger als ihre durchschnittliche Förderdauer.

Im alten Modellprogramm haben 17 vH der geförderten Frauen innerhalb eines Zeitraumes von sechs Monaten nach Ende der Einarbeitungsmaßnahme den Einarbeitungsbetrieb verlassen. Durchschnittlich waren die Frauen ein Jahr im Einarbeitungsbetrieb beschäftigt; das ist vier Monate länger als ihre durchschnittliche Einarbeitungszeit. Nach Angaben der Arbeitgeber haben diese Frauen zumeist (20 Fälle) selbst gekündigt, zwei waren erneut im Erziehungsurlaub, eine war langfristig schwer erkrankt, die Wiederherstellung der Gesundheit ungewiß. Bei acht Frauen hatte der Arbeitgeber angegeben, die Kündigung nahegelegt oder ausgesprochen zu haben; darunter sind drei Fälle von Arbeitsmangel oder Konkurs, eine Frau war nach Angaben des Arbeitgebers den Anforderungen am Arbeitsplatz nicht gewachsen, in zwei Fällen gab es keinen Bedarf (mehr), Mitarbeiter mit dem Qualifikationsprofil der entlassenen Frau zu beschäftigen, eine Frau wurde wegen unentschuldigten Fehlens entlassen, ein Arbeitgeber hat sich dem Interview verweigert.

Nur von den Frauen, die selbst über das Ausscheiden aus dem Einarbeitungsbetrieb berichtet haben, gibt es Informationen über ihren Erwerbsstatus. Im modifizierten Modellprogramm waren dies 44 Frauen (von 57, die am Ende des Beobachtungszeitraums nicht mehr im Einarbeitungsbetrieb beschäftigt sind). Von diesen Frauen haben 16 nach eigener Angabe einen neuen Arbeitgeber gefunden, eine hat sich selbständig gemacht (vgl. Tabelle 7.1/2). Ohne das Heranziehen zusätzlicher Informationen kann bei diesen Frauen von einem Scheitern bei der Berufsrückkehr keine Rede sein. 13 Frauen waren am Ende des Beobachtungszeitraums arbeitslos gemeldet, sieben haben sich zumindest vorübergehend aus der Erwerbstätigkeit zurückgezogen. Bei diesen Frauen ist das Scheitern der Wiedereingliederung in die Erwerbstätigkeit offensichtlich (wobei an dieser Stelle noch keine Aussage darüber getroffen wird, welche Ursachen dies hat; keinesfalls kann dies ohne zusätzliche Informationen als Versagen der betroffenen Frauen interpretiert werden). Für zwei Frauen kann hinsichtlich des Erfolgs der Wiedereingliederung keine Beurteilung vorgenommen werden, weil weder von einem Erfolg noch von einem Mißerfolg gesprochen werden kann. Bei diesen als "neutral" einzustufenden Fällen handelt es sich um eine Frau, die wegen einer beruflichen Veränderung des Ehemannes überregional umgezogen ist, sowie um eine Frau, die eine vom Arbeitsamt geförderte Fortbildung begonnen hat. Fünf Frauen haben zwar über ihren Weggang aus dem Einarbeitungsbetrieb berichtet, aber die Frage nach ihrem Erwerbsstatus nicht beantwortet.

Tabelle 7.1/2

Erwerbsstatus der Frauen, die nicht mehr im Einarbeitungsbetrieb beschäftigt sind, 6 Monate nach Ende der geförderten Einarbeitung

	Altes Modell-programm	Modifiziertes Modellprogramm West	Modifiziertes Modellprogramm Ost	Modifiziertes Modellprogramm Bundesgebiet
Gesamtzahl der Frauen, die nicht mehr im Einarbeitungs-betrieb beschäftigt sind	60	33	24	57
Zahl der Frauen, die selbst Angaben zum Weggang machen	38	26	18	44
Erwerbsstatus				
Erwerbstätig bei anderem Arbeitgeber	17	11	5	16
Selbständig	2	1	-	1
Umschulung, AFG-finanzierte Fortbildung	1	1	-	1
Erneuter Erziehungsurlaub	3	-	-	-
Überregionaler Umzug, noch nicht um Arbeitsstelle beworben	1	1	-	1
Arbeitslos gemeldet	8	3	10	13
Rückzug aus der Erwerbstätigkeit	2	6	1	7
Keine Angabe zum Verbleib	4	3	2	5
Insgesamt	38	26	18	44

Quellen: Maßnahmedatei, Zweit- und Drittbefragung der geförderten Frauen, DIW 1994, 1997.

Es ist anzunehmen, daß vor allem die Frauen über ihren Weggang aus dem Einarbeitungsbetrieb berichtet haben, deren beruflicher Wiedereinstieg (trotzdem) geglückt ist. Unterstellt man den schlechtesten Fall (alle Frauen, die nichts über ihren Verbleib nach dem Verlassen des Einarbeitungsbetriebs sagen oder sich an der Befragung nicht beteiligt haben, sind nicht erwerbstätig), so wäre für 13 vH der geförderten Frauen im modifizierten Modellprogramm der Wiedereinstieg in die Erwerbstätigkeit ein **Fehlstart** gewesen, weil sie am Ende des beobachteten Zeitraums arbeitslos gemeldet waren oder - ohne beim Arbeitsamt gemeldet zu sein - die Erwerbstätigkeit zumindest vorübergehend wieder aufgegeben haben.

Gegen diese Schätzung des Anteils der Frauen, denen die Rückkehr in das Berufsleben nicht geglückt ist, kann als Einwand vorgebracht werden, daß sie den schlechtesten Fall unterstellt. Allerdings gibt es Hinweise darauf, daß die nicht mehr antwortenden Berufsrückkehrerinnen, die nicht mehr im Einarbeitungsbetrieb tätig sind, seltener wegen anderweitig besserer beruflicher Chancen gewechselt haben als die antwortenden Wechslerinnen. Dies zeigt sich deutlich an den von den Arbeitgebern in Telefoninterviews genannten Gründen für den Weggang der Berufsrückkehrerinnen (vgl. Tabelle 7.1/3). Bei einem Drittel der Frauen, die nicht mehr im Einarbeitungsbetrieb beschäftigt waren, nannten die Arbeitgeber Überforderung am Arbeitsplatz, private Probleme oder eine Kombination von beidem als ausschlaggebende Gründe für die Beendigung des Arbeitsverhältnisses; bei den Frauen, die selbst über ihren Weggang berichtet haben, liegt dieser Anteil wesentlich niedriger. Acht Arbeitgeber sagten, die Frauen hätten wegen interessanterer oder besserer Stellen gekündigt; dabei handelt es sich in allen Fällen um Frauen, die auch selbst über ihren beruflichen Weggang berichtet haben. Dies spricht dafür, daß es vor allem die "gescheiterten" Frauen sind, die keine Mitteilung über ihren weiteren Verbleib machen.

Tabelle 7.1/3

Gründe und Art des Ausscheidens aus dem Einarbeitungsbetrieb aus Sicht der Arbeitgeber

Art des Abbruchs/des Ausscheidens aus dem Einarbeitungsbetrieb	Altes Modell-programm	Modifiziertes Modellprogramm West	Ost	Bundesgebiet
Frau hat die Qualifizierung wegen Überforderung **abgebrochen,** arbeitet im Einarbeitungsbetrieb	**2**	-	-	-
Frau hat gekündigt	**39**	**16**	**7**	**23**
Anforderungen am Arbeitsplatz nicht gewachsen	9	1	1	2
Private Gründe	5	4	-	4
Überforderung am Arbeitsplatz und privater Streß	4	-	2	2
Anderweitig bessere Stelle	6	4	4	8
Arbeitsplatz entsprach nicht den Vorstellungen/ Anspruch auf Führungsposition	4	1	-	1
Probleme mit Kolleginnen und Kollegen	3	2	-	2
Sonstiges	3	4	-	4
Keine Angabe/weiß der Vorgesetzte nicht	5	-	-	-
Arbeitgeber hat gekündigt/die Kündigung nahegelegt 1)	**14**	**16**	**15**	**31**
Anforderungen am Arbeitsplatz nicht gewachsen	2	6	4	10
Private Gründe	1	1	-	1
Arbeitsmangel/Konkurs/wirtschaftliche Gründe	6	4	7	11
Verhaltensbedingte Kündigung	-	4	2	6
War von vorherein so beabsichtigt	1	-	-	-
Sonstige Kündigungsgründe	3	1	2	3
Keine Angabe	1	-	-	-
Sonstiges:	**5**	**1**	**2**	**3**
Erziehungsurlaub	3	-	-	-
Langfristige Erkrankung	1	-	-	-
Keine Angabe	1	1	2	3
Insgesamt: Frauen, die nicht mehr im Einarbeitungsbetrieb tätig sind	**60**	**33**	**24**	**57**

1) Einschließlich Aufhebungsvertrag und Vergleich vor dem Arbeitsgericht.
Quellen: Maßnahmedatei, DIW 1994, 1997.

Unter Berücksichtigung aller verfügbaren Informationen muß für 10 bis 13 vH der im modifizierten Modellprogramm geförderten Frauen das **Scheitern des Wiedereinstiegs** angenommen werden. Der untere Wert (10 vH) errechnet sich dann, wenn Frauen ohne Angabe zum weiteren Verbleib nicht häufiger als alle anderen geförderten Frauen beim beruflichen Wiedereinstieg scheiterten. Der obere Wert (13 vH) unterstellt den schlechtesten Fall. Die Spannweite zwischen beiden Werten ist wegen der hohen Antwortbereitschaft der geförderten Frauen relativ gering. Diese Abbruchquote ist in ihrer Größenordnung mit den Erfahrungen aus anderen Wiederiengliederungsprojekten vergleichbar[79].

Geförderte Frauen in Westdeutschland waren am Ende des Beobachtungszeitraums etwas häufiger nicht mehr im Einarbeitungsbetrieb beschäftigt als geförderte Frauen in Ostdeutschland (23 vH bzw. 16 vH). Dabei hatten die Frauen in Westdeutschland etwas häufiger eine neue Arbeitsstelle angetreten, sich aber auch etwas häufiger aus der Erwerbstätigkeit zurückgezogen. Dagegen war die (gemeldete) Arbeitslosigkeit bei der geförderten Frauen aus Ostdeutschland am Ende des Beobachtungszeitraums größer (vgl. Tabelle 7.1/2). In der Häufigkeit des Scheiterns bei der Reintegration in die Erwerbstätigkeit gibt es jedoch keine Unterschiede zwischen beiden Gebieten; sowohl in Ost- wie in Westdeutschland waren 10 bis 13 vH der geförderten Frauen beim beruflichen Wiedereinstieg gescheitert.

Im Vergleich zwischen den Ergebnissen des alten und des modifizierten Modellprogramms zeigt sich, wie bereits erwähnt, im alten Modellprogramm ein höherer Anteil der geförderten Frauen, die am Ende des Beobachtungszeitraums nicht mehr im Einarbeitungsbetrieb beschäftigt sind. Bei analoger Vorgehensweise auf der Grundlage aller verfügbaren Informationen muß im alten Modellprogramm für 10 bis 15 vH der geförderten Frauen das Scheitern des Wiedereinstiegs angenommen werden. Häufiger als im modifizierten Modellprogramm wurde - nach der Angabe der Arbeitgeber - die Kündigung von den Frauen ausgesprochen, und Überforderung am Arbeitsplatz und private Gründe spielten eine bedeutendere Rolle (vgl. Tabelle 7.1/3).

Die Situation dieser Frauen im Vergleich zu ihrer Situation vor Beginn der Einarbeitungsphase hat sich insoweit **verbessert**, als sie durch die Einarbeitungsmaßnahme fachliche Qualifikationen erwerben oder auffrischen konnten; einige der Abbrecherinnen könnten auch (erneut) die Bedingungen für Leistungen des Arbeitsamtes erfüllen. In einem Teil der Fälle steht dem die **Ver-**

---

[79] Vgl. Edelgard Kutzner, Martina Stackelbeck, Gudrun Richter und Bärbel Meschkutat: Förderung von Maßnahmen zur Wiedereingliederung von Frauen in das Erwerbsleben. Evaluation modellhafter arbeitsmarktpolitischer Projekte des Programms "Erprobung neuer Wege der Arbeitsmarktpolitik. Teil II". Sfs Beiträge aus der Forschung 71. Dortmund 1994. S. 48.

schlechterung der persönlichen Situation durch das Erlebnis des Scheiterns, der Überforderung durch die Aufgaben in Familie und Erwerbstätigkeit gegenüber. Zwei Beispiele aus den Kommentaren der betroffenen Frauen:

> "Ich bin zur Zeit (hoffentlich vorübergehend) in einem absoluten Tief, da ich eine Stelle, die ich sehr gerne angetreten hätte, wegen meines Alters (47) und meiner Familiensituation (Trennung angedeutet) nicht erhalten habe, obwohl ich entsprechende Qualifikationen nachweisen konnte und Prüfungen bestanden habe."

> "Ich habe zum 31.12.92 gekündigt. Der Streß bei meinem Arbeitgeber (eine Teilzeitkraft, ein Lehrling und ich als Vollzeitkraft) ist unerträglich geworden. Das Ergebnis: Ein Magengeschwür! Meine Kinder sowie mein Mann haben eine ewig schreiende und müde Mutter. Die seelische Belastung war zu groß. Die Arbeit hat mir riesig Spaß gemacht; aber wieder einmal muß eine Frau auf ihre Kosten aufgeben."

Auch Hoffnungslosigkeit wegen der geringen Aussicht auf einen neuen Arbeitsplatz bei insgesamt ungünstiger wirtschaftlicher Entwicklung und der Erfahrung der Vorbehalte gegen die eigene Altersgruppe drücken sich in den Kommentaren aus, bis hin zu dem Satz: "Schlimmer kann es nicht werden". Auch deshalb haben einige der Frauen vorübergehende Entlassungen ("Winterpause") oder sozialversicherungsfreie Beschäftigung mit der Hoffnung auf Wiedereinstellung in Kauf genommen. Einige Frauen ließen in ihren Kommentaren anklingen, daß der Arbeitgeber sie nach Ablauf der Förderdauer durch sein Verhalten (Mobbing oder ausbleibende Gehaltszahlungen) zur Kündigung gedrängt habe.

7.1.2 Zu den Ursachen des Ausscheidens aus dem Einarbeitungsbetrieb

Aus **Arbeitgebersicht** spielt die Überforderung der Berufsrückkehrerinnen durch die Anforderungen am Arbeitsplatz und/oder durch familiale Probleme insgesamt bei etwa einem Drittel der aus dem Einarbeitungsbetrieb ausgeschiedenen Frauen die ausschlaggebende Rolle; im alten Modellprogramm liegt dieser Anteil noch etwas höher (vgl. Tabelle 7.1/3). Diese Einschätzung zeigt sich auch in der Beurteilung der Einarbeitungsphase der Berufsrückkehrerin durch die Arbeitgeber; sie berichteten hier häufiger als bei den anderen Berufsrückkehrerinnen über Schwierigkeiten bei der Einarbeitung an neuen Geräten, Schwierigkeiten im zwischenmenschlichen Bereich, große Wissenslücken oder Anlaufschwierigkeiten (vgl. Tabelle 7.1/5). Bei einem Viertel der späteren Wechslerinnen, aber zwei Dritteln der auch sechs Monate nach Einarbeitungsende noch beim Arbeitgeber beschäftigten Berufsrückkehrerinnen im modifizierten Modellprogramm gab es keine Schwierigkeiten in der Einarbeitungsphase;

die Relationen im alten Modellprogramm waren ähnlich. Mit den Frauen, die im ersten halben Jahr nach der Einarbeitung aus dem Betrieb ausgeschieden sind, waren die Arbeitgeber am Ende der Einarbeitung häufiger nicht oder nur teilweise zufrieden als mit den Frauen, die länger im Betrieb bleiben (vgl. Tabelle 7.1/6). Auch die Erwartungen der Arbeitgeber bezüglich der künftigen beruflichen Leistungen fielen bei den (späteren) Wechslerinnen weniger positiv aus als bei den anderen Frauen (vgl. Tabelle 7.1/7).

Tabelle 7.1/4

Gründe für den Arbeitgeberwechsel aus Sicht der Frauen

	Altes Modell-programm	Modifiziertes Modellprogramm West	Ost	Bundesgebiet
Gesamtzahl der Frauen, die nicht mehr im Einarbeitungsbetrieb beschäftigt sind	60	33	24	57
Zahl der Frauen, die selbst Angaben zum Weggang machen	38	26	18	44
Zahl der Frauen, die nach eigener Angabe den Arbeitgeber gewechselt/sich selbständig gemacht haben	19	12	5	17
Darunter: Gründe für den Arbeitgeberwechsel/die Existenzgründung (Mehrfachangaben)				
Ich habe hier interessantere Arbeit.	10	3	1	4
Ich hatte ungünstige Arbeitsbedingungen im vorherigen Betrieb.	9	1	-	1
Ich kann hier mehr verdienen.	9	-	1	1
Ich wurde nicht entsprechend meiner Qualifikation eingesetzt.	8	3	-	3
Ich hatte Probleme mit meinen Vorgesetzten.	5	1	-	1
Ich sah anderswo bessere Chancen, beruflich weiterzukommen.	4	2	3	5
Mein Arbeitgeber hat mir gekündigt/die Kündigung nahegelegt.	4	5	2	7
Meine Arbeit hat mir keinen Spaß gemacht	4	1	-	1
Ich hatte von vornherein vor, nicht lange bei diesem Arbeitgeber zu bleiben.	3	-	-	-
Ich hatte Probleme mit meinen Kolleginnen und Kollegen.	-	1	-	1

Quellen: Maßnahmedatei, Zweit- und Drittbefragung der geförderten Frauen, DIW 1994, 1997.

Tabelle 7.1/5

Beurteilung der Einarbeitungsphase bei (späteren) Wechslerinnen und weiter im Betrieb beschäftigten Frauen aus Sicht der Arbeitgeber

	Altes Modell-programm		Modifiziertes Modellprogramm West		Ost		Bundesgebiet	
	Ab-brech. 1)	im Betrieb weiter Besch. 2)	Ab-brech. 1)	im Betrieb weiter Besch. 2)	Ab-brech. 1)	im Betrieb weiter Besch. 2)	Ab-brech. 1)	im Betrieb weiter Besch. 2)
Gesamtzahl der betroffenen Frauen	60	90	33	111	24	124	57	235
Zahl der antwortenden Arbeitgeber 3)	45	90	25	107	18	121	43	228
Hatte Ihre neue Mitarbeiterin während der Einarbeitung besondere Schwierigkeiten? (Mehrfachangaben möglich)	- Angaben in vH der antwortenden Betriebe -							
Nein, sie war den Anforderungen gewachsen	31	64	20	60	28	64	23	62
Anlaufschwierigkeiten	53	21	56	24	22	26	42	25
Schwierigkeiten bei der Einarbeitung an neuen technischen Geräten	49	30	40	17	22	18	33	18
Schwierigkeiten im zwischenmenschlichen Bereich	31	7	44	7	17	5	33	6
Erhebliche Schwierigkeiten, große Wissenslücken	33	11	32	3	50	9	40	6
Hohe Fehlzeiten	4	-	16	1	-	2	9	1

1) Frauen, die bis zum Ende des Beobachtungszeitraums den Arbeitgeber gewechselt oder die Qualifizierung abgebrochen haben, sowie Frauen, die am Ende des Beobachtungszeitraums nicht mehr berufstätig oder beim Arbeitsamt arbeitslos gemeldet sind.
2) Frauen, die 6 Monate nach Ende der Einarbeitung noch im Einarbeitungsbetrieb beschäftigt sind.
3) Ohne Arbeitgeber, die den Fragebogen (-teil) nicht beantwortet haben, weil die Berufsrückkehrerin bereits ausgeschieden war oder ausscheiden sollte/wollte; bei mehrfacher Beteiligung werden Arbeitgeber entsprechend der Zahl der eingearbeiteten Frauen gezählt.
Quellen: Zweitbefragung der Betriebe, Maßnahmedatei, DIW 1994, 1997.

Tabelle 7.1/6

Beurteilung der Berufsrückkehrerinnen durch die Arbeitgeber am Ende der Einarbeitungszeit

	Altes Modell-programm		Modifiziertes Modellprogramm West		Ost		Bundesgebiet	
	Ab-brech. 1)	im Betrieb weiter Besch. 2)	Ab-brech. 1)	im Betrieb weiter Besch. 2)	Ab-brech. 1)	im Betrieb weiter Besch. 2)	Ab-brech. 1)	im Betrieb weiter Besch. 2)
Gesamtzahl der betroffenen Frauen	60	90	33	111	24	124	57	235
Zahl der antwortenden Arbeitgeber 3)	45	90	25	107	18	121	43	228
	- Angaben in vH der antwortenden Betriebe -							
Verhältnis zu Kolleginnen und Kollegen/zu Vorgesetzten (Mehrfachangaben möglich)								
Es gibt Probleme mit Kolleginnen und Kollegen	16	4	16	2	-	3	9	3
Sie kommt nicht gut mit den anderen aus	7	1	16	-	-	-	9	-
Sie hat öfter Ärger und Konflikte mit ihren Vorgesetzten/ es gibt Probleme im Verhältnis zu Vorgesetzten	24	4	40	1	28	3	35	2
Zufriedenheit mit der Arbeitsleistung der Berufsrückkehrerin								
Voll und ganz	29	63	8	62	17	53	12	57
Im großen und ganzen	31	30	32	32	44	33	37	32
Teils/teils	22	3	24	5	17	11	21	8
Nicht so besonders/recht unzufrieden	13	1	24	1	22	3	23	2
Keine Angabe	4	2	12	1	-	-	7	0
Insgesamt	99	99	100	101	100	100	100	99

1) Frauen, die bis zum Ende des Beobachtungszeitraums den Arbeitgeber gewechselt oder die Qualifizierung abgebrochen haben, sowie Frauen, die am Ende des Beobachtungszeitraums nicht mehr berufstätig oder beim Arbeitsamt arbeitslos gemeldet sind.
2) Frauen, die 6 Monate nach Ende der Einarbeitung noch im Einarbeitungsbetrieb beschäftigt sind.
3) Ohne Arbeitgeber, die den Fragebogen (-teil) nicht beantwortet haben, weil die Berufsrückkehrerin bereits ausgeschieden war oder ausscheiden sollte/wollte; bei mehrfacher Beteiligung werden Arbeitgeber entsprechend der Zahl der eingearbeiteten Frauen gezählt.
Quellen: Zweitbefragung der Betriebe, Maßnahmedatei, DIW 1994, 1997.

Tabelle 7.1/7

Erwartungen der Arbeitgeber bezüglich der beruflichen Entwicklung der Berufsrückkehrerinnen am Ende der Einarbeitungszeit

	Altes Modellprogramm		Modifiziertes Modellprogramm					
			West		Ost		Bundesgebiet	
	Ab-brech. 1)	im Betrieb weiter Besch. 2)	Ab-brech. 1)	im Betrieb weiter Besch. 2)	Ab-brech. 1)	im Betrieb weiter Besch. 2)	Ab-brech. 1)	im Betrieb weiter Besch. 2)
Gesamtzahl der betroffenen Frauen	60	90	33	111	24	124	57	235
Zahl der antwortenden Arbeitgeber 3)	45	90	25	107	18	121	43	228
	- Angaben in vH der antwortenden Betriebe -							
Erwartungen bezüglich der beruflichen Leistungen der Berufsrückkehrerin								
Gleiche Leistungen wie andere	44	59	20	53	11	54	16	54
Braucht noch einige Zeit Unterstützung	29	21	44	26	39	26	42	26
Höhere Leistungen als andere	11	18	4	16	22	20	12	19
Keine Angabe	7	2	-	4	-	1	-	2
Trifft nicht zu, Berufsrückkehrerin wird ausscheiden	9	-	32	-	28	-	30	-
Insgesamt	100	100	100	99	100	101	100	101
Eintreten folgender Ereignisse in den nächsten zwei Jahren (Mehrfachangaben möglich)								
Wahrscheinlich kündigt die Berufsrückkehrerin	31	4	40	3	33	2	37	3
Wahrscheinlich steigt die Berufsrückkehrerin beruflich auf	13	29	4	23	6	17	5	20
Wahrscheinlich muß die Berufsrückkehrerin entlassen werden	18	3	20	2	44	6	30	4

1) Frauen, die bis zum Ende des Beobachtungszeitraums den Arbeitgeber gewechselt oder die Qualifizierung abgebrochen haben, sowie Frauen, die am Ende des Beobachtungszeitraums nicht mehr berufstätig oder beim Arbeitsamt arbeitslos gemeldet sind.
2) Frauen, die 6 Monate nach Ende der Einarbeitung noch im Einarbeitungsbetrieb beschäftigt sind.
3) Ohne Arbeitgeber, die den Fragebogen (-teil) nicht beantwortet haben, weil die Berufsrückkehrerin bereits ausgeschieden war oder ausscheiden sollte/wollte; bei mehrfacher Beteiligung werden Arbeitgeber entsprechend der Zahl der eingearbeiteten Frauen gezählt.
Quellen: Zweitbefragung der Betriebe, Maßnahmedatei, DIW 1994, 1997.

Tabelle 7.1/8

Einschätzungen der Berufsrückkehrerinnen zu Beginn der Einarbeitung und späterer Abbruch/Wechsel des Arbeitgebers

	Altes Modellprogramm		Modifiziertes Modellprogramm West		Ost		Bundesgebiet	
	Abbrech. 1)	im Betrieb weiter Besch. 2)	Abbrech. 1)	im Betrieb weiter Besch. 2)	Abbrech. 1)	im Betrieb weiter Besch. 2)	Abbrech. 1)	im Betrieb weiter Besch. 2)
Gesamtzahl der betroffenen Frauen	60	132	33	111	24	124	57	235
Zahl der antwortenden Frauen 3)	50	124	29	111	19	121	48	232
	- Angaben in vH der antwortenden Frauen -							
Entsprechen diese Tätigkeiten Ihren beruflichen Zielvorstellungen?								
Ja, voll und ganz	54	75	72	79	84	85	77	82
Teils/teils	38	19	21	16	11	12	17	14
Nein	6	1	-	2	-	-	-	1
Keine Angabe	2	5	7	3	5	3	6	3
Insgesamt	100	100	100	100	100	100	100	100
Wie zufrieden sind Sie mit dieser Einarbeitung?								
Voll und ganz	54	71	45	73	58	71	50	72
Im großen und ganzen	22	22	41	19	37	19	40	19
Teils/teils	14	3	14	3	-	4	8	3
Nicht so besonders	4	1	-	4	-	2	-	3
Überhaupt nicht	4	1	-	-	-	-	-	-
Keine Angabe	2	2	-	2	5	4	2	3
Insgesamt	100	100	100	101	100	100	100	100

1) Frauen, die bis zum Ende des Beobachtungszeitraums den Arbeitgeber gewechselt oder die Qualifizierung abgebrochen haben, sowie Frauen, die am Ende des Beobachtungszeitraums nicht mehr berufstätig oder beim Arbeitsamt arbeitslos gemeldet sind.
2) Frauen, die 6 Monate nach Ende der Einarbeitung noch im Einarbeitungsbetrieb beschäftigt sind.
3) Ohne Frauen, die den ersten Fragebogen nicht erhalten oder nicht beantwortet haben.
Quellen: Erstbefragung der Berufsrückkehrerinnen Maßnahmedatei, DIW 1994, 1997.

Die **Angaben der betroffenen Frauen** zu den Ursachen des Abbruchs oder des Arbeitgeberwechsels sind leider spärlich. Soweit sie selbst über den Weggang aus dem Einarbeitungsbetrieb berichtet haben, spielten Verbesserungen der Arbeitsbedingungen und der Arbeitsinhalte durch den Wechsel eine wichtige Rolle (vgl. Tabelle 7.1/4). Von Anfang an waren die späteren Wechslerinnen/Abbrecherinnen aber weniger zufrieden mit der Einarbeitungsmaßnahme (vgl. Tabelle 7.1/8). Diese Einschätzung hatte sich im Verlauf der Einarbeitung nur selten verbessert. Häufiger als andere kritisieren sie, daß die Einarbeitung "völlig unzureichend" gewesen sei oder daß eine Einarbeitung so gut wie nicht stattgefunden habe. Und schließlich waren die späteren Wechslerinnen im alten Modellprogramm von Anfang an mit den beruflichen Tätigkeiten, für die sie eingearbeitet werden sollten, häufiger nicht oder nur teilweise zufrieden. Auch am Ende der Einarbeitungsmaßnahme stimmte nur gut die Hälfte der Aussage "Ich arbeite gerne in diesem Beruf" zu - von den im Einarbeitungsbetrieb bleibenden Frauen taten dies fast alle. Auch im modifizierten Modellprogramm war die Zufriedenheit mit der Einarbeitung bei den späteren Wechslerinnen von Anfang an geringer, ihre Kritik an der durchgeführten Einarbeitung häufiger. Zu Beginn der Einarbeitung äußerten sie aber kaum seltener als die Frauen, die im Einarbeitungsbetrieb blieben, daß die Tätigkeiten ihren beruflichen Zielvorstellungen entsprechen. Am Ende der Einarbeitungsmaßnahme war die Unzufriedenheit der Frauen mit dem Beruf deutlicher zu spüren: Wie im alten Modellprogramm sagte nur gut die Hälfte, daß sie gerne in diesem Beruf arbeiteten[80].

Vereinzelt haben die Abbrecherinnen darauf hingewiesen, daß sie die Chance des Wiedereinstiegs nutzen wollten, um - aus dem Beschäftigungsverhältnis heraus - leichter eine ihnen zusagende Stelle zu finden; angesichts der vorherrschenden Einstellungskriterien der Arbeitgeber ist dies ein durchaus rationales Verhalten. Ob es durch den Arbeitgeberwechsel tatsächlich gelungen ist, eine hinsichtlich Arbeitsinhalten, Arbeitsbedingungen (einschließlich Arbeitszeiten) oder Entlohnung bessere Stelle einzunehmen, kann nicht zuverlässig beurteilt werden. Nicht nur ist die empirische Basis dafür ausgesprochen schmal; hinzu kommt, daß eine Veränderung der Bewertungsmaßstäbe gerade bei zwischenzeitlicher Arbeitslosigkeit nicht unwahrscheinlich ist.

[80] In diese Auswertung sind nur Frauen einbezogen, die erst nach dem Ende der Einarbeitung den Arbeitgeber gewechselt haben.

7.2 Integration in das Erwerbsleben - aus der Sicht der Berufsrückkehrerinnen

7.2.1 Objektive und subjektive Kriterien für die Bewertung der beruflichen Wiedereingliederung

Eines der ersten Kriterien, nach denen der Erfolg der Einarbeitung beurteilt werden kann, ist die Beschäftigung der Frauen im Einarbeitungsbetrieb oder - falls diese Voraussetzung nicht gegeben ist - ihre Berufstätigkeit an einem anderen Arbeitsplatz. 80 bis 84 vH der in die Abschlußbefragung einbezogenen Teilnehmerinnen gaben zu dieser Zeit an, noch berufstätig zu sein (vgl. Tabelle 7.2/1). Wie in Abschnitt 7.1 dargestellt wurde, hat ein größerer Kreis der geförderten Frauen, die nicht mehr im Einarbeitungsbetrieb waren, einen neuen Arbeitgeber gefunden; einige haben sich auch selbständig gemacht. Teilweise hat sich ihre Situation durch den Wechsel offenbar erheblich verbessert. Sie gaben an, günstigere Arbeitsbedingungen zu haben, z.B. keinen Schichtdienst mehr leisten zu müssen, interessantere oder anspruchsvollere Tätigkeiten auszuüben oder mehr zu verdienen. Auch der zur Zeit der Abschlußbefragung von den Frauen benannte ausgeübte Beruf war fast ausnahmslos nicht von vornherein als anspruchsloser einzustufen als der von ihnen bezeichnete Einarbeitungsberuf. Die Frage nach dem Erfolg der Wiedereingliederung wird daher für die Teilnehmerinnen des Modellprogramms unabhängig davon gestellt, ob sie noch im Einarbeitungsbetrieb beschäftigt waren.

Tab 7.2/1

Zahl der Teilnehmerinnen des Modellprogramms
und Antworten zu ihrer Berufstätigkeit bei der Abschlußbefragung

	Altes Modell-programm	Modifiziertes Modellprogramm		
		Bundes-gebiet	West	Ost
A. Frauen, die eine geförderte Einarbeitung begonnen haben	**192**	**292**	**140**	**152**
Davon:				
Erstbefragung nicht möglich	18	-	-	-
In die Erstbefragung einbezogen	**174**	**292**	**140**	**152**
Davon:				
Abschlußbefragung nicht möglich	3	32	19	13
B. In die Abschlußbefragung einbezogen	**171**	**260**	**121**	**139**
Davon:				
Verweigerung des Fragebogens	13	31	12	19
C. Fragebogen beantwortet	**158**	**229**	**109**	**120**
Davon: Berufstätig ja/nein?				
Nicht berufstätig	**14**	**22**	**11**	**11**
Davon: Arbeitslos/Sonstiges?				
Keine Angabe	-	2	2	-
Arbeitslos	8	14	4	10
Sonstiges	6	6	5	1
Berufstätig	**144**	**207**	**98**	**109**
(in vH von B.)	(84)	(80)	(81)	(78)
Davon:				
Noch im Einarbeitungsbetrieb	124	188	86	102
Nicht mehr im Einarbeitungsbetrieb	20	19	12	7
Davon: Neuer Arbeitgeber/ Selbständig?				
Keine Angabe	-	1	1	-
Neuer Arbeitgeber	18	17	10	7
Selbständig gemacht	2	1	1	-

Quellen: Erst- und Drittbefragung der Berufsrückkehrerinnen, DIW 1994, 1997.

Im folgenden wird der Kreis derjenigen Frauen betrachtet, die den dritten Fragebogen -etwa sechs Monate nach Ende der Einarbeitungsphase - beantwortet hatten, und zu dieser Zeit berufstätig waren. Bei der Interpretation dieser Ergebnisse darf nicht vernachlässigt werden, daß relativ viele Teilnehmerinnen nicht mehr befragt werden konnten oder die Antwort verweigerten (Tabelle 7.2/1) und daß - wie in Abschnitt 7.1 dargestellt - die Antworten der berufstätigen Frauen keineswegs als repräsentativ auch für diesen Kreis angesehen werden können.

Einen ersten Eindruck über die Urteile der Teilnehmerinnen zum Erfolg des Wiedereinstiegs in den Beruf gewinnt man aus ihren Angaben darüber, inwieweit sich ihre **Hoffnungen und Befürchtungen** erfüllt haben (Tabelle 7.2/2). Ein großer Kreis der westdeutschen Frauen hatte offenbar mit erheblicher Skepsis - die nach einer langen Familienphase auch durchaus auf "Schwellenangst" beruhen kann - die Einarbeitung begonnen: 40 vH bis 50 vH fanden, daß es besser gegangen sei, als sie befürchtet hatten. Daß der Anteil dieser Antworten in Ostdeutschland deutlich kleiner war, dürfte auf die kürzere Unterbrechung zurückgehen; hier hatte die Mehrheit der Berufsrückkehrerinnen - 60 vH - berichtet, ihre Hoffnungen hätten sich erfüllt. Unter allen Teilnehmerinnen haben immerhin annähernd neun von zehn Frauen berichtet, daß sich die Befürchtungen nicht bestätigt oder die Hoffnungen erfüllt hätten; dies vermittelt ein recht positives Bild. In einigen Fällen war aber die Einarbeitung offenbar eher ein Mißerfolg: In Ostdeutschland gab reichlich jede zehnte Frau an, daß sich ihre Befürchtungen bestätigt haben oder daß sie insgesamt enttäuscht sei. Im alten Bundesgebiet waren diese negativen Urteile allerdings seltener. Meistens, aber nicht immer, waren sie von denjenigen Frauen geäußert worden, die in ihrer früheren Berufsphase anspruchsvollere und/oder vielseitigere Tätigkeiten ausgeübt hatten als nach der geförderten Einarbeitung.

Tabelle 7.2/2

Bewertung der Tätigkeit vor dem Hintergrund früherer Berufstätigkeit und ursprünglicher Erwartungen

in vH[1]

Frage: Wenn Sie an Ihre ursprünglichen Erwartungen denken, was trifft für Sie zu?	Heutige berufliche Tätigkeit im Vergleich zur früheren Berufstätigkeit						
	Insgesamt	Meine heutige Tätigkeit ist interessanter	Meine jetzigen Tätigkeiten haben ein höheres Niveau[2]	Es gibt keine Unterschiede	In meinem früheren Beruf habe ich anspruchsvollere Tätigkeiten ausgeübt[3]	Früher hatte ich vielseitigere berufliche Tätigkeiten	Keine Angabe
	Altes Modellprogramm						
Insgesamt	100	24	27	20	19	6	3
Meine Hoffnungen haben sich erfüllt.	38	14	12	7	4	1	-
Meine Befürchtungen haben sich bestätigt.	2		-	1	1	1	-
Es ging besser, als ich befürchtet hatte.	51	9	15	13	9	4	2
Ich bin insgesamt enttäuscht.	6	1	1	-	5	-	-
Keine Angabe	2	1	-	-	1	-	1
	Modifiziertes Modellprogramm (Westdeutschland)						
Insgesamt	100	24	18	19	24	11	2
Meine Hoffnungen haben sich erfüllt.	49	13	8	13	12	2	-
Meine Befürchtungen haben sich bestätigt.	-	-	-	-	-	-	-
Es ging besser, als ich befürchtet hatte.	43	11	7	6	11	6	1
Ich bin insgesamt enttäuscht.	7	-	3		1	3	-
Keine Angabe	1	-	-	-	-	-	1
	Modifiziertes Modellprogramm (Ostdeutschland)						
Insgesamt	100	41	11	18	21	5	4
Meine Hoffnungen haben sich erfüllt.	60	31	7	11	6	1	4
Meine Befürchtungen haben sich bestätigt.	6	1	-		5	-	-
Es ging besser, als ich befürchtet hatte.	28	7	4	6	7	4	
Ich bin insgesamt enttäuscht.	6	1	-	2	3	-	
Keine Angabe	2	1	-		1	-	-

[1] Bezogen auf die Zahl aller berufstätigen Frauen bei der Drittbefragung. Altes Modellprogramm: N = 144, modifiziertes Modellprogramm (West): N = 98; (Ost): 109. – [2] Einschließlich: Heutige Tätigkeit ist außerdem interessanter. – [3] Einschließlich: Frühere Tätigkeit war außerdem vielseitiger.

Quellen: Erst- und Drittbefragung der Berufsrückkehrerinnen, DIW 1994, 1997.

Insgesamt lassen sich aus den Angaben darüber, wie die Teilnehmerinnen ihre beruflichen Tätigkeiten bewerten, Anhaltspunkte für die Frage gewinnen, ob der berufliche Wiedereinsteig geglückt ist. Es ist naheliegend, daß die Frauen das Niveau ihrer Arbeit auch an demjenigen des vor der Unterbrechung ausgeübten Berufs messen, und so dürfte es ein positives Zeichen sein, daß die Mehrheit der Frauen (60 bis 70 vH) in West- und Ostdeutschland urteilte, es hätte in dieser Hinsicht keinen "Abstieg" gegeben: Etwa jede fünfte sah das Niveau als etwa gleich an, und 40 bis 50 vH fanden die neuen Tätigkeiten interessanter oder anspruchsvoller als die früheren. Allerdings gab auch jede vierte bis fünfte Frau an, daß sie in ihrem früheren Beruf anspruchsvollere Tätigkeiten ausgeübt hatte (Tabelle 7.2/2). Dies weist auf den "Karriereknick" hin, den viele Frauen nach Erwerbsunterbrechungen hinnehmen müssen. Immerhin muß man es als Erfolg werten, daß die Einarbeitungsmaßnahmen dies für die Mehrheit offenbar verhindert hatte.

In diesem Zusammenhang stellt sich auch die Frage, ob die Frauen einen **qualifikationsgerechten Arbeitsplatz** gefunden haben. Setzt die Tätigkeit nach Ansicht der Berufsrückkehrerinnen im Vergleich zu ihrer Erstausbildung eine höhere Qualifikation voraus, könnte dies ein Ausdruck von Überforderung sein, oder - im umgekehrten Fall - könnte die als nicht qualifikationsgerecht angesehene Arbeit zu Unzufriedenheit führen. Die Teilnehmerinnen waren daher gefragt worden, welche Art von Ausbildung für die ausgeübte Tätigkeit in der Regel erforderlich sei, und die Antworten wurden ihren Aussagen zum erworbenen beruflichen Ausbildungsabschluß gegenübergestellt (Tabelle 7.2/3).

Tabelle 7.2/3

Erworbener Ausbildungsabschluß und erforderliche Ausbildung für die bei der Abschlußbefragung ausgeübte Tätigkeit
Zahl der bei der Abschlußbefragung berufstätigen Frauen

Frage: Haben Sie eine abgeschlossene Berufs- oder Hochschulausbildung ?	Frage: Welche Art von Ausbildung ist für die jetzt ausgeübte Tätigkeit in der Regel erforderlich? Insgesamt	Keine abgeschlossene Ausbildung und ... Zusammen	nichts sonstiges	kurze Einweisung am Arbeitsplatz ohne Besuch von besonderen Lehrgängen/Kursen	kurze Einweisung am Arbeitsplatz mit Besuch von besonderen Lehrgängen/Kursen	längere Einarbeitung im Betrieb ohne Besuch von besonderen Lehrgängen/Kursen	längere Einarbeitung im Betrieb mit Besuch von besonderen Lehrgängen/Kursen	Besuch von besonderen Lehrgängen/Kursen	Abgeschlossene Ausbildung: Berufs-/Fachschulausbildung (ohne Hochschule) und ... nichts sonstiges	kurze Einweisung am Arbeitsplatz ohne Besuch von besonderen Lehrgängen/Kursen	kurze Einweisung am Arbeitsplatz mit Besuch von besonderen Lehrgängen/Kursen	längere Einarbeitung im Betrieb ohne Besuch von besonderen Lehrgängen/Kursen	längere Einarbeitung im Betrieb mit Besuch von besonderen Lehrgängen/Kursen	Besuch von besonderen Lehrgängen/Kursen	Hochschulabschluß[1]
	Altes Modellprogramm														
Insgesamt	[2]144	39	-	3	2	21	10	3	56	4	-	16	16	10	2
Nein	[2]12	4	-	-	-	3	1	-	4	-	-	2	1	-	-
Ja Zusammen	132	35	-	3	2	18	9	3	52	4	-	14	15	10	2
Art des Abschlusses/ Abschluß an einer ...															
Lehre/Betriebliche Berufsausbildung[3]	93	22	-	2	2	11	6	1	39	4	-	11	11	6	-
Schulische Berufsbildung	10	2	-	1	-	1	-	-	3	-	-	2	2	1	-
Lehre/Betriebliche und schulische Berufsbildung	23	8	-	-	-	5	2	1	9	-	-	1	2	3	-
Fachhoch-/Hochschule	6	3	-	-	-	1	1	1	1	-	-	-	-	-	2
Darunter: Außerdem Lehre/Betriebl. Berufsausb. und/oder Fachschule	2	-	-	-	-	-	-	-	-	-	-	-	-	-	2
	Modifiziertes Modellprogramm: Westdeutschland														
Insgesamt	[2]98	21	-	3	-	10	5	3	37	-	-	9	11	17	2
Nein	5	2	-	-	-	2	-	-	2	-	-	1	-	-	-
Ja Zusammen	[2]93	19	-	3	-	8	5	3	35	-	-	8	11	17	2
Art des Abschlusses/ Abschluß an einer ...															
Keine Angabe	1	-	-	-	-	-	-	-	-	-	-	-	-	1	-
Lehre/Betriebliche Berufsausbildung	59	12	-	2	-	4	4	2	22	-	-	5	8	12	-
Schulische Berufsbildung	15	3	-	-	-	1	1	1	5	-	-	1	2	4	-
Lehre/Betriebliche und schulische Berufsbildung	8	-	-	-	-	-	-	-	5	-	-	2	1	-	-
Fachhoch-/Hochschule	9	4	-	1	-	3	-	-	3	-	-	-	-	-	2
Darunter: Außerdem Lehre/Betriebl. Berufsausb. und/oder Fachschule	4	1	-	1	-	-	-	-	2	-	-	-	-	-	1
	Modifiziertes Modellprogramm: Ostdeutschland														
Insgesamt	109	28	5	3	-	13	5	2	45	-	-	16	7	5	8
Nein	3	1	-	-	-	1	-	-	1	-	-	-	1	-	-
Ja Zusammen	106	27	5	3	-	12	5	2	44	-	-	16	6	5	8
Art des Abschlusses/ Abschluß an einer ...															
Lehre/Betriebliche Berufsausbildung	56	17	3	3	-	7	2	2	23	-	-	8	4	4	-
Schulische Berufsbildung	6	1	-	-	-	-	1	-	5	-	-	-	-	-	-
Lehre/Betriebliche und schulische Berufsbildung	17	3	1	-	-	2	-	-	9	-	-	3	2	-	-
Fachhoch-/Hochschule	27	6	1	-	-	3	2	-	7	-	-	5	-	1	8
Darunter: Außerdem Lehre/Betriebl. Berufsausb. und/oder Fachschule	17	3	-	-	-	2	1	-	5	-	-	4	-	-	5

[1] Einige Frauen nannten außerdem weitere Ausbildungsarten. [2] Einschließlich einer Frau, die die für ihre Tätigkeit erforderliche Ausbildung nicht angegeben hat. - [3] Einschließlich einer Frau, die ohne vorherige Lehre eine Gesellenprüfung abgelegt hat, sowie einer Absolventin eines Lehrgangs mit Abschluß an der IHK.

Quellen: Erst- und Drittbefragung der Berufsrückkehrerinnen, DIW 1994, 1997.

Zum weit überwiegenden Teil erforderte nach Ansicht der Frauen der neue Arbeitsplatz eine abgeschlossene Berufsausbildung: Im modifizierten Modellprogramm gaben dies reichlich drei von vier Teilnehmerinnen an, im alten etwas weniger (72 vH); meistens war eine Berufs-/Fachschulausbildung erforderlich, ein Ausbildungsniveau, das nach den hier verwendeten pauschalen Kriterien auch dem erworbenen Ausbildungsabschluß der Frauen, die den damit beschriebenen Arbeitsplatz innehatten, fast immer entsprach (nur in sehr wenigen Fällen hatten diese Berufsrückkehrerinnen angegeben, tatsächlich keinen entsprechenden beruflichen Abschluß zu haben). Auch die vier westdeutschen Hochschulabsolventinnen hatten einen qualifikationsgerechten Arbeitsplatz, das galt allerdings offenbar nur für acht der insgesamt 27 ostdeutschen Akademikerinnen. Die meisten von ihnen übten eine Tätigkeit aus, die nach ihrer Ansicht lediglich eine Berufs- oder Fachschulausbildung erforderte, die sie - wie das in der DDR häufig der Fall war - nicht selten noch außer dem Hochschulabschluß hatten.

Diese ostdeutschen Akademikerinnen dürften Beispiele für die Kompromißbereitschaft sein, die Frauen aus den neuen Bundesländern in ihrem Bemühen, überhaupt einen Arbeitsplatz zu finden, zeigen. Als nicht qualifikationsgerecht beschäftigt sind jedenfalls diejenigen Fachhoch- oder Hochschulabsolventinnen anzusehen, die angaben, ihre neue Tätigkeit erfordere überhaupt keinen Ausbildungsabschluß.

Ein relativ großer Kreis von Absolventinnen einer betrieblichen oder schulischen Berufsausbildung gab ebenfalls an, daß ihre neue Tätigkeit keine abgeschlossene Ausbildung erfordere. Insgesamt muß man aufgrund dieser Aussagen damit rechnen, daß bei der Abschlußbefragung zumindest nach ihrer subjektiven Einschätzung etwa jede vierte Teilnehmerin nicht dem Niveau ihrer formalen Qualifikation entsprechend eingesetzt war. Das ist ein bedenkenswertes Ergebnis. Negativ erscheint es besonders in Hinblick auf diejenigen Berufsrückkehrerinnen - das ist allerdings nur ein kleiner Kreis von insgesamt 14 Frauen - die angaben, daß für ihre Tätigkeit nur eine kurze Einweisung oder (fünf Fälle) nicht einmal dies erforderlich sei. Die meisten der aus ihrer Sicht nicht qualifikationsgerecht eingesetzten Frauen bezeichneten jedoch eine längere Einarbeitung im Betrieb als notwendig.

Zu relativieren ist vermutlich das folgende Befragungsergebnis: Verhältnismäßig viele Berufsrückkehrerinnen gaben an, daß für ihre Arbeit zwar eine abgeschlossene Ausbildung, aber keine Einarbeitung im Betrieb und sogar nicht einmal eine kurze Einweisung am Arbeitsplatz erforderlich sei. Es ist nicht ausgeschlossen, daß einige Teilnehmerinnen die Frage anders interpretiert haben, als sie gemeint war, und nicht alle erforderlichen Aus- und Weiterbildungswege angegeben haben, sondern nur die aus ihrer Sicht höchste Qualifizierungsart. Denn in anderem Zusammenhang stimmte im modifizierten Modellprogramm nur etwa jede fünfte Frau - und damit viel weniger als das aus Tabelle 7.2/3 geschlossen werden könnte - der Aussage zu: "Für die Tätigkeiten, die ich jetzt ausübe, wäre keine besondere Einarbeitung nötig gewesen"; im alten Modellprogramm waren überhaupt nur zehn Frauen dieser Ansicht. Und rund 70 vH aller westdeutschen (64 vH der ostdeutschen) Teilnehmerinnen gaben an: "Der berufliche Wiedereinstieg wäre ohne die Einarbeitung nicht möglich gewesen."

Die Aussagen der Berufsrückkehrerinnen zur Frage der Anforderungen an ihre Qualifikation sind zwar in diesem Punkt etwas widersprüchlich, aber insgesamt kann man daraus doch den Eindruck gewinnen, daß zwar die weitaus meisten sich als etwa qualifikationsgerecht eingesetzt sehen, daß dies aber auf einen nicht zu vernachlässigenden Kreis nicht zutrifft. Letzteres war bereits nach der Analyse der Tätigkeiten, für die die Berufsrückkehrerinnen eingearbeitet wurden, (vgl. Kapitel 4.4), und die zumindest im alten Modellprogramm einen bemerkenswerten Anteil von Frauen mit einfachen Tätigkeiten zeigte, zu vermuten gewesen.

Die Frage nach der qualifikationsgerechten Wiedereingliederung in den Beruf ist zwar von zentraler Bedeutung, wenn es darum geht, die Konsequenzen von Unterbrechungen der Erwerbsbiographie zu beurteilen, muß aber in folgender Hinsicht differenziert behandelt werden. Betrachtet man die Angaben der Berufsrückkehrerinnen zu der Frage, was für sie die **wichtigsten Bedingungen für einen guten Arbeitsplatz** sind, so wird deutlich, daß individuell die qualifikationsgerechte Beschäftigung offenbar nicht immer das ausschlaggebende Kriterium für einen geglückten Wiedereinstieg zu sein braucht: Immerhin fand etwa jede dritte westdeutsche, bezeichnenderweise nur knapp jede fünfte ostdeutsche Teilnehmerin es sehr wichtig, daß die Arbeit Freude bereitet und nicht überfordert (Tabelle 7.2/4). Diese Bedingung wurde in den alten Bundesländern eher häufiger an einen "guten Arbeitsplatz" gestellt als die, etwas hinzulernen zu können und in der Karriere weiter zu kommen. Insbesondere vor dem Hintergrund der Belastungen durch Aufgaben in der Familie ist es denkbar, daß Frauen einfachere Tätigkeiten durchaus akzeptieren. In diesem Zusammenhang ist daran zu erinnern, daß doch recht viele Teilnehmerinnen berichteten, sie könnten Berufs- und Privatleben nur "einigermaßen" miteinander vereinbaren (vgl. Kapitel 6).

Tabelle 7.2/4

Die wichtigsten Bedingungen für einen guten Arbeitsplatz aus der Sicht der Berufsrückkehrerinnen

Angaben der Frauen sechs Monate nach Ende der Einarbeitung
in vH [1)]

Bedingungen für einen guten Arbeitsplatz (Mehrfachnennungen)	Nennungen
Altes Modellprogramm	
Arbeit in Teilzeit.	52
Gutes Betriebsklima.	52
Familienfreundliche Arbeitszeiten.	42
Eine Arbeit, die Spaß macht, aber mich nicht überfordert.	34
Selbständiges Arbeiten.	30
Günstiger Weg zur Arbeit.	26
Eine Arbeit, bei der ich ständig etwas hinzulerne und weiterkomme.	22
Unbefristeter Arbeitsvertrag.	18
Kinderbetreuungsmöglichkeiten	9
Kolleginnen im Betrieb, die in einer ähnlichen Lebenssituation sind wie ich.	4
Sonstiges.	2
Modifiziertes Modellprogramm: Westdeutschland	
Gutes Betriebsklima.	55
Selbständiges Arbeiten.	45
Arbeit in Teilzeit.	39
Sicherer Arbeitsplatz.	36
Eine Arbeit, die Spaß macht, aber mich nicht überfordert.	32
Eine Arbeit, bei der ich ständig etwas hinzulerne und weiterkomme.	27
Günstiger Weg zur Arbeit.	16
Unbefristeter Arbeitsvertrag.	10
Familienfreundliche Arbeitszeiten.	10
Sonstiges.	2
Kinderbetreuungsmöglichkeiten.	-
Modifiziertes Modellprogramm: Ostdeutschland	
Sicherer Arbeitsplatz.	61
Gutes Betriebsklima.	60
Unbefristeter Arbeitsvertrag.	36
Selbständiges Arbeiten.	32
Eine Arbeit, bei der ich ständig etwas hinzulerne und weiterkomme.	31
Eine Arbeit, die Spaß macht, aber mich nicht überfordert.	19
Günstiger Weg zur Arbeit.	15
Familienfreundliche Arbeitszeiten.	7
Arbeit in Teilzeit.	5
Sonstiges.	-
Kinderbetreuungsmöglichkeiten.	-

[1)] Bezogen auf die Zahl aller Frauen. Altes Modellprogramm: N=171, modifiziertes Modellprogramm (West): N=121, (Ost): N=139.
Die Berufsrückkehrerinnen waren gebeten worden, nur drei Bedingungen zu nennen.
Quellen: Drittbefragung der Berufsrückkehrerinnen, DIW 1994, 1997.

Um einer Antwort auf die Frage näher zu kommen, ob die Einarbeitung aus der Sicht der Frauen geglückt ist, muß man daher das ganze Spektrum der für sie wichtigen Arbeitsbedingungen betrachten (Tabelle 7.2/4)[81]. Erneut wird der Unterschied zwischen den Einstellungen und Lebensverhältnissen der west- und der ostdeutschen Teilnehmerinnen deutlich: Ein sicherer Arbeitsplatz und ein unbefristeter Vertrag waren für die Frauen in den neuen Bundesländern weit häufiger am wichtigsten als für die im alten Bundesgebiet. Aber es gibt auch eine Gemeinsamkeit, die daran erinnert, daß einige Differenzierungslinien vermutlich nicht zwischen den früher voneinander getrennten Teilen Deutschlands, sondern - im Hinblick auf die Einstellungen darüber, was im Beruf wichtig ist - eher zwischen den Geschlechtern verlaufen: Ein gutes Betriebsklima wurde von allen Teilnehmerinnen mit am häufigsten zu den Bedingungen für einen guten Arbeitsplatz gezählt und hatte deutlichen Vorrang vor dem "Hinzulernen" und "Weiterkommen".

Vor dem Hintergrund dieser Präferenzen ist es von besonderer Bedeutung, daß die weitaus meisten Berufsrückkehrerinnen offenbar eine gute Beziehung zu ihren **Kollegen und Kolleginnen** haben (Abbildung 7.2/1). Während 70 vH bis 80 vH meinten, sie kämen gut mit den anderen Arbeitskräften im Betrieb aus, war allerdings zumindest von den Teilnehmerinnen im modifizierten Modellprogramm nur rund die Hälfte der Ansicht, daß die Kollegen und Kolleginnen sie als vollwertige Fachkraft akzeptierten. Von den **Vorgesetzten** fühlte sich offenbar die Mehrheit der Berufsrückkehrerinnen unterstützt, aber rund jede dritte - im alten Modellprogramm war es nur jede fünfte - konnte das nicht von sich sagen (Abbildung 7.2/2). Auch unter den Vorgesetzten vermittelten keineswegs alle "ihren" Berufsrückkehrerinnen den Eindruck, daß sie in gleicher Weise wie die anderen Mitarbeiter/innen akzeptiert seien. Von Konflikten und Ärger mit Vorgesetzten wurde aber nur ganz vereinzelt berichtet, in der Beziehung zu den Kollegen und Kolleginnen wurde nichts derartiges geäußert.

[81] Im Gegensatz zu den übrigen Tabellen in diesem Abschnitt wurden bei dieser Frage nicht nur die berufstätigen sondern alle Frauen berücksichtigt.

Die Sicherheit des Arbeitsplatzes wurde von den Frauen aus den neuen Bundesländern am häufigsten als Bedingung für einen "guten" Arbeitsplatz genannt, was angesichts der dort besonders hohen Arbeitslosigkeit unmittelbar verständlich ist. Tatsächlich sahen es bei der Abschlußbefragung 12 vH der ostdeutschen, aber "nur" etwa 6 vH der westdeutschen Teilnehmerinnen als wahrscheinlich an, daß sie in den folgenden zwei Jahren ihren Arbeitsplatz verlieren würden (Tabelle 7.2/5).

Abbildung 7.2/1

Beziehung der Berufsrückkehrerinnen zu Kolleginnen und Kollegen

in vH der bei der Abschlußbefragung berufstätigen Frauen[1)]

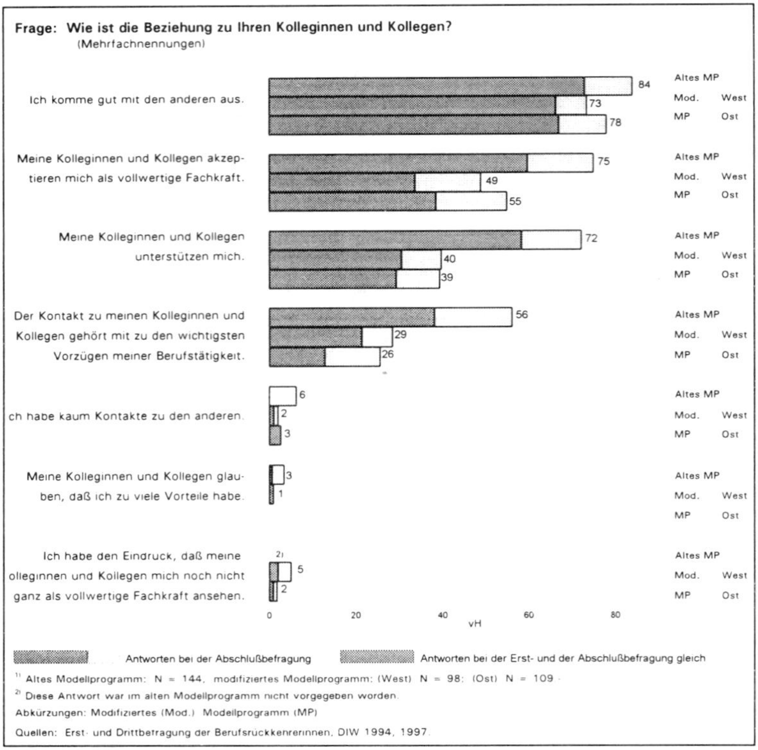

Abbildung 7.2/2

Beziehung der Berufsrückkehrerinnen zu den Vorgesetzten

in vH der bei der Abschlußbefragung berufstätigen Frauen[1)]

Frage: Wie kommen Sie mit Ihren Vorgesetzten aus?
(Mehrfachnennungen)

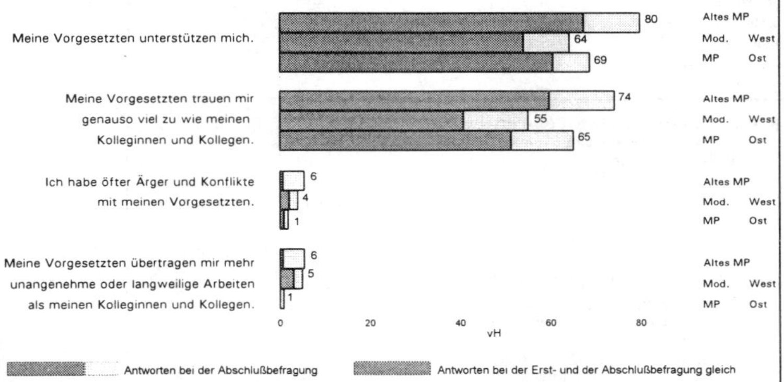

1) Altes Modellprogramm: N = 144, modifiziertes Modellprogramm: (West) N = 98; (Ost) N = 109.
Abkürzungen: Modifiziertes (Mod.) Modellprogramm (MP).

Quellen: Erst- und Drittbefragung der Berufsrückkehrerinnen, DIW 1994, 1997.

Die Vielfalt der Kriterien, die für einen guten Arbeitsplatz als wichtig angesehen wurden, und auch die Tatsache, daß diese nicht in jedem Fall allein dem eigentlichen Kern der Berufsarbeit zuzuordnen sind, kann erklären, warum trotz offenbar nicht immer qualifikationsgerechter Tätigkeit die weitaus meisten Frauen - reichlich 9 von 10 im alten und rund 8 von 10 im modifizierten Modellprogramm - das folgende Urteil über ihre Arbeit abgaben: "Ich arbeite gern in diesem Beruf" (Abbildung 7.2/3). In diesem Zusammenhang gab übrigens deutlich mehr als jede zweite Frau zu erkennen, daß sie bei der Arbeit hinzulerne, was für ihr berufliches Fortkommen nützlich sei. Immerhin sah es zumindest von den westdeutschen Berufsrückkehrerinnen jede vierte bis fünfte als wahrscheinlich an, daß sie in ihrem Unternehmen im Laufe der folgenden zwei Jahre einen beruflichen Aufstieg schaffe (Tabelle 7.2/5). Eine solche positive Erwartung hatten nur 12 vH der ostdeutschen Frauen; weniger als jede zehnte unter ihnen gab auch nur an, daß sie gern anspruchsvollere Tätigkeiten übernehmen würde.

Tabelle 7.2/5

Berufliche Vorhaben und Zukunftserwartungen der Berufsrückkehrerinnen
Sechs Monate nach Ende der Einarbeitung

A. Frage: Haben Sie vor, bis zum Rentenalter eine Berufstätigkeit auszuüben?
in vH[1]

	Altes Modellprogramm	Modifiziertes Modellprogramm West	Modifiziertes Modellprogramm Ost
Insgesamt	100	100	100
Ja, sicher	60	60	80
Vielleicht	38	37	17
Nein	1	2	3
Keine Angabe	1	1	1

B. Wie sehen Ihre beruflichen Zukunftserwartungen aus?
Ist es wahrscheinlich, daß Sie in den nächsten zwei Jahren ...
(Mehrfachnennungen)

in vH[1]

	4 Wochen nach Ende der Einarbeitung	6 Monate nach Ende der Einarbeitung
	Altes Modellprogramm	
... von sich aus eine (neue) Stelle suchen?	19	17
... Ihren Arbeitsplatz verlieren?	5	6
... in Ihrer jetzigen Firma einen beruflichen Aufstieg schaffen?	22	22
... Ihren derzeitigen Beruf aufgeben und in einem anderen Beruf neu anfangen?	2	6
... sich selbständig machen?	4	6
... Ihre Erwerbstätigkeit ganz oder vorübergehend aufgeben?	1	2
	Modifiziertes Modellprogramm Westdeutschland	
... von sich aus eine (neue) Stelle suchen?	18	18
... Ihren Arbeitsplatz verlieren?	4	7
... in Ihrer jetzigen Firma einen beruflichen Aufstieg schaffen?	26	23
... Ihren derzeitigen Beruf aufgeben und in einem anderen Beruf neu anfangen?	3	8
... sich selbständig machen?	5	8
... Ihre Erwerbstätigkeit ganz oder vorübergehend aufgeben?	0	1
	Modifiziertes Modellprogramm Ostdeutschland	
... von sich aus eine (neue) Stelle suchen?	14	18
... Ihren Arbeitsplatz verlieren?	13	12
... in Ihrer jetzigen Firma einen beruflichen Aufstieg schaffen?	16	12
... Ihren derzeitigen Beruf aufgeben und in einem anderen Beruf neu anfangen?	6	7
... sich selbständig machen?	6	6
... Ihre Erwerbstätigkeit ganz oder vorübergehend aufgeben?	3	1

[1] Bezogen auf die Zahl der bei der Drittbefragung berufstätigen Frauen. Altes Modellprogramm: N = 144, Modifiziertes Modellprogramm (West): N = 98, (Ost): N = 109.

Quellen: Zweit- und Drittbefragungen der Berufsrückkehrerinnen, DIW 1994, 1997.

Abbildung 7.2./3

Urteile der Berufsrückkehrerinnen zur ausgeübten Tätigkeit

- in vH der bei der Abschlußbefragung berufstätigen Frauen -

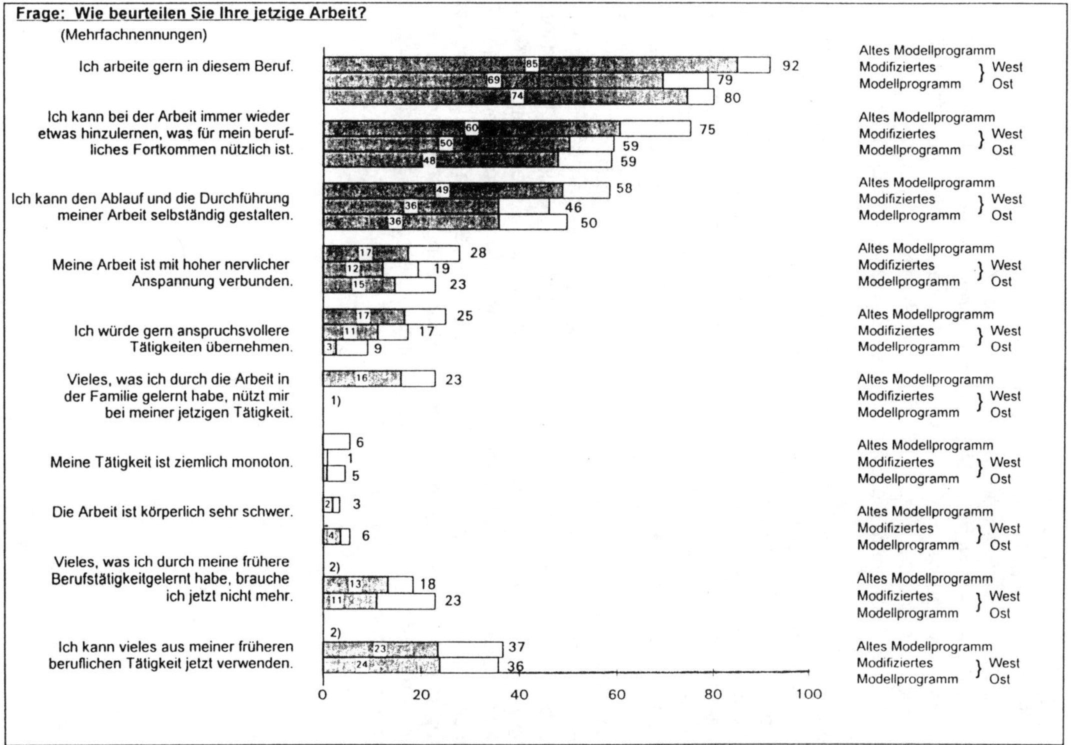

Anworten bei der Abschlußbefragung | Antworten bei Erst- und Abschlußbefragung gleich

1) Diese Antwort war im modifizierten Modellprogramm nicht vorgegeben worden. - 2) Diese Antwort war im alten Modellprogramm nicht vorgegeben worden.

Quellen: Erst- und Drittbefragung der Berufsrückkehrerinnen, DIW 1994,1997

Der sehr hohe Anteil der Frauen, die auch in Ostdeutschland sagten, daß sie "gern in diesem Beruf" arbeiten, dürfte unter anderem damit zu erklären sein, daß sich die Ansprüche an den Arbeitsplatz vor dem Hintergrund der hohen Arbeitslosigkeit relativieren. Denn unter diesen Frauen sind etliche, die angaben, daß die ausgeübte Tätigkeit nur teilweise ihren beruflichen Zielvorstellungen entspreche. Das gilt übrigens ebenfalls für den Kreis der westdeutschen Teilnehmerinnen, die angaben, gern in diesem Beruf zu arbeiten.

In beiden Teilen Deutschlands arrangieren sich einige Frauen offensichtlich damit, daß sie in beruflicher Hinsicht ihre Ziele nicht voll verwirklichen können. Kombiniert man die Fragen nach der Zufriedenheit in verschiedenen Lebensbereichen, so zeigt sich - wie es auch nicht anders zu erwarten war -, daß es durchaus Teilnehmerinnen gibt, deren berufliche Tätigkeiten ihren Zielen nur teilweise oder (in wenigen Fällen) nicht entsprechen, und die dennoch mit ihrer gesamten Lebenssituation zumindest im großen und ganzen zufrieden sind (Tabelle 7.2/6). Daß sie "gern in einem Beruf arbeiten", der nicht völlig ihren Idealvorstellungen entspricht, könnte bei den westdeutschen Frauen noch vor einem anderen Hintergrund zu erklären sein als bei den ostdeutschen. Während bei diesen in erster Linie das Bewußtsein für die ungünstigen Beschäftigungschancen die Ansprüche an die Qualität des Arbeitsplatzes relativieren dürften, machen jene vermutlich häufiger Abstriche an ihren beruflichen Zielen, weil sie den Wunsch haben, die Familienarbeit neben dem Beruf zu bewältigen. Dafür spricht, daß auf gesamtwirtschaftlicher Ebene westdeutsche Berufsrückkehrerinnen häufig Teilzeitarbeit akzeptieren, die selten auf Arbeitsplätzen mit hohen Anforderungen angeboten wird.

Tabelle 7.2/6

Tätigkeiten in Relation zu beruflichen Zielvorstellungen und Zufriedenheit mit der Lebenssituation im allgemeinen

Sechs Monate nach Ende der Einarbeitung
in vH [1]

Frage: Wie zufrieden sind Sie insgesamt mit Ihrer jetzigen Lebenssituation (als wieder berufstätige Frau [2])?	Frage: Entsprechen Ihre jetzigen Tätigkeiten Ihren beruflichen Zielvorstellungen?				
	Insgesamt	Ja, voll und ganz	Teils/ teils	Nein	Keine Angabe
	Altes Modellprogramm				
Insgesamt	100	64	28	4	3
Voll und ganz	47	40	6	-	-
Im großen und ganzen	43	20	19	2	2
Teils/teils	7	2	3	1	1
Nicht so besonders	2	1	1	1	-
Überhaupt nicht	-	-	-	-	-
Keine Angabe	1	1	-	-	1
	Modifiziertes Modellprogramm: Westdeutschland				
Insgesamt	100	62	30	5	3
Voll und ganz	32	26	3	2	1
Im großen und ganzen	53	34	15	2	2
Teils/teils	13	3	10	-	-
Nicht so besonders	1	-	1	-	-
Überhaupt nicht	1	-	-	1	-
Keine Angabe	-	-	-	-	-
	Modifiziertes Modellprogramm: Ostdeutschland				
Insgesamt	100	61	32	7	-
Voll und ganz	23	22	1	-	-
Im großen und ganzen	57	34	19	5	-
Teils/teils	15	5	8	2	-
Nicht so besonders	6		5	1	-
Überhaupt nicht	-	-	-	-	-
Keine Angabe	-	-	-	-	-

Abweichungen in den Summen durch Runden der Zahlen.

[1] Bezogen auf die Zahl aller (bei der Drittbefragung) berufstätigen Frauen. Altes Modellprogramm: N=144; modifiziertes Modellprogramm (West): N=98;(Ost): N=109.

[2] Der Zusatz in der Klammer gehörte lediglich zur Frage im alten Modellprogramm.

Quellen: Drittbefragung der Berufsrückkehrerinnen, DIW 1994, 1997.

Tabelle 7.2/7

Zufriedenheit mit der Lebenssituation und Vereinbarkeit von Berufstätigkeit und Privatleben

Sechs Monate nach Ende der Einarbeitung - in vH[1]

Frage: Wie zufrieden sind Sie insgesamt mit Ihrer jetzigen Lebenssituation (als wieder berufstätige Frau[2])?	Frage: Wie gelingt es Ihnen, Ihre Berufstätigkeit zeitlich mit Ihrem Privatleben in Einklang zu bringen?					
	Insgesamt	Es gelingt mir gut, ich habe auch noch genug Freizeit.	Das war für mich nie eine Frage.	Es geht so einigermaßen, ... nur au Kosten meiner Freizeit ...	Ich habe ernsthafte Probleme.	Keine Angabe[3]
	Altes Modellprogramm[4]					
Insgesamt	100	52		45	2	1
Voll und ganz	47	32		15	-	-
Im großen und ganzen	43	17		25	1	-
Teils/teils	7	3	*)	3	1	-
Nicht so besonders	2	-		1	1	-
Überhaupt nicht	-	-		-	-	-
Keine Angabe	1	-		1	-	1
	Modifiziertes Modellprogramm: Westdeutschland[4]					
Insgesamt	100	43	15	33	2	7
Voll und ganz	32	14	8	6	-	3
Im großen und ganzen	53	26	5	17	1	4
Teils/teils	13	3	2	8	-	-
Nicht so besonders	1	-	-	1	-	-
Überhaupt nicht	1	-	-	-	1	-
Keine Angabe	-	-	-	-	-	-
	Modifiziertes Modellprogramm: Ostdeutschland[4]					
Insgesamt	100	32	42	18	1	7
Voll und ganz	23	9	13	-	-	1
Im großen und ganzen	56	18	26	12	-	1
Teils/teils	15	4	3	3	1	5
Nicht so besonders	6	2	-	3	-	1
Überhaupt nicht.	-	-	-	-	-	-
Keine Angabe	-	-	-	-	-	-

[1] Bezogen auf die Zahl aller berufstätigen Frauen bei der Drittbefragung. Altes Modellprogramm: N = 144, modifiziertes Modellprogramm (West): N = 98; (Ost): N = 109. - [2] Der Zusatz in der Klammer gehörte lediglich zur Frage im alten Modellprogramm. - [3] Einschließlich einiger Frauen, die "trifft nicht zu" angaben. - [4] Die Frage nach der Vereinbarkeit von Berufs- und Privatleben wurde im alten Modellprogramm für die Drittbefragung ausgewertet, im modifizierten Mo-Modellprogramm wurde sie zuletzt bei der Zweitbefragung gestellt. - *) Diese Antwort wurde im alten Modellprogramm nicht vorgegeben.

Quellen: Zweit- und Drittbefragung der Berufsrückkehrerinnen, DIW 1994, 1997.

Mit dieser Hypothese vereinbar ist auch das Bild, das sich bei einer Gegenüberstellung der Fragen nach der allgemeinen Zufriedenheit mit der Lebenssituation einerseits und der Vereinbarkeit von Berufstätigkeit und Privatleben andererseits zeigt (Tabelle 7.2/7): Auch Frauen, die angegeben hatten, daß es ihnen nur einigermaßen gelinge, beide Bereiche zeitlich in Einklang zu bringen, waren meistens im "großen und ganzen" und mitunter - das traf nur auf westdeutsche Berufsrückkehrerinnen zu - voll und ganz mit ihrer Lebenssituation zufrieden.

Abb 7.2/4

Veränderung des Selbstbilds der Berufsrückkehrerinnen
in vH der bei der Abschlußbefragung berufstätigen Frauen[1]

Frage: Haben Sie sich als Person durch die Wiederaufnahme der Berufstätigkeit verändert?
(Mehrfachnennungen)

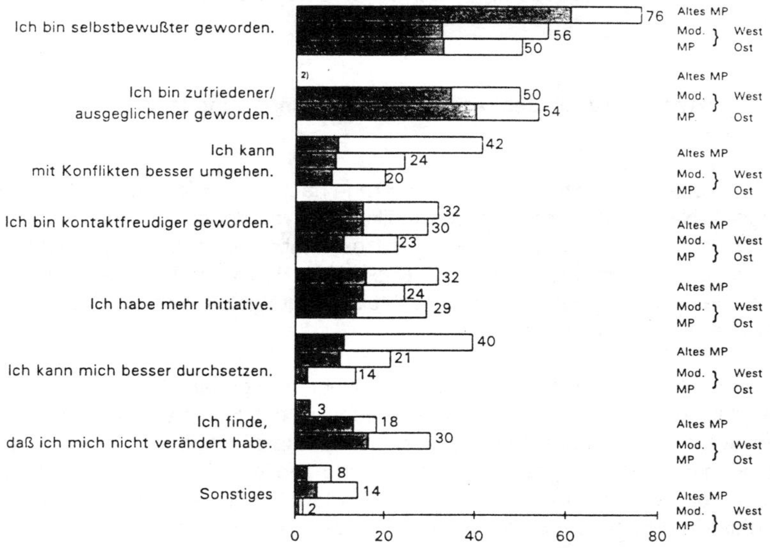

Antworten bei der Abschlußbefragung; Antworten bei Erst- und der Abschlußbefragung gleich

[1] Altes Modellprogramm: N = 144, modifiziertes Modellprogramm (West) N = 98; (Ost): N = 109. -

[2] Diese Antwort war im alten Modellprogramm nicht vorgesehen.

Abkürzungen: Modifiziertes (Mod.) Modellprogramm (MP).

Quellen: Erst- und Drittbefragung der Berufsrückkehrerinnen, DIW 1994, 1997.

Nach den Antworten auf die Fragen nach der Zufriedenheit ist es nicht verwunderlich, daß sich infolge der Wiederaufnahme der Berufstätigkeit das **Selbstbild** der Teilnehmerinnen meistens positiv verändert hat (Abbildung 7.2/4). Reichlich jede zweite der im Rahmen des modifizierten Modellprogramms geförderten Frauen - im alten Modellprogramm waren es drei von vier Berufsrückkehrerinnen - fanden, daß sie selbstbewußter geworden seien. Annähernd ebenso häufig haben die Teilnehmerinnen im modifizierten Modellprogramm angegeben, daß sie zufriedener und/oder ausgeglichener geworden seien. Eine Minderheit der Frauen fand, daß sie konfliktfähiger oder kontaktfreudiger geworden sei, mehr Initiative hätte und sich besser durchsetzen könne. Es fällt auf, daß die Teilnehmerinnen der alten Modellversuche häufiger über diese positiven Veränderungen berichtet hatten als die des modifizierten Programms; dieser Unterschied könnte damit zusammenhängen, daß die Berufsrückkehrerinnen im alten Modellprogramm durchschnittlich jünger und damit noch wandlungsfähiger waren; im Vergleich zu den ostdeutschen Frauen spielt auch eine Rolle, daß für sie die Berufstätigkeit normal war und sich deshalb ein größerer Kreis - 30 vH - durch die Wiedereingliederung nach eigener Einschätzung nicht verändert hatte.

7.2.2. Quantifizierung der erfolgreichen Wiedereingliederungsmaßnahmen

Bei der Vielfalt der Faktoren, die für die Frage nach dem Erfolg der Einarbeitung maßgeblich sind, und der Fülle von Indikatoren, mit denen man die berufliche Wiedereingliederung beurteilen kann, ist es unabdingbar, die Ergebnisse der Befragung zusammenfassend zu werten. Als Basis dafür sollen zunächst wieder die Aussagen der bei der Abschlußbefragung berufstätigen Teilnehmerinnen herangezogen werden.

Vor dem Hintergrund der Tatsache, daß bei der gegebenen Arbeitsteilung zumindest westdeutsche verheiratete Frauen in der Hausfrauenrolle eine gesellschaftlich anerkannte Alternative zur Erwerbsarbeit haben, kann man aus folgenden Angaben zu den Zukunftserwartungen ein eindeutig positives Ergebnis ablesen: Praktisch alle Frauen wollten künftig erwerbstätig bleiben; jedenfalls in den auf die Einarbeitung folgenden zwei Jahren will fast keine den Beruf aufgeben; auf die Frage, ob sie vorhaben, bis zum Rentenalter eine Berufstätigkeit auszuüben, antworteten nur ganz wenige (1 vH bis 3 vH) mit "Nein", 60 vH der westdeutschen und 80 vH der ostdeutschen Teilnehmerinnen mit "Ja", die übrigen mit "Vielleicht" (Tabelle 7.2/5). Auf gesellschaftlicher Ebene bleiben im alten Bundesgebiet viele Frauen im fortgeschrittenen Alter entmutigt dem Arbeitsmarkt fern, und dieser Kreis bildet einen wesentlichen Bestandteil der sogenannten Stillen Reserve, deshalb ist dieses Ergebnis keineswegs selbstverständlich und kann durchaus als Erfolg der Wiedereingliederung gewertet werden.

Da die noch immer vorherrschende Arbeitsteilung es mit sich bringt, daß die Familienarbeit von den Frauen als im wesentlichen *ihre* persönliche Aufgabe angesehen wird, und diese Grundeinstellung die (volle) Erwerbstätigkeit eines großen Kreises der weiblichen Bevölkerung verhindert, war im Rahmen der wissenschaftlichen Begleitung des Modellprogramms die Vereinbarkeit von Familien- und Erwerbsarbeit als eines der Kriterien für eine erfolgreiche Wiedereingliederung in den Beruf angesehen worden (Übersicht 2.1/1). Der ursprünglichen Zielsetzung entsprechend, waren die Teilnehmerinnen des alten Modellprogramms fast ausschließlich "Familienfrauen". Weit überwiegend kann man ihre Einarbeitung insofern als gelungen ansehen, als sie bei der Abschlußbefragung nur in Einzelfällen über ernsthafte Probleme mit der Vereinbarkeit von Familien- und Berufsarbeit berichteten. Es gelang 97 vH nach eigener Einschätzung mindestens "so einigermaßen", Privat- und Erwerbsleben zeitlich in Einklang zu bringen, darunter bewältigte eine Mehrheit das Vereinbarkeitsproblem gut (Tabelle 7.2/7).

Im modifizierten Modellprogramm wurden auch Berufsrückkehrerinnen gefördert, die nicht dem Typ der "Familienfrauen" zugerechnet werden können, also auch Alleinstehende oder Mütter mit vollständige(re)n Erwerbskarrieren nach einer Zeit der Arbeitslosigkeit, außerdem waren die Teilnehmerinnen älter, und die Mütter hatten entsprechend häufiger bereits selbständige Kinder. Erwartungsgemäß gelang diesem Kreis die Vereinbarkeit von Privatleben und Beruf weit überwiegend gut oder war - dies traf vor allem für die Ostdeutschen zu - "nie eine Frage".

Bei der Minderheit der Teilnehmerinnen, die Berufstätigkeit neben den sonstigen Anforderungen des Lebens nur einigermaßen und auf Kosten ihrer Freizeit bewältigen konnten, wirkte sich dies offenbar unterschiedlich auf die allgemeine Zufriedenheit aus (Tabelle 7.2/7). Es kann davon ausgegangen werden, daß die Äußerungen darüber, wie zufrieden die Berufsrückkehrerinnen mit ihrer Lebenssituation im allgemeinen waren, zugleich den Einfluß der subjektiven Wahrnehmung von Erfolgen oder auch Mißerfolgen bei der Bewältigung der Aufgaben und Pflichten aller Bereiche einfangen.

In ähnlicher Weise sollten auch weitere Kriterien für den Erfolg der Wiedereingliederung danach gewichtet werden, welcher Stellenwert ihnen in Anbetracht der Lebenssituation von Berufsrückkehrerinnen beizumessen ist. So muß unter allgmeinen arbeitsmarkt- und wirtschaftspolitischen Gesichtspunkten sowie speziell in Hinblick auf die Situation von Frauen auf dem Arbeitsmarkt einerseits unbedingt gefordert werden, daß Beschäftigte ausbildungsadäquate berufliche

Tätigkeiten ausüben können. Andererseits kann vor dem Hintergrund der Arbeitsmarktlage und der sonstigen, teilweise schwierigen Bedingungen für die Erwerbstätigkeit von Frauen die Qualifikationsgerechtigkeit des Arbeitseinsatzes auf individueller Ebene nicht in jedem Fall als ausschlaggebendes Erfolgskriterium angesehen werden. In objektiver Sicht muß man davon ausgehen, daß zwar die weitaus meisten Teilnehmerinnen ihrer formalen Qualifikation entsprechend an ihrem Arbeitsplatz eingesetzt werden, aber daß dies für einen nicht zu vernachlässigenden Kreis nicht gilt. In der Regel hängt die Zufriedenheit mit der Arbeitssituation davon ab, ob das Anforderungsniveau mit den Fähigkeiten übereinstimmt. Die Befragungsergebnisse vermitteln teilweise jedoch den Eindruck, daß auch einige Berufsrückkehrerinnen mit nicht qualifikationsgerechten Arbeitsplätzen ihre Berufstätigkeit gern ausüben. Das kann daran liegen, daß dieses Kriterium kaum oder nicht ausschlaggebend für die Arbeitszufriedenheit ist, weil im Vordergrund andere Faktoren, wie etwa die Einschätzung des eigenen "Marktwertes" nach langer Familienphase, die Sicherheit des Arbeitsplatzes oder die Freude über ein gutes Betriebsklima stehen. Aus diesen Gründen wird davon ausgegangen, daß ein allgemeiner Indikator "Zufriedenheit mit der Arbeit" am besten geeignet ist, die zahlreichen und individuell unterschiedlich gewichteten Kriterien für einen guten Arbeitsplatz zu erfassen.

Tabelle 7.2/8

Zufriedenheit mit der Arbeit und mit der Lebenssituation im allgemeinen

Sechs Monate nach Ende der Einarbeitung
in vH [1)]

Frage: Wie zufrieden sind Sie insgesamt mit Ihrer jetzigen Lebenssituation (als wieder berufstätige Frau [2)])?	Frage: Wie zufrieden sind Sie mit Ihrer jetzigen Arbeit?						
	Ins-gesamt	Voll und ganz	Im großen und ganzen	Teils/teils	Nicht so be-sonders	Über-haupt nicht	Keine Angabe
	Altes Modellprogramm						
Insgesamt	100	48	38	9	2	2	1
Voll und ganz	47	38	8	1	-	-	-
Im großen und ganzen	43	9	26	6	1	-	1
Teils/teils	7	1	3	2	1	-	-
Nicht so besonders	2	-	1	-	-	1	-
Überhaupt nicht		-	-	-	-	-	-
Keine Angabe	1	-	-	-	-	1	1
	Modifiziertes Modellprogramm: Westdeutschland						
Insgesamt	100	47	44	7	2	-	-
Voll und ganz	32	27	5	-	-	-	-
Im großen und ganzen	53	19	30	4	-	-	-
Teils/teils	13	1	8	3	1	-	-
Nicht so besonders	1	-	1	-	-	-	-
Überhaupt nicht	1	-	-	-	1	-	-
Keine Angabe	-	-	-	-	-	-	-
	Modifiziertes Modellprogramm: Ostdeutschland						
Insgesamt	100	46	37	12	5	-	1
Voll und ganz	23	21	1	1	-	-	-
Im großen und ganzen	57	22	29	4	2	-	-
Teils/teils	15	3	6	6	-	-	1
Nicht so besonders	6	-	1	2	3	-	-
Überhaupt nicht	-	-	-	-	-	-	-
Keine Angabe	-	-	-	-	-	-	-

Abweichungen in den Summen durch Runden der Zahlen.

[1)] Bezogen auf die Zahl aller (bei der Drittbefragung) berufstätigen Frauen. Altes Modellprogramm: N=144; modifiziertes Modellprogramm (West): N=98;(Ost): N=109.

[2)] Der Zusatz in der Klammer gehörte lediglich zur Frage im alten Modellprogramm.

Quellen: Drittbefragung der Berufsrückkehrerinnen, DIW 1994, 1997.

Die Aussagen zur Beurteilung der Arbeit einerseits und der allgemeinen Lebenssituation andererseits werden kombiniert, und der Wiedereingliederungserfolg also daran gemessen, inwieweit die Berufsrückkehrerinnen in beiden Bereichen **zufrieden** sind, d.h. mindestens der Antwortvorgabe "im großen und ganzen zufrieden" zugestimmt haben (Tabelle 7.2/8). Dies traf auf die deutliche Mehrheit der Teilnehmerinnen zu, die sechs Monate nach Ende der Einarbeitungszeit noch erwerbstätig waren:

- Reichlich acht von zehn westdeutschen und knapp drei von vier ostdeutschen Frauen äußerten sich zufrieden über ihre Arbeit und ihre gesamte Lebenssituation. "Voll und ganz zufrieden" in beiden Bereichen war darunter allerdings nur die Minderheit von 38 vH bzw. 27 vH in Westdeutschland (altes bzw. modifiziertes Modellprogramm) und nur 21 vH in Ostdeutschland.

- Lediglich teilweise zufrieden waren von den westdeutschen Frauen 13 vH im alten und 16 vH im modifizierten Modellprogramm sowie rund jede fünfte ostdeutsche Teilnehmerin.

- Nur in wenigen Fällen (3 vH bis 5 vH) waren die westdeutschen Frauen sowohl mit ihrer Arbeit als auch mit ihrer allgemeinen Lebenssituation oder in einem der beiden Bereiche "nicht so besonders" oder überhaupt nicht zufrieden; bei den ostdeutschen Teilnehmerinnen war dies etwas häufiger (7 vH).

Unter den Frauen, für die der Wiedereinstieg hier als Erfolg gewertet wurde, sind allerdings auch solche, die bei einzelnen Fragen zu ihrer Arbeitssituation durchaus auch kritische Positionen bezogen, sei es, daß ihre beruflichen Tätigkeiten nicht oder nur teilweise den Zielvorstellungen entsprachen, sei es, daß sie den Arbeitsplatzverlust für wahrscheinlich hielten. Dies betraf im alten Modellprogramm etwa ein Fünftel dieser Frauen, im modifizierten Modellprogramm in Westdeutschland gut ein Viertel, in Ostdeutschland gut ein Fünftel. Zum Teil mögen es gerade diese Vorbehalte gewesen sein, die die Frauen veranlaßt haben, nicht voll und ganz, sondern nur im großen und ganzen zufrieden zu sein. Zum Teil mag hier aber auch anklingen, daß der Wiedereinstieg letztlich nur als teilweise gelungen anzusehen ist.

Diese Aussagen über die Zufriedenheit betreffen wohlgemerkt die Teilnehmerinnen, die sechs Monate nach Ende der Einarbeitung noch erwerbstätig waren. **Berufstätig** waren von den geförderten Frauen im alten Modellprogramm rund

84 vH und im modifizierten Modellprogramm 85 vH bis 88 vH (Tabelle 7.2/1)[82]. Da alle Frauen mit dem Ziel an dem Modellprogramm teilgenommen hatten, wieder in den Beruf zurückzukehren, muß man die Zahl derjenigen mit gelungener Wiedereingliederung auf den Kreis der Teilnehmerinnen einschließlich der nicht mehr Erwerbstätigen beziehen, wenn die relative Erfolgshäufigkeit gemessen werden soll. Von den geförderten Teilnehmerinnen waren im modifizierten Modellprogramm sowohl in West- als auch in Ostdeutschland 10 bis 15 vH, im alten Modellprogramm 10 bis 16 vH am Ende des Beobachtungszeitraums nicht berufstätig, die meisten davon waren arbeitslos gemeldet (Tabelle 7.2/1); darin sind auch Frauen enthalten, die hinsichtlich des Erfolgs der Einarbeitung als "neutral" zu beurteilen sind[83]. Soweit man dies den Angaben der nicht berufstätigen und nicht arbeitslos gemeldeten Frauen entnehmen kann, waren sie zumindest im modifizierten Modellprogramm nahezu alle auf der Suche nach einem Arbeitsplatz.

Mißt man den Erfolg der Wiedereingliederung wie oben beschrieben daran, daß die Teilnehmerinnen des Modellprogramms ein halbes Jahr nach Ende der Einarbeitung erwerbstätig und sowohl mit ihrer Arbeit als auch mit ihrer allgemeinen Lebenssituation mindestens im großen und ganzen zufrieden waren und bezieht die Zahl der nicht mehr berufstätigen Frauen in die Betrachtung ein, so läßt sich folgendes Fazit ziehen (Abbildung 7.2/5):

[82] Der Unsicherheitsbereich vor allem bei den Angaben für das modifizierte Modellprogramm ergibt sich dadurch, daß relativ viele Frauen den dritten Fragebogen nicht beantwortet hatten. Je nachdem, welche Annahmen man darüber trifft, wie die untersuchten Merkmale, z.B. berufstätig/nicht berufstätig oder zufrieden/unzufrieden, in dem Kreis der Befragten ohne Angaben verteilt sind, ergeben sich unterschiedliche Kombinationen. Im ungünstigsten Fall muß angenommen werden, daß alle Frauen, die den Fragebogen verweigerten, nicht erwerbstätig waren.

[83] Im alten Modellprogramm war ein etwas größerer Kreis der Abbrecherinnen zu einer hinsichtlich des Erfolgs der Wiedereingliederung "neutralen" Gruppe zu rechnen: Z.B. wurde es nicht als Scheitern des beruflichen Wiedereinstiegs betrachtet, wenn Frauen einen Erziehungsurlaub antraten oder aufgrund beruflicher Veränderungen des Ehemanns in eine andere Stadt zogen. Vgl. Abschnitt 7.1.

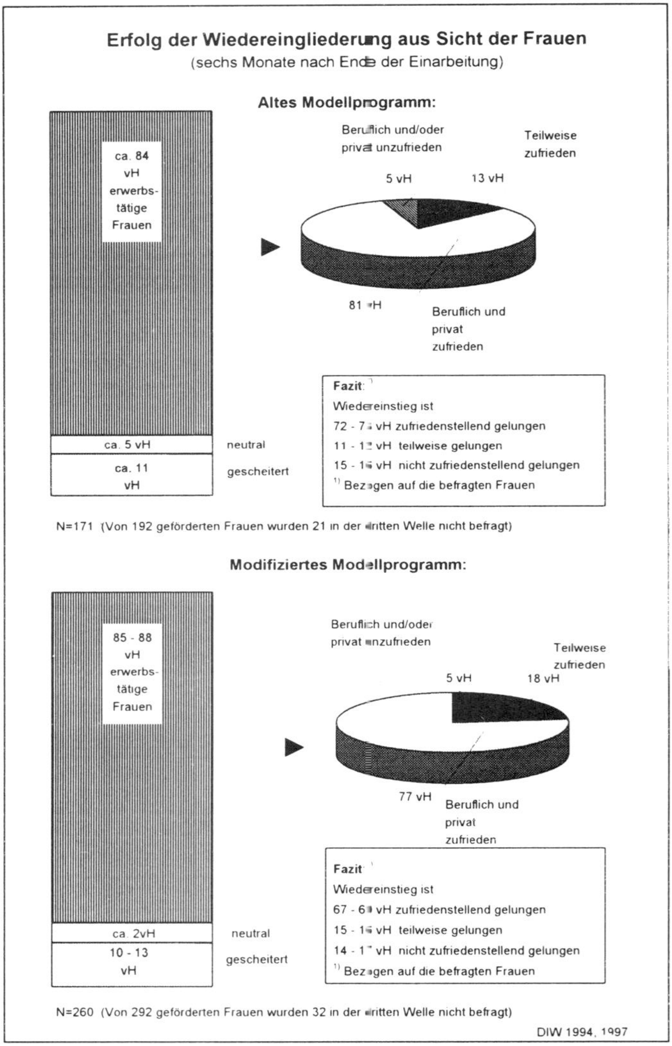

Erfolg der Wiedereingliederung aus Sicht der Frauen
(sechs Monate nach Ende der Einarbeitung)
Altes Modellprogramm:
ca. 84 vH erwerbs- tätige Frauen
ca. 5 vH
neutral
ca. 11 vH
gescheitert
Beruflich und/oder privat unzufrieden
Teilweise zufrieden
5 vH
13 vH
81 vH
Beruflich und privat zufrieden
Fazit:
Wiedereinstieg ist
72 - 7 vH zufriedenstellend gelungen
11 - 1 vH teilweise gelungen
15 - 1 vH nicht zufriedenstellend gelungen
Bezogen auf die befragten Frauen
N=171 (Von 192 geförderten Frauen wurden 21 in der dritten Welle nicht befragt)
Modifiziertes Modellprogramm:
85 - 88 vH erwerbs- tätige Frauen
ca. 2vH
neutral
10 - 13 vH
gescheitert
Beruflich und/oder privat unzufrieden
Teilweise zufrieden
5 vH
18 vH
77 vH
Beruflich und privat zufrieden
Fazit:
Wiedereinstieg ist
67 - 6 vH zufriedenstellend gelungen
15 - 1 vH teilweise gelungen
14 - 1 vH nicht zufriedenstellend gelungen
Bezogen auf die befragten Frauen
N=260 (Von 292 geförderten Frauen wurden 32 in der dritten Welle nicht befragt)
DIW 1994, 1997

- Von den geförderten Berufsrückkehrerinnen ist im alten Modellprogramm 72 bis 73 vH und im modifizierten Modellprogramm 67 bis 69 vH der berufliche Wiedereinstieg gelungen.

- Im alten Modellprogramm waren 11 vH bis 12 vH und im modifizierten Modellprogramm etwa 15 vH bis 16 vH der geförderten Frauen zwar erwerbstätig, aber nur teilweise mit ihrer Arbeit oder ihrer Lebenssituation zufrieden.

- Als gescheitert muß man die berufliche Wiedereingliederung von 15 vH bis 16 vH der Teilnehmerinnen im alten Modellprogramm und 14 bis 17 vH der im Rahmen des modifizierten Modellprogramms geförderten Frauen betrachten. Sie waren entweder erwerbstätig und mit ihrer Arbeit sowie ihrer Lebenssituation unzufrieden - bzw. in einem der beiden Bereiche -, oder sie waren aus dem Beruf ausgeschieden.

7.3 Integration in das Erwerbsleben aus der Sicht der Arbeitgeber

Die Arbeitgeber, die sich am Modellprogramm beteiligten, hatten zum Zeitpunkt der Einstellung der geförderten Frauen zumeist einen konkreten Personalbedarf. Es gab also kaum Betriebe, die "über den Bedarf hinaus" Frauen eingestellt haben, um ihnen die Chance des Wiedereinstiegs zu ermöglichen. Angesichts des konkreten Personalbedarfs und der Aufwendungen für die Einstellung und Einarbeitung einer neuen Mitarbeiterin war für die Betriebe ein wichtiges Erfolgskriterium, daß ihre neue Mitarbeiterin nicht nur während der Einarbeitung, sondern - möglichst als vollwertige Arbeitskraft - länger im Betrieb beschäftigt blieb: Zumeist waren die Arbeitgeber an einer langfristigen Mitarbeit interessiert. Daran änderte im Prinzip die Gewährung eines Einarbeitungszuschusses für die Zeit der Einarbeitung nichts wesentlich, da damit nur die von den Arbeitgebern erwarteten Mehraufwendungen für eine längere und bessere Einarbeitung zumindest teilweise ausgeglichen werden sollten.

Von den 192 Frauen des alten und 292 Frauen des modifizierten Modellprogramms waren sechs Monate nach dem Ende der Einarbeitung insgesamt 117 Frauen nicht mehr im Einarbeitungsbetrieb tätig. Im alten Modellprogramm haben somit rund ein Drittel und im modifizierten Modellprogramm rund ein Fünftel der Frauen den Einarbeitungsbetrieb freiwillig oder unfreiwillig verlassen (vgl. Kapitel 7.1). Dabei ist zu beachten, daß nicht alle Einarbeitungsmaßnahmen des modifizierten Modellprogramms in die längerfristige Beobachtung und Analyse einbezogen werden konnten, da aufgrund des Stichtags der empirischen Erhebung in zwei Fällen die Beurteilung der Einarbeitung und in 32 Fällen die Beurteilung der Integration nicht mehr erfragt wurde[84].

Daß über 20 vH der Frauen sechs Monate nach Ende der Einarbeitung den Einarbeitungsbetrieb wieder verlassen hatten, könnte auf den ersten Blick aus Arbeitgebersicht negativ beurteilt werden. Bei einer differenzierteren Betrachtung und unter Auswertung aller zur Verfügung stehenden Informationen ergibt sich folgendes:

- Im alten Modellprogramm standen rund 10 vH der "Abbrecherinnen" dem Betrieb im Prinzip als Arbeitskraft zur Verfügung, entweder nach einer Unterbrechungsphase (Mutterschutz, Krankheit) oder in einer anderen Position (zeitlich, inhaltlich). Dies wurde von den Arbeitgebern nicht als negativ angesehen. Solche Fälle traten im modifizierten Modellprogramm nicht auf.

- 10 vH (altes Modellprogramm) bzw. 18 vH (modifiziertes Modellprogramm) dieser Frauen wurde vom Arbeitgeber eine erfolgreiche Einarbeitung bescheinigt, und sie hätten die Frauen auch gern behalten, die Frauen haben von sich aus jedoch den Betrieb verlassen. Die Betriebe haben dies bedauert.

- Bei jeder dritten (altes Modellprogramm) bzw. bei über der Hälfte (modifiziertes Modellprogramm) dieser Frauen gab es bereits während der Einarbeitung Schwierigkeiten und teilweise auch Konflikte mit den Kolleginnen und Kollegen sowie den Vorgesetzten. In diesen Fällen wurde das Arbeitsverhältnis in gegenseitigem Einvernehmen gelöst oder es wurde den Frauen gekündigt.

- In einigen Fällen des alten und in rund jedem sechsten Fall im modifizierten Modellprogramm mußte der Betrieb der Frau aufgrund finanzieller Schwierigkeiten kündigen. Da dies nicht im Zusammenhang mit dem Modellprogramm steht, wird dies als "neutraler Ausfall" angesehen. Die Zunahme der Kündigungen aufgrund finanzieller Schwierigkeiten ist vermutlich auf die allgemeine wirtschaftliche Entwicklung zurückzuführen. In den letzten Jahren hat die Zahl der Konkurse - insbesondere in Ostdeutschland - drastisch zugenommen.

- Einige Frauen haben den Einarbeitungsbetrieb erst am Ende des Beobachtungszeitraumes verlassen, so daß die Betriebe zumindest für eine Zeitlang Nutzen aus der Einstellung der Frau gezogen haben.

---

[84] Darüber hinaus ist für weitere drei Fälle eine Beurteilung nicht möglich, weil diese Betriebe aus den unterschiedlichsten Gründen nicht in die Drittbefragung einbezogen werden konnten.

– Für die restlichen Frauen liegen keine weiteren Informationen über die Gründe des Weggangs vor. Es ist zu vermuten, daß in diesen Fällen Schwierigkeiten und Konflikte aufgetreten sind, die Integration in den Betrieb also nicht gelungen ist.

Sicherlich ist es für den Arbeitgeber bedauerlich, feststellen zu müssen, daß es mit neu eingestellten Mitarbeiterinnen Schwierigkeiten und Konflikte gibt. Handelt es sich lediglich um fachliche Defizite, werden zumeist die Einarbeitungszeiten verlängert, kommen jedoch Konflikte mit Kolleginnen und Kollegen oder Vorgesetzten hinzu, ist eine Beendigung des Arbeitsverhältnisses oftmals unumgänglich. Dies gilt jedoch für jede Neueinstellung und ist nicht auf die Wiedereingliederung von Berufsrückkehrerinnen beschränkt. Die hohe (möglicherweise überdurchschnittliche) "Kündigungsquote" der geförderten Berufsrückkehrerinnen im alten Modellprogramm beruht auch darauf, daß einem Teil der Berufsrückkehrerinnen die Möglichkeit eines beruflichen Aufstiegs oder einer beruflichen Stellung suggeriert wurde, für die es im Prinzip kaum eine Realisierungschance gab. Die Enttäuschung dieser Frauen über nicht eingehaltene Zusagen, aber auch die negative Einstellung ihrer Vorgesetzten zu diesem Modellversuch führte zu Konflikten, und die Frauen haben oftmals von sich aus den Betrieb verlassen.

Angaben über Entlassungen von Wiedereinsteigerinnen liegen für die Gesamtwirtschaft nicht vor. Anhaltspunkte über die Abbruchquote bei einer Wiedereingliederung geben die Einarbeitungsmaßnahmen, die im Rahmen des § 49 AFG gefördert werden. Von den von der Bundesanstalt für Arbeit geförderten Frauen in Westdeutschland haben zwischen 1988 und 1994 rund 11 vH die Einarbeitungsmaßnahme nicht beendet[85]. Auch wenn man die neutralen Ausfälle aus der Betrachtung heraus läßt, liegt die "Abbruchquote" im Modellprogramm darüber.

Nach den Angaben der Arbeitgeber waren rund 6 Monate nach dem Ende der Einarbeitung noch 75 vH der geförderten Berufsrückkehrerinnen im alten und 80 vH im modifizierten Modellprogramm bei ihnen beschäftigt. Diese Angaben unterscheiden sich in einigen Fällen von jenen der Frauen. Dies ist teilweise darauf zurückzuführen, daß die Beantwortung des Fragebogens durch Arbeitgeber und Berufsrückkehrerin nicht zeitgleich erfolgte und die Berufsrückkehrerin nach der Rücksendung des Fragebogens durch den Arbeitgeber den Betrieb verlassen hat. Für 143 Frauen des alten und 200 Frauen im modifizierten Modellprogramm können auf der Grundlage der Angaben der Arbeit-

[85] Dabei ist zu berücksichtigen, daß ein Teil der Einarbeitungsmaßnahmen beendet wurde, weil die geförderten Frauen in der Zwischenzeit einen festen Arbeitsplatz erhalten hatten.

geber weitere Indikatoren der beruflichen Wiedereingliederung analysiert werden.

Eine Wiedereingliederung ist aus der Sicht der Betriebe dann erfolgreich, wenn der Arbeitgeber mit der Arbeitsleistung der neuen Mitarbeiterin zumindest im großen und ganzen zufrieden ist, sich die neue Mitarbeiterin gut in den Arbeitsablauf integriert, das Verhältnis zu den Kolleginnen und Kollegen gut ist, es keine Probleme mit den Vorgesetzten gibt und die neue Arbeitskraft voraussichtlich längerfristig dem Betrieb erhalten bleibt. Einige dieser Beurteilungskriterien wurden bereits kurz nach dem Ende der Einarbeitung erfragt und dann sechs Monate später nochmals beurteilt. Hier wird zusammenfassend auf die Beurteilung sechs Monate nach dem Ende der Einarbeitung eingegangen.

Fast allen diesen Frauen wurde vom Arbeitgeber eine erfolgreiche Wiedereingliederung bestätigt (Tabelle 7.3/1):

Tabelle 7.3/1

Zufriedenheit mit der Arbeitsleistung und Integration in den Arbeitsablauf
- in vH -

	Altes Modell-programm	Modifiziertes Modellprogramm		
		Bundes-gebiet	West	Ost
Zufriedenheit mit der Arbeitsleistung				
Zumindest im großen und ganzen	89	91	91	91
Teils/teils, unzufrieden	5	8	6	9
Keine Angabe	6	1	2	
Integration in den Arbeitsablauf gelungen				
Ja	91	82	83	81
Nein	2	16	14	18
Keine Angabe	7	2	3	1
Betriebsklima verbessert				
Ja	44	25	19	30
Nein	37	73	77	69
Keine Angabe	19	2	3	1
Paßt nicht gut ins Team				
Ja	2	2	1	3
Nein	74	96	96	96
Keine Angabe	24	2	3	1
Schwierigkeit, sich in den Arbeitsablauf einzufügen				
Ja	4	7	4	8
Nein	75	92	92	91
Keine Angabe	22	2	3	1

Quellen: Drittbefragung der Betriebe, DIW 1994, 1997.

Tabelle 7.3/2

Zufriedenheit mit der Arbeitsleistung und ursprüngliche Erwartungen

- in vH -

Erwartungen und Zufriedenheit am Ende der Einarbeitung / Zufriedenheit mit der Arbeitsleistung sechs Monate nach Ende der Einarbeitun	Voll und ganz	Im großen und ganzen	Teils/teils	Unzufrieden	Keine Angabe [1]
Wir erwarten, daß die neue Mitarbeiterin ...	Altes Modellprogramm				
gleiche Leistungen erbringt wie andere	64	47	-	20	44
noch einige Zeit Unterstützung braucht	11	51	100	60	44
höhere Leistungen erbringt	22	2	-	20	-
Keine Angabe [1]	3	-	-	-	11
Zufriedenheit mit der Arbeitsleistung					
Voll und ganz	83	28	-	-	33
Im großen und ganzen	15	60	67	40	33
Teils/teils	-	9	33	40	-
Unzufrieden	-	2	-	20	22
Keine Angabe [1]	2	-	-	-	11
Wir erwarten, daß die neue Mitarbeiterin ...	Modifiziertes Modellprogramm - Bundesgebiet				
gleiche Leistungen erbringt wie andere	57	51	33	17	40
noch einige Zeit Unterstützung braucht	15	42	42	67	60
höhere Leistungen erbringt	25	6	17	-	-
gleiche Leistungen erbringt wie andere und noch einige Zeit Unterstützung braucht	-	-	-	17	-
Keine Angabe [1]	3	1	8	-	-
Zufriedenheit mit der Arbeitsleistung					
Voll und ganz	82	20	17	-	20
Im großen und ganzen	16	67	33	17	60
Teils/teils	-	12	42	50	20
Unzufrieden	1	1	8	33	-
Keine Angabe [1]	1	-	-	-	-
Wir erwarten, daß die neue Mitarbeiterin ...	Modifiziertes Modellprogramm - Westdeutschland				
gleiche Leistungen erbringt wie andere	56	41	20	-	50
noch einige Zeit Unterstützung braucht	19	52	40	-	50
höhere Leistungen erbringt	20	7	20	-	-
gleiche Leistungen erbringt wie andere und noch einige Zeit Unterstützung braucht	-	-	-	100	-
Keine Angabe [1]	5	-	20	-	-
Zufriedenheit mit der Arbeitsleistung					
Voll und ganz	80	26	20	-	25
Im großen und ganzen	19	70	-	100	50
Teils/teils	-	4	60	-	25
Unzufrieden	-	-	20	-	-
Keine Angabe [1]	2	-	-	-	-
Wir erwarten, daß die neue Mitarbeiterin ...	Modifiziertes Modellprogramm - Ostdeutschland				
gleiche Leistungen erbringt wie andere	58	57	43	20	-
noch einige Zeit Unterstützung braucht	12	36	43	80	100
höhere Leistungen erbringt	31	5	14	-	-
gleiche Leistungen erbringt wie andere und noch einige Zeit Unterstützung braucht	-	-	-	-	-
Keine Angabe [1]	-	2	-	-	-
Zufriedenheit mit der Arbeitsleistung					
Voll und ganz	85	17	14	-	-
Im großen und ganzen	14	64	57	-	100
Teils/teils	-	17	29	60	-
Unzufrieden	2	2	-	40	-
Keine Angabe [1]	-	-	-	-	-

[1] Einschließlich: Nicht mehr im Betrieb.
Quellen: Zweit- und Drittbefragung der Betriebe, DIW 1994, 1997.

- 95 vH der Arbeitgeber im alten Modellprogramm und 91 vH der Arbeitgeber im modifizierten Modellprogramm waren mit der Arbeitsleistung ihrer neuen Mitarbeiterin "voll und ganz" oder "im großen und ganzen" zufrieden,

- 97 vH (altes Modellprogramm) bzw. 82 vH (modifiziertes Modellprogramm) der Frauen war nach Aussagen der Arbeitgeber die Integration in den Arbeitsablauf gut gelungen,

- 47 vH der Frauen im alten und 30 vH der Frauen im modifizierten Modellprogramm wurde bestätigt, daß sich durch sie das Betriebsklima verbessert hat.

Die Arbeitgeber, die mit der Arbeitsleistung ihrer neuen Mitarbeiterin 6 Monate nach Einarbeitungsende "voll und ganz" zufrieden waren, hatten bereits am Ende der Einarbeitung wesentlich häufiger positive Erwartungen bezüglich der beruflichen Leistungen als die weniger zufriedenen Arbeitgeber. Jeder vierte Arbeitgeber erwartete von diesen Frauen, daß sie durch die spezielle Einarbeitung höhere Leistungen erbringen werden, weitere rund 60 vH erwarteten zumindest die gleichen Leistungen wie bei anderen Mitarbeiterinnen und Mitarbeitern (Tabelle 7.3/2). Bei den Frauen, mit deren Arbeitsleistung der Arbeitgeber nur teilweise zufrieden oder unzufrieden war, fielen bereits die Erwartungen ungünstiger aus. Die Hälfte der Arbeitgeber hatte am Ende der Einarbeitung erwartet, daß die neue Mitarbeiterin noch einige Zeit Unterstützung benötigen werde. Damit hatten sich die Erwartungen zumeist bestätigt. Dennoch gab es für rund jede fünfte Berufsrückkehrerin eine positive Entwicklung. Diese Frauen konnten ihre Arbeitsleistung nach der Einarbeitung weiter verbessern, denn bei anfänglich eher skeptischer Einschätzung, daß die Frau noch einige Zeit Unterstützung brauche, waren die Arbeitgeber 6 Monate später zumindest im großen und ganzen mit der Arbeitsleistung zufrieden.

Tabelle 7.3/3

Zufriedenheit mit dem Modellprogramm

- in vH -

Zufriedenheit mit dem Modellprogramm	Altes Modell-programm	Modifiziertes Modellprogramm		
		Bundes-gebiet	West	Ost
Während des gesamten Beobachtungsraums				
Voll und ganz zufrieden	22	25	26	23
Im großen und ganzen zufrieden	46	49	46	50
Beurteilung verschlechtert				
Zunächst zumindest im großen und ganzen zufrieden, dann jedoch nur teils/teils	10	10	11	9
Zunächst zufrieden, dann schlechte Beurteilung	2	1	-	2
Beurteilung verbessert	5	4	6	3
Durchweg schlechte Beurteilung	7	7	7	7
Keine Angabe	9	4	3	5
Insgesamt	100	100	100	100

Quellen: Zweit- und Drittbefragung der Betriebe, DIW 1994, 1997.

Insgesamt sind drei von vier Arbeitgebern während der Einarbeitung als auch in den 6 Monaten danach zumindest im großen und ganzen mit dem Modellprogramm zufrieden gewesen (Tabelle 7.3/3). Eine durchweg schlechte Beurteilung gaben lediglich 7 vH der Arbeitgeber ab. Unterschiede zwischen dem alten und dem modifizierten Modellprogramm bestehen hier kaum.

Denjenigen Frauen, denen vom Arbeitgeber eine gelungene Integration in den Arbeitsablauf bescheinigt wurde, hatten zu über 60 vH (sowohl modifiziertes Modellprogramm als auch altes Modellprogramm) bereits während der Einarbeitung keine Schwierigkeiten, jede vierte hatte Anlaufschwierigkeiten (Tabelle 7.3/4). Bei den wenigen Frauen, die Schwierigkeiten hatten, sich in den Arbeitsablauf einzufügen, oder bei denen die Arbeitgeber angaben, daß sie nicht gut ins Team paßten, traten bereits während der Einarbeitung wesentlich häufiger Schwierigkeiten im zwischenmenschlichen Bereich oder an technischen Geräten auf als bei den übrigen Frauen. Mit diesen Frauen hatten die Arbeitgeber somit seit längerem Probleme, während in der Mehrzahl der Modellversuche anfängliche Schwierigkeiten während der Einarbeitung im Lauf der Wiedereingliederung behoben werden konnten und den Frauen überwiegend eine gelungene Integration bescheinigt wurde.

Da die Arbeitgeber in der Regel an einer langfristigen Mitarbeit im Betrieb interessiert sind, ist es auch wichtig, wie sie die künftige Entwicklung einschätzten. Mit Blick auf die nächsten zwei Jahre wurde für nur wenige Frauen erwartet, daß sie kündigen oder entlassen werden müssen[86]. Während im alten Modellprogramm noch für rund ein Drittel der Frauen ein beruflicher Aufstieg erwartet wurde, ist der Anteil im modifizierten Modellprogramm mit 16 vH niedriger (Tabelle 7.3/5). Frauen wurden hier verstärkt auf Positionen eingestellt, bei denen es kaum Aufstiegsmöglichkeiten gibt. Dies läßt sich auch daran ablesen, daß es nur wenige Frauen gab (knapp 5 vH), die während der Einarbeitung oder in den sechs Monaten danach beruflich aufgestiegen sind. Im Gegensatz dazu hatte sich im alten Modellprogramm bereits während des Beobachtungszeitraums nach Angaben der Arbeitgeber die berufliche Position für gut 10 vH der Berufsrückkehrerinnen geändert, bis auf eine Ausnahme hin zu einer höheren Position mit zumeist anspruchsvolleren Tätigkeiten. Dies liegt auch daran, daß ein Teil der Frauen gezielt für höhere Positionen eingearbeitet wurde[87].

[86] Darin sind die bereits oben angeführten Frauen enthalten, die nach Abschluß der Betriebsbefragung nach eigenen Angaben den Betrieb verlassen haben.

[87] Immerhin erwartete ein nennenswerter Kreis der Berufsrückkehrerinnen selbst, in den nächsten zwei Jahren im Betrieb beruflich aufzusteigen (vgl. Tabelle 7.2/5).

Tabelle 7 3/4

Beurteilung der Integration
- in vH 1) -

2. Welle / 3. Welle	Schwierigkeiten während der Einarbeitung 2)						
	Nein	Anlauf-schwierig-keiten	An neuen technischen Geräten	Im zwischen-menschli-schen Bereich	Wissenslük-ken waren groß	Sie hatte hohe Fehl-zeiten	Keine Angabe
Hat sich die Berufsrückkehrerin im Betrieb integriert? 1)	Altes Modellprogramm						
Das Betriebsklima hat sich durch sie verbessert	67	23	36	6	11	-	-
Sie paßt eigentlich nicht gut in unser Team	33	67	33	-	33	-	-
Die Integration in den Arbeitsablauf ist ihr gut gelungen	67	25	34	5	12	2	-
Sie hat Schwierigkeiten, sich in den Arbeitsablauf einzufügen	-	60	80	-	40	-	-
	Modifiziertes Modellprogramm - Bundesgebiet						
Das Betriebsklima hat sich durch sie verbessert	75	8	15	-	8	-	-
Sie paßt eigentlich nicht gut in unser Team	50	50	17	50	33	-	-
Die Integration in den Arbeitsablauf ist ihr gut gelungen	64	25	15	5	4	1	1
Sie hat Schwierigkeiten, sich in den Arbeitsablauf einzufügen	36	71	36	21	29	-	-
Nicht mehr im Betrieb	67	33	-	-	-	-	-
Keine Angabe	50	50	-	-	-	-	-
	Modifiziertes Modellprogramm - Westdeutschland						
Das Betriebsklima hat sich durch sie verbessert	67	6	28	-	-	-	-
Sie paßt eigentlich nicht gut in unser Team	100	-	-	-	-	-	-
Die Integration in den Arbeitsablauf ist ihr gut gelungen	58	27	18	8	4	1	3
Sie hat Schwierigkeiten, sich in den Arbeitsablauf einzufügen	50	50	-	-	-	-	-
Nicht mehr im Betrieb	50	50	-	-	-	-	-
Keine Angabe	67	33	-	-	-	-	-
	Modifiziertes Modellprogramm - Ostdeutschland						
Das Betriebsklima hat sich durch sie verbessert	79	9	9	-	12	-	-
Sie paßt eigentlich nicht gut in unser Team	40	60	20	60	40	-	-
Die Integration in den Arbeitsablauf ist ihr gut gelungen	69	23	13	3	4	1	-
Sie hat Schwierigkeiten, sich in den Arbeitsablauf einzufügen	30	80	50	30	40	-	-
Nicht mehr im Betrieb	100	-	-	-	-	-	-
Keine Angabe	-	100	-	-	-	-	-

1) Bezogen auf die Nennungen in der dritten Welle.- 2) Mehrfachnennungen.
Quellen: Zweit- und Drittbefragung der Betriebe, DIW 1994, 1997

Tabelle 7.3/5

Erwartungen der Betriebe

- in vH -

Erwartungen der Betriebe, daß die Berufsrückkehrerin ...	Altes Modell-programm	Modifiziertes Modellprogramm Bundes-gebiet	West	Ost
kündigt				
Wahrscheinlich	6	3	2	3
Unwahrscheinlich	80	91	87	93
Keine Angabe	14	7	11	4
beruflich aufsteigt				
Wahrscheinlich	30	16	24	9
Unwahrscheinlich	57	76	67	83
Keine Angabe	13	9	10	7
entlassen werden muß				
Wahrscheinlich	4	6	4	7
Unwahrscheinlich	82	85	83	86
Keine Angabe	13	10	13	7

Quellen: Drittbefragung der Betriebe, DIW 1994, 1997.

Tabelle 7.3/6

Betriebswirtschaftliche Beurteilung

- in vH -

Betriebswirtschaftliche Beurteilung	Altes Modell-programm	Modifiziertes Modellprogramm Bundes-gebiet	West	Ost
Einstellung der Berufsrückkehrerin lohnt sich betriebswirtschaftlich				
Ja	51	65	61	68
Nein	23	13	15	10
Noch unklar	22	23	24	21
Keine Angabe	4	-	-	-
Berufsrückkehrerin würde wieder eingestellt werden				
Ja	92	93	95	92
Nein	4	5	5	5
Keine Angabe	4	2	-	4
Einstellung einer Berufsrückkehrerin kann anderen Betrieben empfohlen werden				
Ja	90	87	87	87
Nein	6	9	8	9
Keine Angabe	4	5	5	4

Quellen: Drittbefragung der Betriebe, DIW 1994, 1997.

Zum Erfolg der Wiedereingliederung gehörte aus Sicht der Betriebe auch, daß sich die Einstellung der neuen Mitarbeiterin für das Unternehmen auch betriebswirtschaftlich lohnte. Über zwei Drittel der Arbeitgeber bejahten dies. Diese Einschätzung wurde in Ostdeutschland etwas häufiger genannt als in Westdeutschland (Tabelle 7.3/6).

Deshalb würden sich sechs Monate nach dem Ende der Einarbeitungsmaßnahme auch rund 70 vH der Arbeitgeber sowohl im alten als auch im modifizierten Modellprogramm bei einer anstehenden Stellenbesetzung wieder für eine Berufsrückkehrerin entscheiden, weitere rund 20 vH unter bestimmten Voraussetzungen (Qualifikation, Förderung). Rund 90 vH der Arbeitgeber (altes und modifiziertes Modellprogramm) würden Betrieben in einer ähnlichen Situation die Einstellung von Berufsrückkehrerinnen empfehlen[88].

Die Zufriedenheit der Arbeitgeber mit der neuen Mitarbeiterin hat sich zwar kaum in einer Veränderung der beruflichen Position ausgewirkt. Denn sowohl der Arbeitgeber als auch die Berufsrückkehrerinnen gaben zu rund 90 vH an, während der Einarbeitung und in den sechs Monaten danach mit den gleichen Tätigkeiten in der gleichen beruflichen Position tätig gewesen zu sein. Die Zufriedenheit hat sich aber zu rund 40 vH in einer höheren Entlohnung niedergeschlagen. In Westdeutschland waren Lohnerhöhungen häufiger als in Ostdeutschland. Lohnsteigerungen erfolgten zumeist bei gleichbleibender Arbeitszeit (Tabelle 7.3/7).

Tabelle 7.3/7

Klassifizierung der Lohnentwicklung

Klassifizierung der Lohnentwicklung	Modifiziertes Modellprogramm					
	Bundesgebiet		Westdeutschland		Ostdeutschland	
	absolut	in vH	absolut	in vH	absolut	in vH
Insgesamt	210	100	96	100	114	100
Gleicher Lohn zwischen den Wellen						
bei gleicher Arbeitszeit	80	38	29	30	51	45
bei veränderter Arbeitszeit	4	2	3	3	1	1
Verringerung des Lohnes						
bei gleicher Arbeitszeit	6	3	2	2	4	4
bei veränderter Arbeitszeit	3	1	2	2	1	1
Erhöhung des Lohnes						
bei gleicher Arbeitszeit	70	33	36	38	34	30
bei veränderter Arbeitszeit	15	7	8	8	7	6
Mit wechselnder Entlohnung						
bei gleicher Arbeitszeit	17	8	11	11	6	5
bei veränderter Arbeitszeit	6	3	1	1	5	4
Keine Angabe	9	4	4	4	5	4

Quellen: Erst-, Zweit- und Drittbefragung der Betriebe, DIW 1997.

[88] Diese Fragen wurden den Arbeitgebern bereits am Ende der Einarbeitungsmaßnahme gestellt. Die Ergebnisse waren ähnlich.

Faßt man diese Aussagen zu einem Indikator "Berufliche Integration" zusammen, so haben sich von denjenigen Frauen, die sechs Monate nach Ende der Einarbeitung noch beim selben Arbeitgeber beschäftigt waren, im alten Modellprogramm 85 vH beruflich voll und ganz integriert (vgl. Kreis in der Abbildung 7.3/1). Dies bedeutet, daß die Arbeitgeber mit der Arbeitsleistung dieser Frauen zumindest "im großen und ganzen" zufrieden waren, ihnen die Integration in den Arbeitsablauf gut gelungen war und erwartet wurde, daß sie in den nächsten zwei Jahren nicht kündigen oder entlassen werden müssen. Bei weiteren 12 vH dieser Berufsrückkehrerinnen war der Arbeitgeber zwar mit der Arbeitsleistung zumindest "im großen und ganzen" zufrieden, dennoch gab es einige aus der Sicht der Arbeitgeber negativ zu wertende Punkte: entweder wurde erwartet, daß die Berufsrückkehrerin bald den Betrieb verläßt, oder die Integration in den Arbeitsablauf war nicht gut gelungen, oder sie paßte nicht gut ins Team. Bei lediglich 3 vH der Berufsrückkehrerinnen war der Arbeitgeber recht unzufrieden mit der Arbeitsleistung, und auch sonst gab es Schwierigkeiten.

Abb 7.3/1

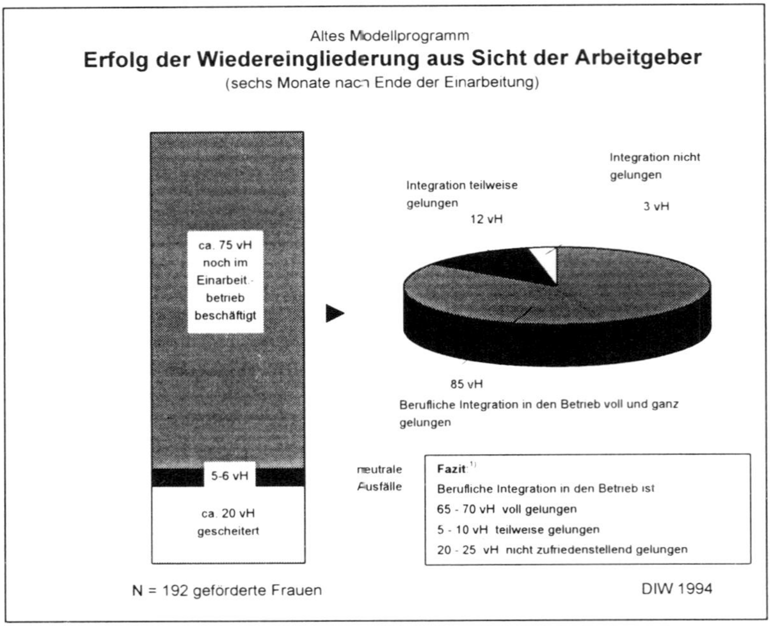

Abb 7.3/2

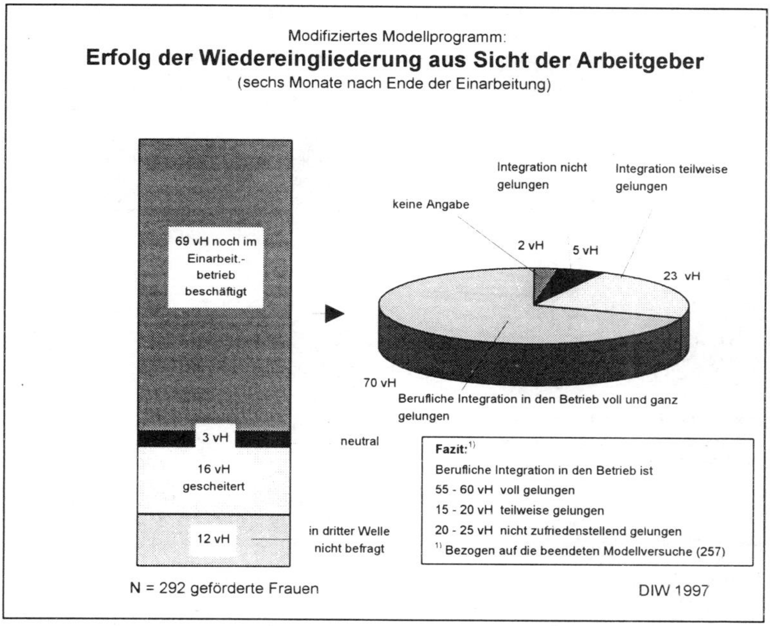

Im modifizierten Modellprogramm fällt die Beurteilung negativer aus. Hier war insgesamt 140 Frauen die berufliche Integration voll und ganz gelungen, das sind bezogen auf die Frauen, die sechs Monate nach Einarbeitungsende noch im Einarbeitungsbetrieb beschäftigt waren, rund 70 vH (Tabelle 7.3/8). Bei weiteren 9 vH der Frauen waren die Arbeitgeber mit der Arbeitsleistung ihrer neuen Mitarbeiterin im großen und ganzen zufrieden und ihr wurde auch bescheinigt, daß sie sich gut in den Arbeitsablauf integriert habe, aber es wurde befürchtet, daß die Frau kündigt oder sie entlassen werden müsse (Abbildung 7.3/2). Bei weiteren 11 vH traten Schwierigkeiten bei der Integration auf, obwohl auch hier der Arbeitgeber mit der Arbeitsleistung zumindest im großen und ganzen zufrieden war. In einigen Fällen wurde angegeben, daß die neue Mitarbeiterin sich erfolgreich integriert habe, der Arbeitgeber aber nur teilweise mit der beruflichen Leistung zufrieden war (2,5 vH). Damit ist insgesamt aus Sicht der Arbeitgeber rund 23 vH der Frauen die Integration nur teilweise gelungen. Aber auch im modifizierten Modellprogramm ist insgesamt nur 5 vH der sechs Monate nach Einarbeitungsende beim Einarbeitungsbetrieb beschäftigten Frauen die Integration nicht gelungen.

Tabelle 7.3/8

Kriterien für eine erfolgreiche Wiedereingliederung aus der Sicht der Arbeitgeber

Modifiziertes Modellprogramm

- Zahl der im Einarbeitungsbetrieb beschäftigten Frauen sechs Monate nach Ende der Einarbeitung -

	Der Arbeitgeber ist mit der Arbeitsleistung ...						
	zumindest im großen und ganzen zufrieden			nur teils / teils oder unzufrieden			Keine Angabe
	Erfolgreiche Integration in den Arbeitsablauf						
	Ja	Nein	Keine Angabe	Ja	Nein	Keine Angabe	
				Bundesgebiet			
Insgesamt	158	22	2	5	10	1	2
Es wird erwartet, daß die Frau ...							
nicht kündigt	147	20	2	3	6	1	2
nicht entlassen werden muß	140	19	2	2	6	-	2
beruflich aufsteigt	87	13	2	-	2	-	2
Die Frau hatte keine Schwierigkeiten, sich in den Arbeitsablauf einzufügen	157	19	2	5	1	1	2
Die Frau paßt gut ins Team	158	18	2	5	10	1	2
				Westdeutschland			
Insgesamt	75	9	1	1	4	1	2
Es wird erwartet, daß die Frau ...							
nicht kündigt	69	8	1	-	1	1	2
nicht entlassen werden muß	65	9	1	-	1	-	2
beruflich aufsteigt	17	3	1	-	1	-	2
Die Frau hatte keine Schwierigkeiten, sich in den Arbeitsablauf einzufügen	75	9	1	1	-	1	2
Die Frau paßt gut ins Team	75	8	1	1	4	1	2
				Ostdeutschland			
Insgesamt	83	13	1	4	6	-	-
Es wird erwartet, daß die Frau ...							
nicht kündigt	78	12	1	3	5	-	-
nicht entlassen werden muß	75	10	1	2	5	-	-
beruflich aufsteigt	70	10	1	-	1	-	-
Die Frau hatte keine Schwierigkeiten, sich in den Arbeitsablauf einzufügen	82	10	1	4	1	-	-
Die Frau paßt gut ins Team	83	10	1	4	6	-	-

Quellen: Drittbefragung der Betriebe 1997.

Bezieht man in die Betrachtung auch diejenigen Frauen ein, die den Einarbeitungsbetrieb sechs Monate nach Ende der Einarbeitungszeit verlassen hatten, dann kann in bezug auf den Erfolg des Modellprogramms zur Wiedereingliederung von Frauen nach einer längeren Unterbrechungsphase aus der Sicht der Arbeitgeber insgesamt folgendes Fazit gezogen werden:

- Im alten Modellprogramm ist rund zwei Dritteln der Frauen der berufliche Wiedereinstieg im Einarbeitungsbetrieb voll gelungen,

- rund 10 vH der Frauen ist er teilweise gelungen,

- für gut jede fünfte Frau muß aus Sicht des Einarbeitungsbetriebes eine negative Beurteilung erfolgen, weil die Frau den Betrieb verlassen hat. Zumeist gab es bereits vorher Schwierigkeiten, so daß auch kaum "Erträge" aus der Einstellung und Einarbeitung erzielt werden konnten.

Im modifizierten Modellprogramm fällt das Fazit etwas schlechter aus. Betrachtet man die beendeten Modellversuche (insgesamt 257 Frauen), dann ist der berufliche Wiedereinstieg

- rund 60 vH der Frauen voll gelungen,

- weiteren rund 20 vH teilweise gelungen und

- ungefähr jeder vierten Frau nicht gelungen.

Neben diesen direkten Wirkungen gingen von den Modellversuchen auch indirekte Wirkungen aus. Hierzu gehört die Einstellung der Betriebe zur Gruppe der Berufsrückkehrerinnen und ihre Veränderung durch die Beteiligung am Modellprogramm. Insgesamt hatten die beteiligten Arbeitgeber bereits vor ihrer Teilnahme eine positive Ansicht über Berufsrückkehrerinnen. Besonders hervorgehoben wurde die hohe Motivation dieser Frauen, ihre Zielstrebigkeit, ihr Beitrag zum guten Betriebsklima und ihre Zuverlässigkeit. Durch die konkreten Erfahrungen mit der Einarbeitung von Berufsrückkehrerinnen hatte sich im alten Modellprogramm bei jedem siebenten Arbeitgeber die Einstellung zu dieser Erwerbstätigengruppe geändert, und zwar bis auf wenige Ausnahmen in positiver Richtung. Im modifizierten Modellprogramm hatte sich die Einstellung bei jedem zehnten Arbeitgeber geändert, in etwa einem Drittel der Fälle zum positiven hin[89].

---

[89] Im modifizierten Modellprogramm sind die Angaben der Arbeitgeber sehr vielfältig und deuten darauf hin, daß die Frage oftmals anders verstanden wurde als sie gemeint war. Deshalb ist rund die

7.4 Vergleich mit Maßnahmen nach dem Arbeitsförderungsgesetz

Die Ausgaben für die von der Bundesanstalt für Arbeit geförderten Maßnahmen zur beruflichen Weiterbildung spiegeln deutlich das Stop-and-go in der Förderung der beruflichen Bildung, das sich in 10 Novellierungen des Arbeitsförderungsgesetzes (AFG) und über 100 weiteren Änderungen dieses Gesetzes dokumentiert[90]. Mit dem Arbeitsförderungs-Reformgesetz (AFRG) ist das Arbeitsförderungsrecht völlig neu kodifiziert worden. Die Spar- und Konsolidierungsmaßnahmen der letzten Jahre, aber auch die Tatsache, daß im Transformationsprozeß die "Umwidmung" von Weiterbildungsmaßnahmen zu "sozialem Stauraum" und zur sozialen Abfederung des Umbruchs unter Vernachlässigung der Qualifizierungsfunktion von den politisch Verantwortlichen bewußt in Kauf genommen wurde[91], zeigen deutlich, daß die Förderung der beruflichen Weiterbildung durch Mittel der öffentlichen Hand in immer stärkerem Maße für andere wichtige Politikfelder instrumentalisiert wurde.

Der anhaltende und grundlegende Umgestaltungsprozeß des Arbeitsförderungsrechts, der mit dem Motto "Vom Kopf auf die Füße"[92] charakterisiert wurde, macht den ursprünglich vorgesehenen systematischen Vergleich der Ergebnisse des Modellprogramms mit Regelmaßnahmen nach dem AFG außerordentlich schwierig, weil Inanspruchnahme und Wirkungen der AFG-geförderten Maßnahmen im Kontext der jeweils geltenden Zielsetzungen, Zugangsvoraussetzungen und finanziellen Rahmenbedingungen zu betrachten wären. Als systematische Analyse ist dies im Rahmen der geförderten wissenschaftlichen Begleitung nicht zu leisten.

Tabelle 7.4/1 zeigt die Zahl der Frauen im Alter von 40 und mehr Jahren, die in AFG-geförderte Maßnahmen zur beruflichen Weiterbildung eingetreten sind. Diese Altersgruppe der Frauen kann am ehesten als Vergleichsgruppe für die im Rahmen des Modellprogramms geförderten Frauen angesehen werden. Berufliche Weiterbildung im Rahmen des Arbeitsförderungsgesetzes umfaßt verschiedene Arten von Maßnahmen, deren Gewicht sich im Zuge der kontinuierlichen Umgestaltung des AFG veränderte:

Hälfte der Antworten in eine Kategorie "neutral" einzuordnen, da diese nichts mit der Einstellung zu Berufsrückkehrerinnen zu tun haben.

[90] Vgl. Edgar Sauter: Berufliche Weiterbildung im Transformationsprozeß. Fortbildung und Umschulung nach der 10. Novelle zum Arbeitsförderungsgesetz. In: Recht der Jugend und des Bildungswesens 3/1994, S. 345 ff.

[91] Vgl. Edgar Sauter: Berufliche Weiterbildung im Transformationsprozeß, a.a.O., S. 351.

[92] Vgl. Norbert Blüm: Vom Kopf auf die Füße. In: Bundesarbeitsblatt 7-8/1997, S. 5 ff.

Tabelle 7.4/1

Berufliche Weiterbildung und Arbeitslosigkeit von Frauen im Alter von 40 und mehr Jahren										
	Westdeutschland						Ostdeutschland			
	1990	1991	1992	1993	1994	1995	1992	1993	1994	1995
Eintritte von Frauen im Alter von 40 und mehr Jahren in berufliche Weiterbildung	54118	64514	66320	32981	38457	58291	178111	62236	70873	69827
Eintritte von Frauen insgesamt	231401	248914	246385	135544	127139	172891	550449	168252	174647	164835
Anteil in vH der Frauen, die in berufliche Weiterbildung eingetreten sind	23,4	25,9	26,9	24,3	30,2	33,7	32,4	37,0	40,6	42,4
Arbeitslose Frauen im Alter von 40 und mehr Jahren (jeweils Ende September)	360254	348704	383440	467537	525419	554417				
Arbeitlslose Frauen insgesamt	857697	770969	830903	1017195	1075548	1098034				
Anteil in vH der arbeitslosen Frauen (jeweils Ende September)	42,0	45,2	46,1	46,0	48,9	50,5				

Quellen: Bundesanstalt für Arbeit: Berufliche Weiterbildung. Förderung beruflicher Fortbildung, Umschulung und Einarbeitung, verschiedene Jahrgänge. Bundesanstalt für Arbeit (1996): Amtliche Nachrichten der Bundesanstalt für Arbeit, Arbeitsstatistik 1995 - Jahreszahlen.

- Berufliche Fortbildung (Anpassungsfortbildung und Aufstiegsfortbildung),
- berufliche Umschulung,
- betriebliche Einarbeitung.

Die Zu- und Abnahme der Gesamtzahl der Eintritte von Frauen in AFG-geförderte Weiterbildung folgt im wesentlichen der Gesamtentwicklung im betrachteten Zeitraum. Der Anteil der hier interessierenden Altersgruppe an den in Maßnahmen eingetretenen Frauen insgesamt hat sich im Laufe des Beobachtungszeitraums erhöht; dies korrespondiert mit einer Erhöhung der Zahl der arbeitslosen Frauen der interessierenden Altersgruppe und ihres Anteils an den arbeitslosen Frauen.

Der Erfolg von Wiedereingliederungsmaßnahmen nach dem AFG und nach dem Modellprogramm kann unter anderem am Anteil derjenigen gemessen werden, die ca. 6 Monate nach Beendigung der Maßnahme in sozialversicherungspflichtiger Beschäftigung waren. Unter Berücksichtigung aller verfügbaren Informationen muß für 10 bis 13 vH der im modifizierten Modellprogramm geförderten Frauen das Scheitern des Wiedereinstiegs angenommen werden (vgl. Kapitel 7.1.1); zwischen den alten und den neuen Ländern gab es dabei keine Unterschiede. Im alten Modellprogramm lag der entsprechende Wert zwischen 10 und 15 vH. Anders formuliert: 6 Monate nach Ende der geförderten Einarbeitung waren 85 bis 88 vH der geförderten Frauen im modifizierten Modellprogramm und 80 bis 85 vH der geförderten Frauen im alten Modellprogramm erwerbstätig, die Wiedereingliederung insofern erfolgreich[93]. An dieser Stelle ist auch ein punktueller Vergleich mit den Maßnahmen möglich, die nach dem AFG gefördert werden. Das Institut für Arbeitsmarkt- und Berufsforschung der Bundesanstalt für Arbeit (IAB) hat dazu mehrfach Untersuchungen durchgeführt[94].

---

[93] Ein sehr kleiner Anteil der geförderten Frauen (2 vH im neuen Modellprogramm, 5 vH im alten Modellprogramm) ist zum Ende des Beobachtungszeitraums nicht mehr erwerbstätig, sondern erneut in Erziehungsurlaub, überregional umgezogen oder langfristig erkrankt. Deshalb ist der Anteil der erwerbstätigen Frauen nicht das Komplement zum Anteil der gescheiterten Frauen.

[94] Vgl. z.B. Dieter Blaschke und Elisabeth Nagel: Beschäftigungssituation von Teilnehmern an AFG-finanzierter beruflicher Weiterbildung. In: Mitteilungen aus der Arbeitsmarkt- und Berufsforschung 2/1995, S. 195 ff.- Zum methodischen Ansatz dieser Untersuchung vgl. Peter Kasparek und Werner Koop: Zur Wirksamkeit von Fortbildungs- und Umschulungsmaßnahmen. Eine kritische Auseinandersetzung mit den Untersuchungen des Instituts für Arbeitsmarkt- und Berufsforschung. In: Mitteilungen aus der Arbeitsmarkt- und Berufsforschung 2/1991, S. 317 ff.

Nach einer für das Jahr 1993 durchgeführten Untersuchung[95] war knapp die Hälfte derjenigen, die im 3. Quartal aus einer AFG-geförderten Maßnahme zur beruflichen Weiterbildung ausgetreten waren, 6 Monate nach Ende des Austrittsquartals (also zum 31.03.1994) in sozialversicherungspflichtiger Beschäftigung. Tabelle 7.4/2 gibt Aufschluß über den so gemessenen Erfolg der AFG-geförderten Weiterbildung, differenziert nach den verschiedenen Maßnahmearten, nach dem Gebiet und nach der Geschlechtszugehörigkeit. Am erfolgreichsten waren die Maßnahmen zur betrieblichen Einarbeitung, bei denen eine über die branchenübliche Einweisung hinausgehende Einarbeitung, die an anderen Arbeitsplätzen verwertbare Qualifikationen vermittelt, im Rahmen eines Arbeitsverhältnisses gefördert wird. Da der Abschluß eines Arbeitsvertrages (wie im Modellprogramm) Voraussetzung ist, ist es eher überraschend, daß nur 79 vH der beteiligten Personen ein halbes Jahr nach Maßnahmeende noch in sozialversicherungspflichtiger Beschäftigung waren. Frauen in Westdeutschland hatten im Vergleich zu den Männern in Westdeutschland bei fast allen Maßnahmearten größere Eingliederungserfolge zu verzeichnen, in Ostdeutschland waren die Männer deutlich im Vorteil. Vergleicht man nur die weiblichen Teilnehmer miteinander, so war - mit Ausnahme der Einarbeitungsmaßnahmen - der Erfolg in Westdeutschland wesentlich größer als in Ostdeutschland.

[95] Vgl. Dieter Blaschke und Elisabeth Nagel: Beschäftigungssituation von Teilnehmern an AFG-finanzierter beruflicher Weiterbildung, a.a.O.

Tabelle 2

Tabelle 7.4/2

Eingliederungsquoten in beitragspflichtige Arbeit von Teilnehmern an AFG-Maßnahmen[1)] mindestens 6 Monate nach Maßnahmeende			
	Anteil in beitragspflichtiger Arbeit[2)]		
	Insgesamt	Männer	Frauen
Bundesgebiet insgesamt	46,5	52,4	41,4
Anpassungsfortbildung [3]	35,8	38,3	34,1
Aufstiegsfortbildung[4)]	65,8	68,4	58,0
Berufliche Umschulung	51,5	55,9	48,4
Betriebliche Einarbeitun	79,0	78,8	79,5
Westdeutschland	50,7	48,6	53,6
Anpassungsfortbildung [3]	35,2	29,3	42,4
Aufstiegsfortbildung[4)]	68,0	69,1	64,2
Berufliche Umschulung	58,9	51,2	65,3
Betriebliche Einarbeitun	74,6	73,1	77,7
Ostdeutschland	43,1	57,4	34,7
Anpassungsfortbildung [3]	36,2	48,7	30,6
Aufstiegsfortbildung[4)]	47,9	59,2	39,1
Berufliche Umschulung	46,4	59,8	38,0
Betriebliche Einarbeitun	80,4	80,6	80,1

1) Nur Vollzeitunterricht, ohne Deutsch-Sprachlehrgänge, ohne Aussiedler und Ausländer.

2) Anteil der Austritte aus AFG-geförderten Maßnahmen im 3. Quartal 1993, die 6 Monate nach dem Ende des Austrittsquartals in beitragspflichtiger Beschäftigung waren.

3) Maßnahmen zur Feststellung, Erhaltung, Erweiterung und Anpassung der beruflichen Kenntnisse einschl. berufliche Abschlußprüfung.

4) Einschließlich Heran-/Fortbildung von Ausbildungskräften.

Quelle: Dieter Blaschke und Elisabeth Nagel: Beschäftigungssituation von Teilnehmern an AFG-finanzierter beruflicher Weiterbildung. In: Mitteilungen aus der Arbeitsmarkt- und Berufsforschung, 2/1995, S. 200.

Die Ergebnisse der genannten Untersuchung sind nicht nach Altersgruppen differenziert ausgewiesen, doch zeigen die dort präsentierten Ergebnisse multivariater Analyseverfahren, daß ältere Frauen, die an einer Anpassungsfortbildung teilgenommen hatten, vergleichsweise schlechtere Eingliederungschancen hatten; bei den Umschulungsmaßnahmen zeigte sich kein signifikanter Effekt des Lebensalters[96].

Alles in allem sind die Chancen einer Beschäftigung nach AFG-geförderter beruflicher Weiterbildung in den letzten Jahren in Westdeutschland gesunken, nimmt man den Anteil derjenigen als Indikator, die 6 Monate nach Ende des Austrittsquartals arbeitslos gemeldet waren und Geldleistungen des Arbeitsamtes bezogen (Tabelle 7.4/3). Die Chancen der beruflichen Wiedereingliederung waren in Ostdeutschland deutlich schlechter als in Westdeutschland.

Tabelle 7.4/3

Arbeitslosigkeit von Teilnehmern an AFG-Maßnahmen[1)]
mindestens 6 Monate nach Maßnahmeende

Jahr	1990	1991	1992	1993	1994	1995
Anteil der arbeitslos Gemeldeten in vH[2)]						
Westdeutschland	18	20	24	30	27	31
Ostdeutschland	.	.	.	42	42	43

[1)] Nur Vollzeitmaßnahmen, ohne Deutsch-Sprachlehrgänge.
[2)] Anteil der Austritte aus AFG-geförderten Maßnahmen im 2. Quartal, die zum Jahresende arbeitslos gemeldet waren und Geldleistungen des Arbeitsamtes bezogen.
Quellen: Bundesanstalt für Arbeit: Berufliche Weiterbildung. Förderung beruflicher Fortbildung, Umschulung und Einarbeitung, verschiedene Jahrgänge.

Der Vergleich mit den Wiedereingliederungsquoten des Modellprogramms zeigt: Die Wiedereingliederungsquote der im Modellprogramm geförderten Frauen liegt höher als die Wiedereingliederungsquote bei AFG-geförderten betrieblichen Einarbeitungsmaßnahmen etwa in der Mitte der Laufzeit des Modellprogramms. Dies ist umso bemerkenswerter, als im Rahmen der AFG-Förderung mehrheitlich jüngere Frauen (unter 40 Jahren) gefördert werden, bei denen bessere Eingliederungserfolge zu erwarten sind. Die Wiedereingliede-

[96] Die beiden quantitativ weniger bedeutsamen Maßnahmetypen "Aufstiegsfortbildung" und "betriebliche Einarbeitung" wurden in diese Analysen nicht einbezogen.

rungsquote der im Modellprogramm geförderten Frauen unterscheidet sich nicht zwischen alten und neuen Ländern; bei der AFG-geförderten betrieblichen Einarbeitung zeigte sich ein Vorsprung der geförderten Frauen in Ostdeutschland.

8 Schlußbemerkungen

Mit dem Modellprogramm sollte die berufliche Wiedereingliederung von Frauen im mittleren Alter gefördert werden. Während die Zielgruppe des alten Modellprogramms nur Frauen mit einer familienbedingten Erwerbsunterbrechung waren, gehörten im modifizierten Modellprogramm auch Frauen mit einer arbeitsmarktbedingten Unterbrechung der Erwerbstätigkeit dazu. Der ursprünglichen Zielsetzung des Modellprogramms entsprechend nahmen im früheren Bundesgebiet insbesondere Frauen nach einer längeren Familienphase an den Einarbeitungsmaßnahmen teil. Das traf überwiegend auch auf die westdeutschen Teilnehmerinnen des modifizierten Modellprogramms zu, während in Ostdeutschland die Förderung vor allem zuvor arbeitslos gewesenen Frauen zugute kam, wie dies mit der Erweiterung der Anspruchsvoraussetzungen auch beabsichtigt worden war. Die weitaus meisten Berufsrückkehrerinnen äußerten ein halbes Jahr nach der Einarbeitung, daß ihnen der berufliche Wiedereinstieg ohne diese Maßnahmen nicht möglich gewesen wäre.

Sowohl aus der Sicht der Frauen als auch der Arbeitgeber ist die berufliche Wiedereingliederung im alten und im modifizierten Modellprogramm in der Mehrzahl der Fälle gelungen:

- Im alten Modellprogramm waren reichlich sieben von zehn geförderten Frauen mit ihrer beruflichen und privaten Situation mindestens im großen und ganzen zufrieden, rund 12 vH waren nur teilweise zufrieden und lediglich jede sechste bis siebente hatte keinen Arbeitsplatz oder sonstige ernsthafte Probleme. Im modifizierten Modellprogramm gelang der berufliche Wiedereinstieg den Teilnehmerinnen verhältnismäßig etwas seltener zufriedenstellend (knapp 70 vH), und ein größerer Kreis als im alten Modellprogramm war lediglich teilweise zufrieden. Der Anteil der Frauen, deren beruflicher Wiedereinstieg nach ihrem Urteil als gescheitert anzusehen ist, war jedoch auch im modifizierten Modellprogramm nicht hoch (14 bis 17 vH).

- Nach Meinung der Arbeitgeber ist im alten Modellprogramm zwei Dritteln der Frauen die berufliche Wiedereingliederung voll, weiteren 10 vH teilweise gelungen. Im modifizierten Modellprogramm fällt die Beurteilung mit rund 60 vH "voll gelungen" und rund einem Fünftel "teilweise gelungen" etwas schlechter aus, dennoch ist auch hier der Anteil der Frauen, denen der berufliche Wiedereinstieg ganz und gar nicht gelungen ist, mit 10 bis 13 vH fast genauso hoch wie im alten Modellprogramm (10 bis 15 vH) und insgesamt relativ gering.

Obwohl durch das Modellprogramm kaum zusätzliche Beschäftigungsmöglichkeiten geschaffen wurden, ist das Ziel, die Beschäftigungschancen für die Gruppe sowohl der klassischen Berufsrückkehrerinnen als auch der länger arbeitslosen Frauen mittleren Alters zu erhöhen, erreicht worden. Denn die meisten Arbeitgeber hatten sich für die Einstellung einer solchen Frau entschieden, weil sie - auch aufgrund der finanziellen Entlastung in der Phase der Einarbeitung - diesen Frauen eine Chance geben wollten. Den Arbeitgebern, die sich am Modellprogramm beteiligten, kann von vornherein eine positive Einstellung zur Wiedereingliederung von Frauen unterstellt werden, denn fast alle sahen in der Einstellung von Berufsrückkehrerinnen im allgemeinen viele Vor- und kaum Nachteile. Es ist somit zu vermuten, daß hier von vornherein eine Selektion stattgefunden hat. Dennoch hat sich durch die Beteiligung am Modellprogramm auch bei den beteiligten Arbeitgebern die Meinung über diese Berufstätigengruppe nochmals verbessert. Auch dies ist als Erfolg des Modellprogramms zu werten, insbesondere dann, wenn davon eine "Schneeballwirkung" ausgeht, indem die Arbeitgeber auch anderen Unternehmen ihre positiven Erfahrungen mitteilen: Der weit überwiegende Teil der Arbeitgeber würde anderen Betrieben die Einstellung einer Berufsrückkehrerin empfehlen.

Fast alle am Modellprogramm beteiligten Betriebe hatten zum Zeitpunkt der Antragstellung konkreten Personalbedarf. Durch das Modellprogramm wurden somit - bis auf einige, wenige Ausnahmen - keine zusätzlichen Arbeitsplätze geschaffen. Dies war auch nicht intendiert und konnte auch nicht erwartet werden. Der Erfolg des Modellprogramms ist vielmehr daran zu messen, daß Berufsrückkehrerinnen bei der Einstellung der Vorzug gegeben wurde.

Rund die Hälfte der Arbeitgeber im alten wie im modifizierten Modellprogramm hätte im Prinzip auch ohne die finanzielle Förderung eine Berufsrückkehrerin eingestellt. Bei diesen Arbeitgebern könnten Mitnahmeeffekte vorliegen, wenn sie die neue Mitarbeiterin nicht gezielt eingearbeitet oder nur zur zeitweiligen Personalverstärkung eingesetzt haben. Für das Modellprogramm lassen sich folgende Aussagen treffen:

- Bei Frauen, die längere Zeit nicht mehr in ihrem Beruf tätig waren, wird erwartet, daß eine über das übliche Maß hinausgehende Einarbeitung erforderlich ist. Das Modellprogramm unterstützte den Wiedereinstieg deshalb durch einen zumindest teilweisen finanziellen Ausgleich der Mehraufwendungen. Liegen jedoch keine Mehraufwendungen vor, sind die finanziellen Mittel für den Betrieb quasi ein "Zusatzertrag". Jeder siebente (altes Modellprogramm) bzw. jeder fünfte (modifiziertes Modellprogramm) Arbeitgeber hat am Ende der Einarbeitung angegeben, daß es keine Unterschiede zur üblichen Einarbeitung gab. Jede fünfte Frau (im alten wie im modifizierten

Modellprogramm) hat angegeben, daß eine Einarbeitung so gut wie nicht stattgefunden oder daß die Einarbeitung lediglich bis zu einer Woche gedauert habe.

- Rund 25 vH der Arbeitgeber des alten und 35 vH des modifizierten Modellprogramms antworteten auf die Frage nach den Gründen ihrer Teilnahme "wegen des finanziellen Zuschusses". Von diesen Betrieben gab rund jeder vierte (altes Modellprogramm) an, daß er die Berufsrückkehrerin auch ohne das Modellprogramm eingestellt hätte. Im modifizierten Modellprogramm ist der Anteil ähnlich hoch.

- Daß Personal im Rahmen des Modellprogramms lediglich zur zeitweiligen Personalvertretung eingestellt wurde, dürfte nur in den Fällen relevant sein, in denen Frauen nur kurze Zeit beschäftigt wurden und - ohne erkennbare Konflikte, Einarbeitungsschwierigkeiten oder wirtschaftliche Probleme des Betriebes - spätestens zum Ende der Förderdauer entlassen wurden. In den nach Beendigung des Arbeitsverhältnisses mit den Arbeitgebern geführten Abbruchinterviews ist nur in Einzelfällen der Eindruck entstanden, daß es sich um solche offensichtlichen Mitnahmeeffekte handelte. Durch die Modifizierung der Richtlinien sind solche Mitnahmeeffekte weiter zurückgedrängt worden.

Die Beteiligung am Modellprogramm war insgesamt erheblich geringer als erwartet. Das kann teilweise darauf zurückgeführt werden, daß trotz flächendeckender Informationsaktionen über die Arbeitsämter, Kreisverwaltungen, Gleichstellungstellen und Veröffentlichungen in vornehmlich regionalen Zeitungen und überregionalen Zeitschriften und Fachpublikationen der Bekanntheitsgrad nicht über die gesamte Laufzeit gehalten werden konnte. Dies wäre vermutlich nur durch eine projektbegleitende und damit mehrjährige zusätzliche Öffentlichkeitsarbeit möglich gewesen, für die jedoch Finanzmittel in der damit verbundenen Größenordnung nicht zur Verfügung standen. Außerdem war für Arbeitgeber der Aufwand, der mit einer Beteiligung am Modellprogramm verbunden war, in bezug auf die Antragstellung, aber auch die Anforderungen infolge der wissenschaftlichen Begleitung relativ hoch. Vor der Beteiligung wogen die Arbeitgeber die finanzielle Förderung gegen die erwarteten zusätzlichen Kosten ab, und es ist zu vermuten, daß bei einer überwiegenden Tendenz zum Negativen oder nur marginal Positiven eine Beteiligung unterblieb. Ein wesentlicher Grund für die nicht befriedigende Inanspruchnahme des Programms ist schließlich die Tatsache, daß während der Laufzeit durch die Veränderung der wirtschaftlichen Rahmenbedingungen auf dem Arbeitsmarkt ohne Schwierigkeiten (qualifiziertes) Personal rekrutiert werden konnte. Von den beteiligten Arbeitgebern hatten vor der Teilnahme am Modellprogramm die wenigsten Probleme, Personal zu finden, dies gilt insbesondere für das ab 1994 laufende modifizierte Modellprogramm und hier für Ostdeutschland.

Hinzu kam, daß die Richtlinien vermutlich einige interessierte Arbeitgeber letztendlich von einer Beteiligung abhielten. So war eine der Förderbedingungen des modifizierten Modellprogramms, daß eine unbefristete sozialversicherungspflichtige Beschäftigung erfolgte. Eine unberechtigte Kündigung vor Ablauf von 12 Monaten nach dem Ende der Einarbeitungszeit hatte in der Regel die Rückforderung der Fördermittel zur Folge. Des weiteren war eine externe Qualifizierungsmaßnahme durchzuführen, wenn nicht in den Monaten vor der Teilnahme eine einschlägige Qualifizierung stattgefunden hatte. Solche Bestimmungen waren zwar für die geförderten Frauen auf den ersten Blick von Vorteil, sie engten jedoch den Handlungsspielraum der Arbeitgeber ein und könnten ihren Ausdruck in der relativ geringen Teilnahme haben, was letztlich die Beschäftigungschancen potentieller Berufsrückkehrerinnen geschmälert haben dürfte. Einige der von Arbeitgeberseite geäußerten Kritikpunkte an den Förderbedingungen betreffen jedoch zentrale Elemente des Modellprogramms, wie beispielsweise die unbefristete und sozialversicherungspflichtige Beschäftigung. Allerdings ist fraglich, ob in der bestehenden Arbeitsmarktsituation die Aufhebung der Verpflichtung zum Abschluß eines Arbeitsvertrages zu einer größeren Inanspruchnahme des Modellprogramms geführt hätte. Das neue arbeitsmarktpolitische Instrument der Eingliederungsverträge, mit dessen Hilfe Langzeitarbeitslose ohne vertragliche Bindung der Arbeitgeber wiedereingegliedert werden sollen, ist im ersten halben Jahr seit seiner Einführung bei den Arbeitgebern "auf so gut wie kein Interesse" gestoßen. Nach Auskunft des Bundesarbeitsministers sind bislang bundesweit nur 513 entsprechende Verträge zustande gekommen[97].

Die geringe Inanspruchnahme von Einarbeitungszuschüssen (für bestimmte Gruppen von Arbeitskräften) war und ist also keine Besonderheit dieses Modellprogramms. Innerhalb der Maßnahmen zur Arbeitsförderung nehmen die Einarbeitungszuschüsse nach § 49 AFG, die ausdrücklich die Gruppe der Berufsrückkehrerinnen ansprechen, ebenfalls eher eine Nebenrolle ein. Am Aufwand für den gesamten Instrumenteneinsatz betrug der Anteil der betrieblichen Einarbeitung in den Jahren 1993 bis 1996 in Ostdeutschland unter 3 vH, in Westdeutschland lag der Anteil mit 1½ vH nochmals deutlich darunter. Von den Berufsrückkehrerinnen, deren Anteil an den arbeitslos gemeldeten Frauen mit 5 vH in Westdeutschland erfahrungsgemäß klein ist und die es in

[97] Antwort auf eine Anfrage der SPD-Abgeordneten Heubaum. Zitiert nach o.V.: Stumpfe Waffe. In: Wirtschaftwoche Nr. 45, 30.10.1997, S. 66.

dem klassischen Sinne in Ostdeutschland noch kaum gibt[98], war ein größerer Anteil an Maßnahmen zur beruflichen Bildung beteiligt, dennoch war auch hier der Anteil der Einarbeitungsmaßnahmen an den Maßnahmen zur beruflichen Weiterbildung mit 3 bis 4 vH gering.

Zum Abschluß ist zu fragen, inwieweit das Konzept und die Zielsetzung des Modellprogramms richtungsweisend für künftige arbeitsmarktpolitische Maßnahmen sein könnten.

Die Gewährung von Einarbeitungszuschüssen für Berufsrückkehrerinnen zielt darauf ab, die Konkurrenzposition bestimmter Gruppen von Frauen auf dem Arbeitsmarkt im Vergleich zu anderen Arbeitsuchenden zu verbessern. Wenn diese Intention gesellschaftlich akzeptiert und die Fördermaßnahmen nach einer generellen Einführung Verbreitung finden würden, so hätte die Allgemeinheit den dafür erforderlichen, recht erheblichen finanziellen Aufwand zu tragen. Nicht zuletzt im Hinblick auf den Zwang, öffentliche Mittel sparsam zu verwenden und im hier betrachteten Zusammenhang vor allem aus frauenpolitischen Erwägungen ist zu fragen, ob es als empfehlenswert erscheint, die gesetzlichen Voraussetzungen für Ansprüche auf Wiedereingliederungshilfen nach dem Konzept des Modellprogramms zu schaffen. Hierbei muß unterschieden werden zwischen der Förderung von Frauen nach einer Familienphase einerseits und nach Zeiten der Arbeitslosigkeit andererseits.

Das Ziel, die Chancen von Frauen auf dem Arbeitsmarkt zu fördern, rechtfertigt es, besondere Einarbeitungszuschüsse für weibliche Arbeitslose zu zahlen, solange sie offenbar Wettbewerbsnachteile im Vergleich zu männlichen Arbeitslosen haben.

Die Frage, ob Wiedereingliederungshilfen für Frauen nach längeren familienbedingten Erwerbsunterbrechungen gewährt werden sollten, ist dagegen differenziert zu beantworten. Sie wäre zu bejahen, wenn man speziell für Frauen, d.h. nicht auch für Männer, Erwerbsverläufe nach dem "Drei-Phasen-Modell" staatlich fördern wollte. Der Beginn einer Familienphase wird heute vom Staat finanziell unterstützt, so daß die traditionelle Rollenverteilung begünstigt wird. Viele westdeutsche Mütter nehmen von einer Rückkehr in den Beruf auch dann mehr oder weniger freiwillig Abstand, wenn ihre Kinder nicht mehr klein sind. Das liegt nicht nur daran, daß auch die Schulkinder, bis sie selbständig sind, noch versorgt werden müssen und ein größerer Kreis der Frauen die Kinder auch weitgehend selbst betreuen möchte, sondern auch an der Ausgestaltung des Steuer- und Sozialrechts, das die Hausfrauenehe begünstigt. Dies gilt

---

[98] 1995 wurden in Ostdeutschland 6 000 und 1996 5 000 Eintritte von Berufsrückkehrerinnen in Maßnahmen zur beruflichen Weiterbildung registriert.

insbesondere für das Ehegatten-Splitting bei der Einkommensteuer und die kostengünstige "Mitversicherung" in den Kranken- und Alterssicherungssystemen des Staates. Diese familien- und arbeitsmarktpolitisch motivierten Maßnahmen wirken dem Ziel entgegen, die Chancen weiblicher Erwerbstätiger auf dem Arbeitsmarkt zu verbessern, denn die Unterbrechung der Erwerbstätigkeit und auch die Arbeitsteilung zwischen den Geschlechtern nach dem Modell der Hausfrauen-Ehe ändern auf vielfältige Weise die Wettbewerbsposition auf dem Arbeitsmarkt zu Lasten aller Frauen.

Es ist die Frage, ob die Zusage des Staates, bei der Wiedereingliederung behilflich zu sein, nicht die Gefahr birgt, die Orientierung der Frauen an dem Leitbild des Drei-Phasen-Modells zu fördern. In diesem Zusammenhang ist zu bedenken, daß schon heute zumindest westdeutsche Mütter die Arbeitsplatzrisiken unterschätzen, die Familienpausen für den Erwerbsverlauf mit sich bringen.

Die Problematik, die mit einer Fortsetzung der traditionellen Familienpolitik für die jüngere Generation von Frauen verbunden wäre, darf jedoch den Blick für die Situation der heute bereits etwas älteren Mütter nicht verstellen. Das Modellprogramm hat gezeigt, daß die Einführung von Wiedereingliederungshilfen nach dem hier angewandten Konzept für die heute 40 Jahre und älteren Frauen sinnvoll und hilfreich ist, da für diese Generation in Westdeutschland das Leitbild der Hausfrauen-Ehe noch sehr prägend war und gesellschaftlich gestützt wurde. Dies gilt insbesondere dann, wenn die Wiedereingliederungshilfen nur auf ältere Geburtsjahrgänge zugeschnitten sind.

Für die heute junge Generation sollten jedoch neue Wege einer staatlichen Förderung der Vereinbarkeit von Familie und Beruf beschritten werden. Die Ergebnisse der Befragung im Rahmen des Modellprogramms haben erneut gezeigt, daß Frauen im wesentlichen deshalb ihre Erwerbstätigkeit unterbrechen, weil sie ihre Kinder betreuen. Fast alle jungen Mütter nehmen heute den Erziehungsurlaub in Anspruch, und bei sonst anhaltend hoher Erwerbsbeteiligung ostdeutscher Frauen ist die der Mütter kleiner Kinder auch in den neuen Bundesländern zurückgegangen. Die eigentliche Ursache dafür, daß trotz der fast völligen Beseitigung der Defizite, die die weibliche Bevölkerung im Vergleich zur männlichen früher bei der Erstausbildung hatte, die Situation von Frauen auf dem Arbeitsmarkt noch immer ungünstig ist, muß man heute darin sehen, daß die Zuständigkeit für die Kinderbetreuung im wesentlichen noch immer den Müttern überlassen ist und die derzeitigen gesellschaftlichen und/oder privaten Arrangements für die Kinderbetreuung außerhalb der Familie nicht ausreichen.

In diesem Sinne gilt es, das familienpolitische Ziel, daß Eltern ihre Kinder selbst betreuen können, zu verknüpfen mit dem Ziel, die Chancen von Frauen auf dem Arbeitsmarkt zu verbessern. Dies bedingt jedoch, daß nicht lange Erwerbsunterbrechungen, also ein *Nacheinander* von Familie und Beruf, sondern nur kurze Familienphasen und grundsätzlich ein zeitliches *Nebeneinander* beider Bereiche gefördert wird. Was die Frauen häufig daran hindert, sich im Beruf zu entfalten, ist ihr Wunsch und die von ihnen gesehene Notwendigkeit, jüngeren Kindern genug Zeit in der Familie zu widmen. Dem entsprach ja auch das gelungene Vorhaben des Modellprogramms, besonders die Einarbeitung in Teilzeitbeschäftigung zu fördern; aber die einseitige Förderung von Teilzeitarbeit nur von Frauen ist problematisch, weil bei dieser Beschäftigungsform die Nachteile des "geschlechtsspezifischen Arbeitsmarktes" konzentriert auftreten.

Um dem entgegen zu treten, sollte der Staat verstärkt eine partnerschaftliche Arbeitsteilung zwischen Männern und Frauen fördern. Dies wäre durch Elternurlaubs- und Teilzeitregelungen möglich, die durch entsprechend veränderte Gesetze für Erziehungsgeld und Erziehungsurlaub Anreize auch für Väter schaffen, einen größeren Teil der Familienarbeit zu übernehmen.

Verzeichnis der Tabellen, Abbildungen und Übersichten im Text

Seite

Tabellen

Abbildungen

Übersichten

Seite

Literaturverzeichnis

Arrow, Kenneth J. (1973): Higher Education as a Filter. In: Journal of Public Economics 2, S. 193 ff.

Bauer, Frank; Hermann Groß; Gabi Schilling (1996): Arbeitszeit '95, Arbeitszeitstrukturen, Arbeitszeitwünsche und Zeitverwendung der abhängig Beschäftigten in West- und Ostdeutschland. Hrsg.: ISO Institut zur Erforschung sozialer Chancen, Ministerium für Arbeit, Gesundheit und Soziales des Landes Nordrhein-Westfalen. Düsseldorf.

Becker, Gary S. (1993): Human Capital. A Theoretical and Empirical Analysis with Special Reference to Education, 3rd. Edition. Chicago, London.

Behringer, Friederike (1995): Arbeitsmarktsituation von Frauen in den neuen Bundesländern: Erwerbsverhalten, frauenspezifische Beschäftigungsrisiken, betriebliche Handlungsspielräume. In: Vierteljahrshefte zur Wirtschaftsforschung 4, S. 590 ff.

Behringer, Friederike (1995): Weiterbildung in Ost- und Westdeutschland. In: Vierteljahrshefte zur Wirtschaftsforschung 1, S. 26 ff.

Behringer, Friederike; Ellen Kirner; Erika Schulz (1995): Beruflicher Wiedereinstieg nach der Familienphase mit Hilfe von Einarbeitungsmaßnahmen. Ergebnisse der wissenschaftlichen Begleitung des Modellprogramms des Bundesministeriums für Familie, Senioren, Frauen und Jugend zur Wiedereingliederung von Frauen nach der Familienphase in das Erwerbsleben. In: Vierteljahrshefte zur Wirtschaftsforschung 1, S. 81 ff.

Behringer, Friederike; Erika Schulz (1992): Ungenutzte Beschäftigungsmöglichkeiten für Berufsrückkehrerinnen. In: Wochenbericht des DIW 33, S. 397 ff.

Blaschke, Dieter; Elisabeth Nagel (1995): Beschäftigungssituation von Teilnehmern an AFG-finanzierter beruflicher Weiterbildung. In: Mitteilungen aus der Arbeitsmarkt- und Berufsforschung 2, S. 195 ff.

Blüm, Norbert (1997): Vom Kopf auf die Füße. In: Bundesarbeitsblatt 7-8, S. 5 ff.

Braemer, Gudrun (1993): Lebensplanung junger Frauen - Veränderungen der Zielgruppe für Rückkehrmodelle. In: Institut für Entwicklungsplanung und Strukturforschung (Hrsg.): Berufliche Orientierung und Qualifizierung von Frauen. Bausteine zum Beschäftigungseinstieg. Hannover, S. 42 ff.

Bundesanstalt für Arbeit (1996): Amtliche Nachrichten der Bundesanstalt für Arbeit. Arbeitsstatistik 1995 - Jahreszahlen.

Bundesanstalt für Arbeit: Berufliche Weiterbildung. Förderung beruflicher Fortbildung, Umschulung und Einarbeitung, verschiedene Jahrgänge.

Bundesanstalt für Arbeit (Hrsg.): gabi, Grundwerk ausbildungs- und berufskundlicher Informationen. Verschiedene Jahrgänge.

Bundesanstalt für Arbeit in Zusammenwirken mit Bundesinstitut für Berufsbildung (Hrsg.): DDR Ausbildungsberufe 1-5. Vergleichbare und verwandte

Berufe in der Bundesrepublik Deutschland. Bildung und Berufe 301-305. Nürnberg 1990.

Bundesanstalt für Arbeit unter Mitwirkung von Hans-Friedrich Lockemann, Pädagogisches Zentrum Berlin, und Bundesinstitut für Berufsbildung (Hrsg.): Berufe der ehemaligen DDR 7-8. Fachschulberufe. Bildung und Beruf 307-308. Nürnberg 1991.

Bundesanstalt für Arbeit unter Mitwirkung von Hans-Friedrich Lockemann, Pädagogisches Zentrum Berlin, und Bundesinstitut für Berufsbildung (Hrsg.): Berufe der ehemaligen DDR 9. Techniker(innen), Wirtschaftler(innen). Bildung und Beruf 309. Nürnberg 1991.

Bundesanstalt für Arbeit unter Mitwirkung von Hans-Friedrich Lockemann, Pädagogisches Zentrum Berlin, und Bundesinstitut für Berufsbildung (Hrsg.): Hochschulberufe der ehemaligen DDR 1-2. Bildung und Beruf 310-311. Nürnberg 1994.

Bundesministerium für Frauen und Jugend (1994): Richtlinien des Bundesministeriums für Frauen und Jugend für die Vergabe von Zuschüssen zur Wiedereingliederung von Frauen in das Erwerbsleben nach einer Familienphase/bzw. nach einer Arbeitslosigkeit (Wiedereingliederungszuschuß für Frauen-RL WZ/F) vom 26.09.1989 in der geänderten Fassung vom 01.01.1994.

Bundesministerium für Frauen und Jugend (o.J.): Nebenbestimmungen für die Vergabe von Zuschüssen zur Wiedereingliederung von Frauen in das Erwerbsleben nach einer Familienphase bzw. nach einer Arbeitslosigkeit (NBest-WZ/F).

Cornelsen, Carsten (1995): Erste Ergebnisse des Mikrozensus April 1994. In: Wirtschaft und Statistik 4, S. 279 ff.

Engelbrech, Gerhard (1993): Geschlechtsspezifisches Personalrekrutierungsverhalten der Betriebe und Möglichkeiten der Wiedereingliederung von Frauen. In: Institut für Entwicklungsplanung und Strukturforschung (Hrsg.): Berufliche Orientierung und Qualifizierung von Frauen. Bausteine zum Beschäftigungseinstieg. Hannover, S. 21 ff.

Engelbrech, Gerhard (1993): Immer mehr Frauen nehmen nach einer Unterbrechung wieder eine Beschäftigung auf. In: IAB-Kurzbericht 8.

Engelbrech, Gerhard (1989): Erfahrungen von Frauen an der "dritten Schwelle". Schwierigkeiten bei der beruflichen Wiedereingliederung aus Sicht der Frauen. In: Mitteilungen aus der Arbeitsmarkt- und Berufsforschung 1, S. 100 ff.

Engelbrech, Gerhard (1987): Erwerbsverhalten und Berufsverlauf von Frauen. Ergebnisse neuerer Untersuchungen im Überblick. In: Mitteilungen aus der Arbeitsmarkt- und Berufsforschung 2, S. 188 ff.

Gewande, Wolf-Dieter: Anerkennung von Übersiedlerzeugnissen. Berufliche Bildung und berufliche Qualifikation in der Deutschen Demokratischen

Republik. Sonderveröffentlichung des Bundesinstituts für Berufsbildung. Berlin 1989.
Haisken-DeNew, John; Gustav A. Horn; Jürgen Schupp; Gert Wagner (1996): Keine Dienstleistungslücke in Deutschland - ein Vergleich mit den USA anhand von Haushaltsbefragungen. In: Wochenbericht des DIW 14, S. 221 ff.
Holst, Elke; Jürgen Schupp (1995): Zur Erwerbsorientierung von Frauen nach der deutschen Vereinigung - Umverteilung von bezahlter und unbezahlter Arbeit zwischen den Geschlechtern notwendig. In: Vierteljahrshefte zur Wirtschaftsforschung 1, S. 52 ff.
Institut für praxisorientierte Sozialforschung (IPOS)(1992): Gleichberechtigung von Frauen und Männern - Wirklichkeit und Einstellungen in der Bevölkerung. Schriftenreihe des Bundesministers für Frauen und Jugend 7. Stuttgart, Berlin, Köln.
Kasmann, Elke; Lisa Sommer (o.J.): "Ich bin stolz, daß ich wieder arbeite!", Berufsrückkehrerinnen in Pflegeberufen. ISAB-Berichte aus Forschung und Praxis 26, Köln, Leipzig.
Kasparek, Peter; Werner Koop (1991): Zur Wirksamkeit von Fortbildungs- und Umschulungsmaßnahmen. Eine kritische Auseinandersetzung mit den Untersuchungen des Instituts für Arbeitsmarkt- und Berufsforschung. In: Mitteilungen aus der Arbeitsmarkt- und Berufsforschung 2, S. 317 ff.
Kirner, Ellen (1997): Tendenzen auf dem Arbeitsmarkt und Beschäftigungsstruktur in wirtschaftszweigspezifischer Gliederung 1988 bis 1996. Kurzbericht im Rahmen der Begleitforschung im Projekt "Berufsrückkehrerinnen", Berlin.
Kirner, Ellen (1995): Zur Struktur und Entwicklung der Erwerbstätigkeit und Arbeitslosigkeit von Frauen und Männern in West- und Ostdeutschland. Kurzbericht im Rahmen der Begleitforschung im Projekt "Berufsrückkehrerinnen", Berlin
Kirner, Ellen; Erika Schulz (1992): Das "Drei-Phasen-Modell" der Erwerbsbeteiligung von Frauen - Begründung, Norm und empirische Relevanz. In: Notburga Ott und Gert Wagner (Hrsg.): Familie und Erwerbstätigkeit im Umbruch. Sonderheft 148 des DIW, Berlin, S. 17 ff.
Kirner, Ellen; Erika Schulz (1992): Unterbrochene Erwerbsverläufe von Frauen mit Kindern. In: Wochenbericht des DIW 19, S. 249 ff.
Kramer, Horst (1997): Informationssysteme und Datenbanken. In: Hessische Blätter für Volksbildung, Schwerpunktheft Dienstleistungen für die Erwachsenenbildung 3, S. 216 ff.
Küpper, Gunhild; Lisa Sommer (1992): Berufsrückkehrerinnen in der stationären Krankenpflege. Zwischenbericht der wissenschaftlichen Begleitung des Modellprogramms "Wiedereingliederung von Frauen nach der Familienphase...". ISAB-Berichte aus Forschung und Praxis 11, Köln, Leipzig.

Kutzner, Edelgard; Martina Stackelbeck, Gudrun Richter; Bärbel Meschkutat (1994): Förderung von Maßnahmen zur Wiedereingliederung von Frauen in das Erwerbsleben. Evaluation modellhafter arbeitsmarktpolitischer Projekte des Programms "Erprobung neuer Wege der Arbeitsmarktpolitik. Teil II". Sfs-Beiträge aus der Forschung 71. Dortmund.

Lehmann, Monika Maria; Ulrike Nieter (1990): Frauen-Vision einer neuen Unternehmenskultur. In: Personalwirtschaft 11, S. 18 ff.

O.V. (1997): Stumpfe Waffe. In: Wirtschaftswoche Nr. 45, 30.10.1997, S. 66.

Parmentier, Klaus; Hans-Joachim Schade; Franziska Schreyer (1993): Berufsspezifische Struktur- und Entwicklungsdaten 1980-1991. Beiträge zur Arbeitsmarkt- und Berufsforschung 60, Nürnberg.

Projektgruppe Sozio-ökonomisches Panel (1995): Das Sozio-oekonomische Panel (SOEP) im Jahre 1994. In: Vierteljahrshefte zur Wirtschaftsforschung 1, S. 5 ff.

Projektgruppe Sozio-ökonomisches Panel (1993): Zehn Jahre Sozio-oekonomisches Panel (SOEP). In: Vierteljahrshefte zur Wirtschaftsforschung 1/2, S. 27 ff.

Sauter, Edgar (1994): Berufliche Weiterbildung im Transformationsprozeß. Fortbildung und Umschulung nach der 10. Novelle zum Arbeitsförderungsgesetz. In: Recht der Jugend und des Bildungswesens 3, S. 345 ff.

Spence, Michael (1973): Job Market Signaling. In: Quarterly Journal of Economics 87, S. 65 ff.

Statistisches Bundesamt (1997) (Hrsg.): Konten und Standardtabellen, Fachserie 18, Reihe 1.3, Vorbericht 1996.

Statistisches Bundesamt (1993)(Hrsg.): Bevölkerung und Erwerbstätigkeit, Fachserie 1, Reihe 4.1.2, 1993. Wiesbaden 1995.

Stille, Frank (1989): Bestands- und Entwicklungsdaten zur Struktur des Arbeitsmarktes unter besonderer Berücksichtigung von Frauenarbeitsplätzen. Bundesministerium für Jugend, Familie, Frauen und Gesundheit (Hrsg.): Materialien zur Frauenpolitik 4, Bonn.

Trappe, Heike (1994): Selbständigkeit - Pragmatismus - Unterordnung. Frauen in der DDR zwischen Beruf, Familie und staatlicher Sozialpolitik. Berlin (Dissertation).

Wissenschaftlicher Beirat für Frauenpolitik beim Bundesministerium für Frauen und Jugend (1993): Frauen im mittleren Alter. Lebenslagen der Geburtskohorten von 1935 bis 1950 in den alten und neuen Bundesländern. Schriftenreihe des Bundesministeriums für Frauen und Jugend 13. Stuttgart, Berlin, Köln.